MedR Schriftenreihe Medizinrecht

Frank Pluisch

Der Schwangerschaftsabbruch aus kindlicher Indikation im Spannungsfeld der pränatalen Diagnostik

Springer-Verlag
Berlin Heidelberg New York
London Paris Tokyo Hong Kong
Barcelona Budapest

Dr. med. Dr. jur. Frank Pluisch
Institut für Rechtsmedizin
der Universität Bonn,
Stiftsplatz 12, W-5300 Bonn,
Bundesrepublik Deutschland

Diese Arbeit war Gegenstand der Promotion zum Dr. jur. Sie wurde an der Rheinischen Friedrich-Wilhelms-Universität Bonn unter dem Titel "Ist § 218 a Absatz 2, Nr. 1 StGB in seiner jetzigen Fassung im Hinblick auf die Neuerungen der medizinischen Entwicklung noch zeitgerecht? Ein Beitrag." eingereicht. In dem Promotionsverfahren haben Prof. Dr. jur. Hans-Ullrich Paeffgen und Prof. Dr. jur. Hans-Joachim Rudolphi begründete Gutachten erstellt. Das Rigorosum hat am 4. März 1991 stattgefunden.

ISBN-13: 978-3-540-55376-2 e-ISBN-13: 978-3-642-84752-3
DOI: 10.1007/978-3-642-84752-3

Die Deutsche Bibliothek - CIP-Einheitsaufnahme
Der Schwangerschaftsabbruch aus kindlicher Indikation im Spannungsfeld der pränatalen Diagnostik / Frank Pluisch. - Berlin; Heidelberg; New York; London; Paris; Tokyo; Hong Kong; Barcelona; Budapest: Springer, 1992
(Schriftenreihe Medizinrecht)

Softcover reprint of the hardcover 1st edition 1992

Satz: Reproduktionsfertige Vorlage vom Autor
19/3130-5 4 3 2 1 0 - Gedruckt auf säurefreiem Papier

Meinen Kindern

Inhaltsverzeichnis

Abkürzungsverzeichnis

a.A.	anderer Ansicht
aaO.	am angegebenen Ort
AC	Amniozentese
AE	Alternativentwurf
AG	Amtsgericht
Anm.	Anmerkung
Arztrecht	Arztrecht - Kompendium des gesamten Rechts der Medizin
BÄK	Bundesärztekammer
Bamb. Symp.	Bamberger Symposion
Beiträge	Beiträge zur gerichtlichen Medizin
BGB	Bürgerliches Gesetzbuch
BGH	Bundesgerichtshof
BGHSt.	Entscheidungen des Bundesgerichtshofs in Strafsachen (Band und Seite)
Bhv	Behandlungsverzicht
BT	Besonderer Teil
BT-Drucks.	Bundestagsdrucksachen
BT-Prot.	Bundestagsprotokolle
BVerfG	Bundesverfassungsgericht
BVerfGE	Entscheidungen des Bundesverfassungsgerichts (Band und Seite)
BVerwGE	Entscheidungen des Bundesverwaltungsgerichts (Band und Seite)
bzw.	beziehungsweise
CSU	Christlich-Soziale Union
CVS	Chorionzottenbiopsie
DÄ	Deutsches Ärzteblatt
dergl.	dergleiche(n)
ders.	derselbe
DGMR	Deutsche Gesellschaft für Medizinrecht
d.h.	das heißt
dies.	dieselben

DJT	Deutscher Juristentag
DMW	Deutsche Medizinische Wochenschrift
DNÄ	Die Neue Ärztliche
DNS	(engl. DNA) Desoxyribonukleinsäure
E	Entscheidung
EG	Europäische Gemeinschaft(en)
f.. ff.	folgende
FamRZ	Zeitschrift für das gesamte Familienrecht
FAZ	Frankfurter Allgemeine Zeitung
FBS	Fetalblutentnahme
FGG	freiwillige Gerichtsbarkeit
Fn.	Fußnote
FS	Festschrift
G	Gesetz
GA	Goltdammer's Archiv für Strafrecht
GG	Grundgesetz
ggf.	gegebenenfalls
Ggs.	Gegensatz
GS	Gedächtnisschrift
h.L.	herrschende Lehre
h.M.	herrschende Meinung
i.E.	im Ergebnis
i.e.	im einzelnen
insb.	insbesondere
i.S.d.	im Sinne des/der
i.V.m.	in Verbindung mit
JR	Juristische Rundschau
Jura	Juristische Ausbildung
JZ	Juristenzeitung
k.I.	kindliche Indikation
LK	Leipziger Kommentar
LKG	Lippen-Kiefer-Gaumen-Spalte
l. Sp.	linke Spalte
MDR	Monatsschrift Deutsches Recht
m.E.	meines Erachtens
MedR	Medizinrecht
medwelt	Die Medizinische Welt
M.M.	Mindermeinung

MMW	Münchner Medizinische Wochenschrift
m.w.N.	mit weiteren Nachweisen
n.	nach
NJW	Neue Juristische Wochenschrift
Nr.	Nummer
NStZ	Neue Zeitschrift für Strafrecht
Nw.	Nachweis(e)
o.ä.	oder ähnliches
o.g.	oben genannten
OLG	Oberlandesgericht
p.c.	post conceptionem
PD	pränatale Diagnostik
PKU	Phenylketonurie
Rdn.	Randnummer
RG	Reichsgericht
RGSt.	Entscheidungen des Reichsgerichts in Strafsachen (zitiert nach Band und Seite)
r. Sp.	rechte Spalte
S.	Seite
s.	siehe
SK	systematischer Kommentar
sog.	sogenannte(n)
S/S	Schönke/Schröder
Ssa	Schwangerschaftsabbruch
Ssae	Schwangerschaftsabbrüche
SSW	Schwangerschaftswoche
St.	Strafsache(n)
StGB	Strafgesetzbuch
SZ	Süddeutsche Zeitung
u.a.	unter anderem
usw.	und so weiter
u.U.	unter Umständen
v.	vom
v. a.	vor allem
vgl.	vergleiche
Vor.	Vorbemerkung
VormG	Vormundschaftsgericht
WHO	Weltgesundheitsorganisation

WkW	Wiener klinische Wochenschrift
Ziff.	Ziffer
ZRP	Zeitschrift für Rechtspolitik
ZStW	Zeitschrift für die gesamte Strafrechtswissenschaft
z.T.	zum Teil
z.Z.	zur Zeit

1 Einführung

1.1 Allgemeines

Die rechtlich gebilligten Eingriffe in werdendes Leben reichen bekanntlich von der medizinischen über die soziale, kriminologische bis hin zur "kindlichen"[1], auch eugenisch genannten, Indikation. Dabei ist auffallend, daß in der gegenwärtigen Situation die kindliche Indikation (k.I.), jedenfalls aus juristischer Betrachtung, in der Diskussion geradezu eine Art Schattendasein führt.

Abgesehen von der bereits im Jahre 1976, also unmittelbar nach Inkrafttreten des neugefaßten § 218 a StGB und ohne Kenntnis über die praktischen Auswirkungen dieser Regelung, veröffentlichten Dissertation von *Schrömbgens*, der sich zudem im wesentlichen auf die Darstellung der geschichtlichen Entwicklung der sog. kindlichen Indikation beschränkt, fehlt im juristischen Schrifttum eine umfassende Abhandlung.

Nur ganz vereinzelt finden sich Abhandlungen, in denen bestimmte Problempunkte der k.I. herausgegriffen und kritisch abgehandelt werden.

Auffallend ist dabei, daß sich sämtliche Beiträge zur k.I. "kurz fassen". Von grundsätzlicher Kritik blieb diese Indikation dabei - bislang jedenfalls - "weitgehend verschont"[2], oder es wurde gänzlich über jegliche Kritik hinweggegangen, wie etwa bei *Krauß*, der der Auffassung ist, daß "den geringsten Anlaß zur Kritik ... wohl die gesetzliche Umschreibung der kindlichen Indikation selbst" böte.[3]

Eine vergleichbare Zurückhaltung gibt es im strafrechtlichen Schrifttum hingegen nicht bei der Behandlung der anderen Indikationen.

---

[1] Wie die weiteren Ausführungen der Arbeit zeigen werden, ist die Bezeichnung kindliche Indikation paradox, da die Indikation letztlich ja mit Rücksicht auf die Frau zugelassen wird. Diese Bezeichnung mag den Anschein erwecken, als sei bereits aufgrund der Schädigung ein Grund zum straffreien Ssa gegeben, wenn nicht gar den Eindruck, daß es sich bei der k.I. um eine Maßnahme zum Wohl oder im Interesse des Kindes handele.
Dennoch wird auch hier wegen des allgemeinen Gebrauchs dieser Begriff weiterbenutzt.

2 *Hiersche/Jähnke*, MDR 1986, S. 1.

[3] *Krauß* in Murken, S. 275.

Die Zurückhaltung mag ihre Ursache darin haben, daß sich das juristische Schrifttum mit der jetzigen Lösung des "Problems" weitestgehend abgefunden hat. Schließlich stellt die k.I. zahlenmäßig auch kein Problem dar. Sie hat mit ca. 4-5% der Schwangerschaftsabbrüche (Ssae) einen relativ geringen Anteil. Dennoch darf die zahlenmäßige Geringfügigkeit[4] allein keine Rechtfertigung dafür sein, die Probleme zu übergehen, so als gäbe es gleichsam aus diesem Grunde nichts mehr zu diesem Thema anzumerken.

Die Zurückhaltung im Schrifttum mag aber auch daran liegen, daß wegen des Urteils des Bundesverfassungsgerichts (BVerfG) von 1975 zur sog. Fristenlösung und des daraus resultierenden Indikationenmodells kein Handlungsbedarf mehr gesehen und daher in absehbarer Zeit keine Gesetzesänderung erwartet wird. *Hanack*[5] etwa hält es für "höchst unwahrscheinlich", daß sich der Gesetzgeber in der nächsten Zukunft dazu entschließen könnte, die 1976 eingeführte kindliche Indikation inhaltlich zu ändern.[6] *Hanack* wird in dieser Auffassung durch eine Äußerung der Bundesfamilienministerin, Frau Professor Lehr, aus jüngster Zeit bestätigt, wonach die Bundesregierung an der Absprache festhalte, "den § 218" nicht zu ändern.[7]
Inwieweit die von der CSU bzw. der bayerischen Staatsregierung am 28.02.1990 eingereichte Normenkontrollklage[8] sowie die "Wiedervereinigung" Auswirkungen zeitigen, muß die Zukunft erweisen.

Für den Juristen mag aber auch Inhalt und Bedeutung dieser Vorschrift wegen der Komplexität der medizinischen Krankheitsbilder nebst fortschreitender Medizin-

---

[4] Mit dem sog. "therapeutischen" Abort enden nur die wenigsten aller untersuchten Schwangerschaften, wobei der prozentuale Anteil je nach Untersucher mit 2-3%, so *Schroeder-Kurth* in Reiter/Theile, S. 89, oder auch mit 5% aller untersuchten Schwangerschaften beziffert wird, so *Eibach*, Bamb. Symp., S. 99, *Hiersche/Jähnke*, MDR 1986, S. 1 in Fn. 5, sowie *Wendt*, Der Internist 19 (1978), S. 442.
Schmidt et al., Geburtsh. u. Frauenheilk. 45 (1985), S. 511, nennen insgesamt einen Anteil von 4-7%, wobei sie diesen noch einmal unterteilen in 2-3% mit gröberen Mißbildungen ("major malformations") und weitere 2-4% mit leichteren Mißbildungen ("minor malformations").
Schramm/Gloning/Brusis in Murken, S. 33, führen aus, daß sich bei etwa 2-4% aller Neugeborenen Fehlbildungen diagnostizieren ließen, wobei der Anteil "schwerer Fehlbildungen" bei 1% läge.

[5] *Hanack*, Noll-GS, S. 197.

[6] Ähnlich auch *Hanack/Hiersche*, Archiv Gyn. 228 (1979), S. 331, die meinen, daß Ärzte und Juristen mit dieser Regelung voraussichtlich für viele Jahre werden leben müssen.

[7] Bericht in der FAZ v. 13.05.1989, S. 5.

[8] Bericht in der FAZ v. 3.03.1990, S. 1.

technik und den Erkenntnissen der Genetik schwer durchschaubar und ohne fundierte medizinische Kenntnisse schwer erfaßbar sein und deshalb auf ihn abschreckend wirken.

Letztendlich mag aber auch der einzelne vor dem geschichtlichen Hintergrund in Deutschland von einer Auseinandersetzung mit der Problematik Abstand nehmen, um nicht in Verbindung mit einer eugenischen Rechtslehre gebracht zu werden.

1.2 Problemstellung

In der Praxis jedoch stellen sich die Probleme im Zusammenhang mit der k.I. für den betroffenen Frauenarzt und den genetischen Berater in viel bedrückenderem Maße dar, als es nach den erwähnten juristischen Fundstellen den Anschein hat.[9]

Die Möglichkeiten der pränatalen Diagnostik (PD)[10] haben in den letzten 15-20 Jahren durch eine überaus rasche Entwicklung im wissenschaftlichen und technischen Bereich sprunghaft zugenommen. Dadurch haben die "klassischen" Indikationen der pränatalen Diagnostik, die Erkennung chromosomal bedingter Entwicklungsstörungen und erblich bedingter Stoffwechseldefekte, heute eine erhebliche Ausweitung erfahren, so daß viel mehr "Fehlbildungen" und Abweichungen von der "Norm" bereits in frühen Stadien der Schwangerschaft exakter beim Fetus diagnostiziert werden können, wodurch sich der Kreis der Krankheiten erheblich erweitert hat.[11]

---

9 So meint denn auch von juristischer Seite *Hanack*, Noll-GS, S. 197, daß sich die ganze Problematik der Regelung "wohl erst anhand der Fragen zeigen (dürfte), die sie im Sprechzimmer des Arztes und in der Klinik aufwirft."

10 Vorgeburtliche Untersuchung des Fetus mittels zytogenetischer, biochemischer und ultrasonographischer Methoden.

11 Waren es in der ersten Stunde der frühen Amniozentesen und Analysen aus Fruchtwasser und Fruchtwasserzellen für Familie und Kind nur sehr schwerwiegende Krankheiten, die nachgewiesen werden konnten, so bietet die angewandte Forschung auch für solche Krankheiten und Störungen, über deren Schweregrad unter Ärzten und Eltern recht unterschiedliche Meinungen existieren, heute neue Möglichkeiten der Diagnostik. Schon bei minimalen Normabweichungen werden hier offenbar Ssae vorgenommen, so *Hansmann*, DNÄ v. 19.01.1989, S. 5, sowie *Beller*, medwelt 36 (1985), S. 696.
Auch der wissenschaftliche Beirat der Bundesärztekammer (BÄK), abgedruckt in Murken, S. 16, ist der Ansicht, daß heute Anomalien erkennbar sind, die "früher" nicht erfaßbar waren und "häufig auch keine Indikation zum Abbruch einer Gravidität sein sollten".
Daß von den Möglichkeiten der PD auch weitgehend Gebrauch gemacht wird, ergibt sich aus der Tatsache, daß die PD zu einem "bedeutsamen Rückgang" von (wie auch immer) mißgebildeten Kindern geführt hat, vgl. *Hansmann*, DNÄ v. 10.5.1989, S. 5: Waren es an der Bonner Universitäts-Frauenklinik im Jahre 1978 noch 7,5%, so konnte diese "Fehlbildungsrate" im Verlauf von nur 5 Jahren bis

Dementsprechend entwickelte sich die PD in den letzten Jahren aus einer sehr selten in Anspruch genommenen Methode hin zu einem regelmäßigen Teil der prophylaktischen Medizin. So stieg in Heidelberg etwa die Zahl der pränatalen Untersuchungen in der Zeit von 1973 bis 1987 von Null auf weit über tausend an.[12]

Ähnlich blieb die Bedeutung der Ultraschalldiagnostik bis etwa 1978 auf die Erkennung von schweren knöchernen Defekten oder auf solche Fehlbildungen beschränkt, die entweder durch abnorme biochemische und/oder zytogenetische Befunde nach einer Amniozentese[13] (AC) auffallend waren.[14]

Infolge der technischen Fortschritte und der inzwischen gewonnenen Erfahrungen in der vorgeburtlichen Erkennung von Fehlbildungen ist es heutzutage möglich, eine Vielzahl von Schädigungen nachzuweisen, wie etwa Defekte des Zentralnervensystems, des Gastrointestinaltrakts, der Bauchwand, des Urogenitalsystems, des Herzens, der Haut, des Skelettsystems. Es können selbst diskrete Fehlbildungen wie zahlenmäßige Abweichungen und Verkürzungen einzelner Finger und Zehen sowie Ohrmuschelveränderungen des Fetus im Mutterleib festgestellt werden.[15]

Von den Erbkrankheiten sind bereits heute 165 pränatal nachweisbar,[16] und ihre Zahl wird sicher immer weiter zunehmen.

Ebenso hat die Zahl an metabolischen (Stoffwechsel)erkrankungen, die in utero festgestellt werden können, seit den ersten Anfängen der pränatalen Diagnostik im Jahre 1968 rapide zugenommen. Ihre Zahl betrug 1974 12 Erkrankungen, 1976 30, 1979 50, 1983 bereits 70 und Ende 1984 75.[17]

Man ist heutzutage auch schon in der Lage, im Mutterleib Krankheiten bzw. Anlagen dazu zu diagnostizieren, wenn sie noch gar keine Symptome zeigen und

---

zum Jahr 1983 auf 3,1% gesenkt werden. In Hamburg lag die Quote im Jahr 1986 sogar bei nur noch 2%, vgl. Bericht in der DNÄ v. 10.05.1989, S. 5.
Gründel in Murken, S. 315, meint, daß der Ssa bei einem pathologischen Befund heutzutage bereits als die "normale Konsequenz" erscheine, weil ganz offenbar die Bereitschaft zum Ssa zunehme.

12 *Vogel*, unveröffentlichtes Manuskript, S. 1.

13 Fruchtwasserentnahme durch Punktion.

14 An einer Amniozentese nahmen im Jahre 1982 bundesweit erst 26,8% aller über 35jährigen Schwangeren teil; 1984 belief sich ihre Zahl bereits auf 38%, und diese Zahlen werden sicherlich weiter steigen, vgl. *Knörr* in Murken, S. 2, und damit einhergehend auch die der Ssae wegen k.I., vgl. DNÄ v. 18./19.12. 1987, S. 6.

15 *Rauskolb* in Murken, S. 67. Vgl. auch *Schmidt* et al., Geburtsh. u. Frauenheilk. 45 (1985), S. 522.

16 DNÄ v. 11.04.1988, S. 6.

17 *Kleijer/Galjaard* in Murken, S. 110.

die - nach einer Zeit unbehinderten Lebens - erst im Erwachsenenalter ausbrechen werden.

Es wird so künftig nicht nur erreichbar sein, das Vorhandensein oder auch nur die Erbanlage eines Leidens zu bestimmen, das erst im späteren Leben zu ggf. schweren Schäden führt (Huntington-Chorea; Duchenne-Muskeldystrophie),[18] es werden dann sogar Aussagen über bestimmte Krankheitsdispositionen gemacht werden können. So wird man voraussagen können, ob jemand im Laufe seines Lebens beispielsweise eine Arteriosklerose, Neurodermitis[19], Allergie oder einen Diabetes mellitus entwickeln wird.[20]

Schließlich sei noch erwähnt, daß durch die verbesserte Technik selbst ein Hautödem des Ungeborenen aufgedeckt werden kann.[21]

Ob geringere, alsbald nach der Geburt manifeste "Mängel", ob erst später im Leben ausbrechende Erbkrankheiten oder ob nur Krankheitsdispositionen - zusammenfassend läßt sich feststellen, daß durch die neuen Methoden der PD der Umfang der vorgeburtlichen Ermittlungen entscheidend ausgeweitet wurde und die hierdurch eröffneten Möglichkeiten in vielfacher Hinsicht "nahezu unbegrenzt" zu sein scheinen.[22]

Ganz neue Perspektiven, aber auch rechtliche Probleme wird die weitere medizinische Entwicklung voraussichtlich in Zukunft durch die sog. Chorionzottenbiopsie[23] (CVS) im I. Trimenon und die inzwischen erfolgte Einführung molekulargenetischer Techniken sowie von DNS-Restriktionsanalysen[24] bereiten, die den Kreis der pränatal diagnostizierbaren "Störungen" und Fehlbildungen immer weiter vergrößern und es darüber hinaus ermöglichen werden, in großem Umfang "Schädigungen" zu erkennen.

---

18 Vgl. hierzu i.e. unten S. 54 und S. 56 ff.

19 Erblich prädisponierte Erkrankung. Beginn oft in der frühen Kindheit mit Juckreiz, Rötung, Schuppung, Nässen und Krustenbildung besonders an den Wangen.

20 DNÄ v. 1.09.1988, S. 6.

21 *Hansmann*, DNÄ v. 19.01.1989, S. 5.

22 Vgl. auch *Beller*, medwelt 36 (1985), S. 695. In der DNÄ v. 21.09.1987, S.3, nennt er dies eine "dramatische" Entwicklung.

23 Entnahme von Gewebeproben aus Anteilen des Mutterkuchens (Plazenta).

24 Zerschneiden der Desoxyribonukleinsäure (DNS) an bestimmten Stellen mittels Bakterienenzymen, vgl. i.e. dazu *Hobom* in Reiter/Theile, S. 38 ff.

Durch diese Entwicklung kommt es für die Beteiligten immer häufiger zu Konfliktsituationen, die "früher" infolge technisch bedingter Unkenntnis pränatal gar nicht erst entstehen konnten, sondern erstmalig bei der Geburt oder gar erst in der postpartalen Lebensphase feststellbar waren.

Die pränatale Diagnostik mag so im Zusammenwirken mit einer strengen (zivilrechtlichen) Haftungsrechtsprechung und einer großzügigen Indikation eine Entwicklung begünstigen, die den Arzt zu einer Vielzahl routinemäßiger Fruchtwasser- bzw. Chorionzottenuntersuchungen möglichst aller Schwangeren veranlaßt und im Zweifel zur Tötung des krankheitsverdächtigen Fetus raten läßt, um Haftungsstreitigkeiten bereits im Vorfeld zu vermeiden.

Aus der aufgezeigten medizinisch-technischen Entwicklung erwachsen in der Praxis im Rahmen des § 218 a Absatz 2, Nr. 1 StGB zahlreiche ärztlich-ethische Probleme, insbesondere hinsichtlich der Frage, in welchen Fällen ein Ssa aus k.I. überhaupt vertreten werden kann.

Beispielhaft seien hierzu einige Problemstellungen angeführt:
Muß die Schädigung des ungeborenen Kindes überhaupt einen bestimmten (objektiven) Schweregrad erreichen?
Wenn ja, welches Ausmaß muß die Schädigung des Fetus erreichen?
Welches Ausmaß an kindlicher Schädigung ist andererseits der Mutter noch zumutbar?
Wie ist etwa ein Fetus zu "bewerten", der eine eingeschränkte Lebenserwartung hat, wobei das Kind
a) für die Zeit seines Lebens an Begleitschäden leidet,
b) für die Zeit seines Lebens nicht an Begleitschäden leidet?
Macht es für die Frage der Zulässigkeit des Ssa einen Unterschied, wenn das Kind nach 1 Woche, 1 Jahr, 6 Jahren oder 20 Jahren oder gar noch später sterben wird?
Wie sind die in § 218 a Absatz 2, Nr. 1 StGB erwähnten "dringenden Gründe" zu interpretieren?
Welchen Sinn hat eine 22-Wochen-Frist bei Vorliegen einer extremen Schädigung, etwa einem Anenzephalus? Kann die Frist hier sinnvollerweise überhaupt gelten?
Wie ist das Verhältnis des Ssa zum sog. Behandlungsverzicht (Bhv)?
Was sind die Interessen des ungeborenen Kindes?
Wer formuliert und vertritt die Interessen des ungeborenen Kindes?
Wer beurteilt das Verhältnis von Interessen der Mutter zu denen des geschädigten Fetus?

Wessen Interessen, die der Mutter oder die des ungeborenen Kindes, sollen (müssen) im Vordergrund stehen? - Läßt sich diese Frage generell beantworten oder hängt ihre Beantwortung vom Einzelfall ab?
Wer entscheidet über diese Fragen und nach welchen Kriterien sollen sie beantwortet werden?

Die hier beispielhaft aufgeworfenen Fragen ließen sich sicherlich erheblich erweitern.

Aus den bisherigen Ausführungen läßt sich schon unschwer entnehmen, daß gerade der technische Fortschritt den Arzt, den genetischen Berater und die Frau vor immer neue Gewissenskonflikte stellt, weil es heute möglich ist, immer leichtere und geringfügigere Krankheiten immer früher zu erfassen.[25]

Die in der Regelung des § 218 a Absatz 2, Nr. 1 StGB liegenden erheblichen (z.T. in den aufgeworfenen Fragen sich widerspiegelnden) Probleme bedürfen der Diskussion und Überarbeitung, wenn man mit den methodischen Fortschritten und der Entwicklung Schritt halten will.[26]
Die Beteiligten werden vor zunehmend schwierigere, nicht allein medizinisch zu beurteilende Aufgaben gestellt, die bislang weder durch standesrechtliche, noch durch gesetzgeberische Regelungen ausreichend geklärt worden sind.

Die bereits angesprochene karge Rechtslehre ist dabei bislang bei der Bewältigung der Zweifelsfragen nicht sonderlich weit gekommen[27] und vermag in vielen Fällen keine Lösung anzubieten.
Auch fehlen (strafgerichtliche) Urteile, die hier Maßstäbe zur Erhellung und Lösung setzen könnten.

Die Ärzte befinden sich so in einem Grenzbereich zwischen Recht, Medizin und Ethik, der - soviel läßt sich im Vorgriff auf die folgende Untersuchung bereits feststellen - in nur sehr allgemein gehaltener Form durch die Bestimmungen des § 218 a Absatz 2, Nr. 1 StGB geregelt worden ist.

---

25 Vgl. beispielhaft den Gynäkologen *Berg*, FAZ v. 6.07.1988, S. 9; *Eberbach*, JR 1989, S. 266, 267; auch *Hepp* in Murken, S. 301.

26 So führen auch *Boland/Krone/Pfeiffer*, Bamb. Symp., S. 5, aus, daß die in der Praxis auftretenden Fragen nach einer Klärung geradezu drängten.

27 Vgl. insoweit auch die Kritik von *Hiersche*, Gynäkologe 15 (1982), S. 72, 79.

1.3 Zielsetzung der Arbeit

Vor dem hier skizzierten Hintergrund gehört es zu den Aufgaben der Rechtswissenschaft, gesetzliche Entscheidungen und ihre Auswirkungen in der Praxis zu beobachten, zu kontrollieren und ggf. zu korrigieren - sei dies etwa durch eine gefestigte Rechtsprechung oder aber ein Einwirken auf den Gesetzgeber.
Dies um so mehr, weil die k.I. "seinerzeit in einem sehr raschen Gesetzgebungsprozeß entwickelt worden ist ... ".[28]

Im folgenden soll daher im einzelnen untersucht werden, ob und inwieweit sich die geltende Regelung der k.I. (§ 218 a Absatz 2, Nr. 1 StGB) in der Praxis bewährt hat,
- welche Probleme, Auswirkungen und Fragen die Regelung - speziell vor dem Hintergrund der medizinisch-technischen Möglichkeiten und ihrer praktischen Umsetzung - aufgeworfen hat,
- ob für den Gesetzgeber vor dem Hintergrund des Urteils des BVerfG zum Fristenmodell noch ein Handlungsspielraum besteht und
- wie er diesen ggf. nutzen könnte.

Dies vorausgeschickt soll die gegenwärtige Situation unter Hervorhebung der Komplexität und Spannungen, die bei der kindlichen Indikation in der Praxis auftreten, aufgezeigt und verdeutlicht und eine eigene Stellungnahme bezogen werden.[29] Zudem soll dabei versucht werden, Entscheidungshilfen für die Ratsuchenden zu erarbeiten, die - auf der Grundlage eines Konsenses zwischen Medizinern und Juristen - im individuellen Einzelfall eine Hilfe darstellen könnten.

Wie die weitere Untersuchung zeigen wird, spitzen sich die Probleme auf die Frage zu, welche der diagnostizierbaren Schädigungen (noch) als "schwer" anzuerkennen sind. Dahinter treten die übrigen Probleme - mit Ausnahme der Frist[30] - mehr oder weniger in den Hintergrund.

---

28 *Hanack*, Noll-GS, S. 197; ähnlich hält auch *Beller*, medwelt 36 (1985), S. 693, das Gesetz für "überhastet" entstanden.

29 Aus Gründen der Übersichtlichkeit erfolgt im Allgemeinen Teil (S. 10 ff.) die Auflistung und Diskussion der Tatbestandsmerkmale als solcher. Im Besonderen Teil (S. 71 ff.) wird die sich entwickelnde Problematik diskutiert. Sodann werden die Lösungsvorschläge (S. 112 ff.) erörtert.

30 Vgl. dazu unten S. 66 ff., 89 ff.

Der zentrale Punkt ist das Tatbestandsmerkmal "schwer wiegt" und seine Interpretation in Praxis und Literatur. Seine Verflechtung, Verknüpfung und sein Verhältnis mit bzw. zu den übrigen Tatbestandsmerkmalen soll dargelegt und bei seiner Umschreibung versucht werden, objektivierbare Kriterien zu erarbeiten, die eine einheitliche und gleichmäßige Anwendung des Gesetzes ermöglichen könnten.

Daß vom Verfasser hierbei eine allseits befriedigende "Lösung" in Form eines Patentrezeptes nicht gegeben werden kann, sei schon jetzt eingeräumt. Angesichts des Konflikts zwischen Zulässigkeit des Schwangerschaftsabbruchs auf der einen Seite und unbedingter Schutzwürdigkeit menschlichen Lebens auf der anderen Seite bleibt jede Lösung in gewisser Weise unbefriedigend. Eine ideale Lösung wird es hier wohl nicht geben können, so daß diejenige zu finden ist, die am wenigsten unbefriedigend erscheint.

2 Allgemeiner Teil

2.1 Die Entscheidung des Bundesverfassungsgerichts zur Fristenregelung

Zunächst erscheint es angebracht, sich vorab noch einmal die Kernsätze des Bundesverfassungsgerichts (BVerfG) in seinem grundlegenden Urteil zur Fristenregelung in Erinnerung zu rufen, da die von ihm aufgestellten Grundsätze als zur Zeit maßgebliche rechtliche Rahmenbedingung zu gelten haben.[31]

Das BVerfG war angerufen worden, zur Frage Stellung zu nehmen, ob die "Fristenregelung" mit dem Grundgesetz, und zwar vor allem mit dem in Artikel 2 Absatz 2 Satz 1 gewährleisteten Recht auf Leben und mit der in Artikel 1 Absatz 1 festgesetzten Verpflichtung aller staatlichen Gewalt, die unantastbare Menschenwürde zu achten und zu schützen, vereinbar sei.

Das BVerfG gelangte zu folgendem Ergebnis:

Das durch Artikel 2 Absatz 2 Satz 1 i.V.m. Artikel 1 Absatz 1 GG verbürgte Recht auf Leben schließt das Lebensrecht auch des ungeborenen Kindes mit ein [BVerfGE 39,1,(36ff.)].[32]
Die sich daraus ergebende Schutzpflicht verbietet nicht nur direkte staatliche Eingriffe, sondern gilt auch gegenüber der Schwangeren selbst [E 39,1,(42)]. Wie der Staat diese Pflicht erfüllt, unterliegt zwar zunächst der Gestaltungsfreiheit des Gesetzgebers [E 39,1,(44)]; weil aber das menschliche Leben das wichtigste Rechtsgut überhaupt ist, gebietet es die Verfassung - mangels anderer effektiver Schutzmaßnahmen -, hier auch das Mittel der Strafdrohung einzusetzen [E 39,1,(47)], und zwar, soweit es sich um den Schutz des Lebens ungeborener Kinder handelt, grundsätzlich auch gegen die Schwangere [E 39,1,(42,48)].

---

31 BVerfG, Urteil vom 25.2.1975 = BVerfGE 39,1.

32 Diese Erkenntnis, daß es sich hier um der Rechtsordnung vorgegebene Fakten handelt, die bei der Interpretation auch von Verfassungsnormen nicht außer acht gelassen werden dürfen, bedarf besonderer Erwähnung, wenn man bedenkt, daß sowohl der amerikanische Supreme Court als auch der österreichische und der italienische Verfassungsgerichtshof gemeint hatten, Begriffe wie "Leben" und "Person" nach juristischen Kategorien bestimmen zu können, vgl. hierzu *Reis*, S. 134 m.w.N.

Ausnahmen von diesem Grundsatz der Strafbarkeit des Ssa können nur da in Betracht kommen, wo im Einzelfall das Lebensrecht des ungeborenen Kindes zu einer Belastung der Frau führt, die wesentlich über das normalerweise mit einer Schwangerschaft (und Mutterschaft) verbundene Maß hinausgeht, so daß sich unter dem Gesichtspunkt der Zumutbarkeit[33] die Frage stellt, ob der Staat mit dem Mittel der Strafdrohung die Austragung der Schwangerschaft erzwingen darf [E 39,1,(48)].

Das BVerfG verweist in diesem Zusammenhang zunächst auf den Fall, daß der Abbruch der Schwangerschaft erforderlich ist, um von der Schwangeren eine Gefahr für ihr Leben oder die Gefahr einer schwerwiegenden Beeinträchtigung ihrer Gesundheit abzuwenden [E 39,1,(49)], und meint dann weiter, darüber hinaus stehe es dem Gesetzgeber frei, auch andere Fälle einer außergewöhnlichen Belastung für die Schwangere, die unter dem Gesichtspunkt der Unzumutbarkeit ähnlich schwer wiegen, straffrei zu lassen; dazu könnten die Fälle der sog. eugenischen, kriminologischen und sozialen Indikation gehören [E 39,1,(49)].

Auf diesen Punkt einer außergewöhnlichen Belastung für die Schwangere wird im Lösungsvorschlag[34] noch zurückzukommen sein.

2.2 Der Regelungsbereich der §§ 218 ff. StGB

Zum besseren Verständnis des Problemfeldes sollen noch einige grundsätzliche Erwägungen vorab angestellt werden.

2.2.1 Das geschützte Rechtsgut

Unter einem Rechtsgut versteht man sozial anerkannte, und daher vom Recht geschützte Lebensgüter des einzelnen oder der Gemeinschaft, wie etwa Leben, Ehre, Freiheit und dergleichen mehr.[35]

Nach ganz unbestrittener Ansicht ist das von § 218 StGB geschützte Lebensgut das ungeborene menschliche Leben.[36]

---

33 Und nicht, wie es noch das RG (bei der medizinischen Indikation) vertreten hatte - St. 61, 242, (255) -, weil das Leben der Leibesfrucht von geringerem Wert sei als das Leben der Schwangeren.

34 Vgl. unten S. 112 ff.

35 Vgl. *Lenckner* in S/S, Vor. §§ 13 ff., Rdn. 9.

36 *Dreher/Tröndle*, Vor. § 218, Rdn. 6; *Eser* in S/S, Vor. §§ 218 ff., Rdn. 5; *Lay*, JZ 1970, S. 465; *Lüttger*, JR 1969, S. 446; *Maurach/Schroeder/Maiwald*, BT 1 § 5 IV 2a; *Wessels*, BT 1 § 4 II 2; BVerfGE 39,1.

Wenngleich die tatbestandliche Trennung des Ssa von den eigentlichen Tötungsdelikten zeigt, daß die Rechtsordnung das geschützte Rechtsgut "menschliches Leben" noch weiter aufspaltet in das Leben vor und nach Beginn der Geburt (vgl. § 217 StGB), also in ein vollentwickeltes Leben und ein "werdendes" Leben, so zeigt doch die Zusammenfassung von Mord und Schwangerschaftsabbruch in einem gemeinsamen Abschnitt "Straftaten gegen das Leben", daß in beiden Fällen als Rechtsgut das menschliche Leben geschützt werden soll.[37]

2.2.2 Das Angriffsobjekt

Im Gegensatz zum geschützten Rechtsgut ist das Handlungs-(Angriffs-)Objekt derjenige Gegenstand, an dem die Tat sich vollzieht: Beim Ssa ist dies die (lebende) Leibesfrucht[38], bei den allgemeinen Tötungsdelikten ein Mensch, so daß Rechtsgut und Angriffsobjekt in § 218 StGB mithin nicht deckungsgleich sind.[39]

Die "Leibesfrucht" wird nach der Systematik der das Leben schützenden Strafvorschriften erst mit dem Beginn der Geburt zum "Menschen" im Sinne dieser Vorschriften, und zwar mit Beginn der sog. Eröffnungswehen, wobei die h.M. stets auf deren *tatsächliches* Einsetzen abstellt, gleichgültig ob diese spontan eintreten oder ihr Einsetzen medikamentös hinausgeschoben oder beschleunigt wird.[40]

---

[37] Ob durch die Vorschriften zum Ssa neben dem ungeborenen Leben sekundär noch andere Rechtsgüter wie die Gesundheit der Frau und ihre Entscheidungsfreiheit zur Fortsetzung der Schwangerschaft oder bevölkerungspolitische Rechtsgüter mitgeschützt werden, kann hier unerörtert bleiben, vgl. dazu *Dreher/Tröndle*, Vor. § 218, Rdn. 6; *Gropp*, S. 13 ff.; *Maurach/Schroeder/Maiwald*, BT 1 § 5 V 3.

[38] Keine Leibesfrucht stellen die Blasenmole, die Extrauteringravidität und ähnliche Varianten dar, vgl. *Maurach/Schroeder/Maiwald*, BT 1 § 5 V 3.

[39] Dagegen sehen RGSt. 59, 99 "die einzelne Leibesfrucht" und ihm folgend z.B. auch RGSt. 67, 207 und BGHSt. 11, 17 "die Leibesfrucht" als Rechtsgut an; RGSt. 61, 248 spricht im gleichen Sinn vom "Rechtsgut des Lebens der Leibesfrucht".

[40] Ganz allgemeine Meinung, vgl. nur *Koch* in Eser/Koch, S. 105, sowie *Lüttger*, NStZ 1983, S. 482, jeweils m.w.N.
Wird infolge eines Ssa ein lebendes Kind auf die Welt befördert, so gelten grundsätzlich die §§ 223 ff. StGB bzw. §§ 211 ff. StGB. Unterschiedliche Auffassungen bestehen allerdings über die Verwirklichungsform der vorangegangenen Handlung in Form des Ssa. Auszugehen ist dabei von dem Grundsatz, daß nicht sowohl ein vollendeter Ssa als auch eine vollendete Tötung gleichzeitig begangen werden können, vgl. i.e. *Gropp*, S. 25, sowie *Koch* in Eser/Koch, S. 107, jeweils m.w.N.

In Anbetracht der Tatsache, daß der Ssa wegen k.I. vor der 22. Schwangerschaftswoche p.c. zu erfolgen hat und das Neugeborene zu jenem Zeitpunkt allein schon aus Gründen der Reife nur bedingt[41] "lebensfähig" ist[42], bestreiten *Gerchow/Schewe*[43] und auch *Lüttger*[44], daß mit dem Beginn der Geburt automatisch in jedem Fall die Grenze zwischen "Leibesfrucht" und "Mensch" verlaufen soll. Sie nehmen Anstoß daran, daß hinsichtlich der Frage der "Menschqualität" einzig und allein auf den Beginn der Geburtswehen abgestellt werde und dabei Vorgänge, die sich allein im mütterlichen Organismus abspielen, zum Indiz für die Menschqualität gemacht würden. Im Wege einer restriktiven Auslegung des Tatbestandsmerkmals "Kind" wollen sie daher den Reifegrad des Neugeborenen für die Frage berücksichtigen, ob es sich tatsächlich um ein "Kind" und damit einen "Menschen" handelt, mit der Folge, daß etwa die Geburt eines völlig unreifen Fetus diesem nicht automatisch "Menschqualität" verleihe.[45]

So einleuchtend dieser Gedanke auch in jenen Fällen erscheint, in denen es sich um sicher "lebensunfähige" Neugeborene[46] handelt, so wenig akzeptabel kann er gleichwohl sein. Denn eine Grenzziehung nach der biologischen Anlage bzw. einem bestimmten Entwicklungsstadium wäre viel zu unbestimmt.

---

41 Die Gewichtsgrenze für Frühgeborene, die noch "gerettet" werden können, liegt derzeit wohl bei ca. 500 g; bei einem Schwangerschaftsalter von 24 Wochen liegt das Gewicht bei ca. 600 g, so daß also Kinder aus Abtreibungsversuchen wegen k.I. durchaus am "Leben" gehalten werden können, vgl. hierzu *v. Voss*, Der Kinderarzt 17 (1986), S. 428.
Es haben bereits Kinder mit einem Gewicht von 350 g "überlebt": *Popovic*, Der Kinderarzt 17 (1986), S. 1713, 1714.
Getrübt werden die Erfolge jedoch durch die unterschiedlichen Behinderungen und Langzeitschäden, die die Kinder oft als direkte Folge der Behandlung erleiden.
Gerade die Beatmung der unreifen Lunge schafft Probleme, weil das zur Stabilisierung der Lungenbläschen benötigte Surfactant, ein Gemisch aus Phospholipiden und Proteinen, von der "unreifen" Lunge noch nicht gebildet wird und es zur Zeit noch keinen wirksamen Ersatz gibt, so daß es so zum sog. Atemnotsyndrom durch Kollabieren der Lungenbläschen kommt.
Die Überlebenschance für Frühgeborene rückt unter modernen medizinischen Möglichkeiten immer näher an den Termin heran, an dem noch Schwangerschaftsabbrüche praktiziert werden.

42 Der Grund für die Einführung der Frist war es gerade, die "Geburt" lebensfähiger Kinder durch einen Ssa zu vermeiden, vgl. BT-Drucksachen VI/3434, S. 24; 7/1981, S. 15. Vgl. i.e. dazu unten S. 66 ff.

43 *Gerchow/Schewe*, Beiträge 27 (1970), S. 61 f., 67 f.

44 *Lüttger*, JR 1971, S. 134.

45 Ähnlich wohl auch BGHSt. 10, 291, 292, der als Untergrenze der Menschwerdung verlangt, daß das Kind "unabhängig vom Leben der Mutter in menschlicher Weise lebt, sei es auch nur für kurze Zeit".

46 Vgl. zum Problem der Umschreibung der Lebensfähigkeit unten S. 100 ff.

Es bestünde die Gefahr, daß durch eine derartige Wertung der Schutz stark zurückgenommen würde. Nur auf die Lebensfähigkeit abzustellen hieße, das Grundrecht auf Leben in gefährlicher Weise zu relativieren, denn sonst müßte auch tödlich Erkrankten der Schutz der §§ 211 ff. StGB versagt werden.

Die Menschwerdung kann somit nicht von der Lebensfähigkeit oder etwas ähnlichem[47] abhängig gemacht werden.

Aus dem Verhältnis des § 218 StGB (Abbruch der Schwangerschaft) und des § 217 StGB (Kindestötung) zueinander folgt, daß bei einem *normalen* Geburtsverlauf eine Tötung nach Beginn der Geburt nicht mehr als Schwangerschaftsabbruch (Tötung der Leibesfrucht), sondern als Tötung eines Menschen anzusehen ist.
Ab jenem Zeitpunkt finden nicht mehr die Vorschriften über den Schwangerschaftsabbruch, sondern die über die Tötung Anwendung.

2.2.3 Tathandlung und Taterfolg

Eine Schwangerschaft bricht ab, wer einen Eingriff vornimmt, um das Absterben der Leibesfrucht zu bewirken und dieses Ziel auch erreicht.[48]
Dabei kann die Leibesfrucht unmittelbar (Absaugen, Herzstich) oder auch nur mittelbar im Mutterleib (Medikamente, die auf die Leibesfrucht wirken) getötet werden. Der Taterfolg kann aber auch erst außerhalb des Mutterleibs eintreten (intravaginale Prostaglandinverabreichung[49]).

2.2.4 Abgrenzung zu den Tötungsdelikten

Die Abgrenzung zwischen § 218 StGB und den §§ 211 ff. StGB erscheint nach den bisherigen Ausführungen auf den ersten Blick unproblematisch: Angriffsobjekt des Ssa ist die "Leibesfrucht", das der allgemeinen Tötungsdelikte ein "Mensch". Menschqualität erlangt die Leibesfrucht aber erst i n der Geburt (§ 217 StGB), die mit den Eröffnungswehen beginnt.

---

47 Eine englische Gruppe um den Nobelpreisträger *Watson* soll laut *Beller*, medwelt 36 (1985), S. 696, vorgeschlagen haben, dem Kind erst nach der Geburt das Attribut "Mensch" zuzuerkennen.

48 *Eser* in S/S, § 218, Rdn. 5.

49 Prostaglandine sind ungesättigte Fettsäuren. Die Wirkung dieser Substanzen auf den Uterus besteht in der Auslösung rhythmischer Kontraktionen an dessen sog. glatter Muskulatur und in einem erweichenden Effekt auf den Gebärmutterhals.

Diese klaren Abgrenzungsmöglichkeiten sind unproblematisch, soweit die Leibesfrucht unmittelbar im Mutterleib getötet wird.

Dagegen erwachsen mehrere Fragen für den Fall, daß der Ssa ein lebendes Kind auf die Welt befördert:
Gilt die Zäsur des § 217 StGB, der Beginn der Geburt, auch für vom natürlichen Verlauf abweichende Geburten? Dies hätte zur Folge, daß sich der Arzt bei einem Ssa nach Einsetzen der entsprechenden Wehen vor unsorgfältiger oder gar vorsätzlicher Manipulation des in der Austreibungsphase befindlichen Embryos/Fetus zu hüten hätte, weil dann das in der Geburt befindliche Kind unter den Schutz der allgemeinen Tötungsdelikte fällt (2.2.4.1).
Gilt die Strafbarkeit des Ssa ausschließlich für den eigentlichen Abtreibungseingriff, oder aber wirkt sie weiter auf das zur Welt beförderte (lebende) Kind, so daß der Arzt die Tötungshandlung am geborenen Menschen fortsetzen darf?
Oder ist er nunmehr umgekehrt verpflichtet, sämtliche medizinischen Maßnahmen zur Lebenserhaltung zu ergreifen (2.2.4.2)?

2.2.4.1 Geltungsbereich des § 217 StGB
Hält man sich einmal vor Augen, daß bei der operativen Entbindung ("Kaiserschnitt") diejenigen Maßnahmen, die unmittelbar zur Trennung des Fetus vom Mutterleib führen - sei es nun schon die Eröffnung der Bauchdecken oder erst die chirurgische Eröffnung der Gebärmutter - dem Beginn der Eröffnungswehen gleichgestellt werden,[50] könnte man ggf. den Abtreibungsvorgang, gedacht ist hier insbesondere an eine Embryotomie (d.h. zerstückelnde Operation) unter der Geburt, ebenfalls mit den Eröffnungswehen gleichsetzen.

Der Arzt müßte, um sich nicht dem Risiko einer Bestrafung wegen Totschlags auszusetzen, nach Einsetzen der entsprechenden Wehen mit seinen Maßnahmen Rücksicht auf die Leibesfrucht nehmen, er müßte bei dem Gebrauch einer

50 Vgl. *Eser* in S/S, Vor. §§ 211 ff., Rdn. 13; *Hiersche*, Gynäkologe 15 (1982), S. 92. Auch der vorzeitige Blasensprung wird als Geburtsbeginn angesehen, vgl. *Isemer/Lilie*, DNÄ v. 19.10.1989, S. 2; *Koch* in Eser/Koch, S. 106 m.w.N. Fraglich ist hier insbesondere, ob rechtlich ein Beginn der Geburt auch dann vorliegt, wenn den Eröffnungswehen unmittelbar vorgelagerte Wehen einsetzen, die nur infolge eines wehenhemmenden Mittels nicht in Eröffnungswehen übergehen können. Diese Frage ist für die in dem Geburtsbeginn liegende tatbestandliche Strafbarkeitsgrenze von Belang: Ohne tatsächlichen Beginn der Eröffnungswehen kann noch nicht von "Ausstoßungsversuchen des Mutterleibs" gesprochen werden, wie in der bisherigen Rechtsprechung für den Beginn der Geburt gefordert worden ist.

Abortzange also Vorsicht nicht nur wegen der Mutter, sondern auch wegen der Leibesfrucht walten lassen.
Gegen die Gleichsetzung spricht aber allein schon die systematische Trennung von Ssa und Tötung.[51]

Die vom Gesetzgeber getroffene Zurücknahme der Strafbarkeit beim fahrlässigen Ssa darf nicht durch eine Vorverlagerung des Strafrechtsschutzes unterwandert werden. Denn gerade der Abtreibungsvorgang enthält notwendigerweise eine Zone gesteigerter Gefährdung des Fetus durch unsorgfältige oder aber vorsätzliche Behandlung. Der strafrechtliche Lebensschutz kann erst nach der Trennung der Leibesfrucht vom Mutterleib beginnen.

2.2.4.2 Geltungsbereich der §§ 218 ff. StGB

Sobald mit der *normalen* Geburt ein Wechsel des Angriffsobjektes stattgefunden hat - d.h. aus dem noch lebenden Fetus bzw. der "Leibesfrucht" ein "Mensch" geworden ist -, gelten nicht mehr die Vorschriften über den Ssa, sondern die allgemeinen über die Tötung.

Diese Unterteilung gilt aber auch für vom normalen Geburtsverlauf abweichende Verläufe, und insbesondere auch für "Geburten" nach einem Ssa.
Das bedeutet für den Arzt, daß bei nachfolgenden aktiven Tötungsmaßnahmen eine Bestrafung wegen Totschlags und nicht mehr wegen Ssa droht, und zwar unabhängig davon, in welchem Wachstumsstadium sich der neue Mensch befindet und ohne Rücksicht auf dessen Lebensfähigkeit und Lebenserwartung.[52]

Der Arzt hat auch nicht das Recht, solche Maßnahmen zu unterlassen, die das Überleben des geschädigten Kindes gewährleisten können, da er ab der Geburt grundsätzlich[53] zum Garant gegenüber dem Kind wird mit der Folge, daß er sich bei vorsätzlichem (und auch fahrlässigem) Unterlassen lebensrettender oder lebensverlängernder Maßnahmen prinzipiell strafbar macht.

Durch die intensivmedizinischen Möglichkeiten überholt ist die Ansicht *Ostendorfs*, nach dem das Neugeborene eine Lebenschance frühestens ab der

---

51 Vgl. *Tepperwien*, S. 95 ff.

52 Vgl. *Koch* in Eser/Koch, S. 107, Fn. 120.

53 Für nahezu unzweifelhaft darf aber auch gelten, daß menschliches Leben nicht unter allen Umständen und unter Einsatz aller medizinischen Mittel erhalten werden muß. Die Frage, wo hier die Grenzen liegen, führt in einen der schwierigsten Problemkreise der Medizin und des Rechts, der weiter unten, S. 123 ff., untersucht wird.

24. Schwangerschaftswoche besitze.[54] Daraus folgert er, daß der abtreibende Arzt rechtlich nicht verpflichtet sei, für das lebende Kind überhaupt noch Rettungsmaßnahmen zu ergreifen. Der Arzt könne sich daher durch ein Unterlassen lebenserhaltender oder -verlängernder Maßnahmen "regelmäßig" nicht strafbar machen. In jenen Fällen, in denen jede Aussicht auf Rettung und Besserung verschwunden oder gar nicht erst entstanden ist, sei eine ärztliche Eingriffspflicht zu verneinen, weil lebensverlängernde Maßnahmen dann nur eine Selbstbestätigung medizinisch-technischer Perfektion zur Aufrechterhaltung einzelner Organfunktionen darstellen würden. Der Arzt würde andernfalls dazu angehalten, die Tötung bereits im Mutterleib vorzunehmen, was neben psychischen auch medizinische Probleme für die Gesundheit der Schwangeren aufwerfen könne.

Das Handeln des Arztes muß sich also auch dann, wenn der Ssa wegen k.I. ein lebendes Kind zur Welt befördert hat, diametral umkehren: Der Arzt muß nunmehr (- vorbehaltlich eines Bhv - mit allen Mitteln) versuchen, das nicht erwünschte geschädigte Kind sogleich ärztlich zu versorgen und am Leben zu erhalten.
Die vorherige Möglichkeit, eine "erfolgreichere" Abtreibungsart zu wählen, hat keine Bedeutung mehr. Mit der Ausstoßung treten jene Gründe zurück, die ansonsten für einen beschränkten Lebensschutz der Leibesfrucht sprechen.
Die Straffreiheit des Ssa aufgrund der Indiktionslage gilt nur für den eigentlichen Abtreibungseingriff, wirkt aber nicht etwa weiter, wenn es ungewollt zu einer Lebendabtreibung gekommen ist.[55]

Wie bedrückend derartige Situationen, bei denen der Ssa ein lebendes Kind zur Welt befördert, für den Arzt sind, hat *Hepp* mit seiner Schilderung verdeutlicht,[56] als eine Mutter nach 42 h in der 22. Schwangerschaftswoche ein noch lebendes Kind gebar:
"Mit der Geburt des Kindes veränderte sich unsere Tätigkeit. Keiner der Ärzte sah sich in der Lage, den vorher aktiv in Gang gesetzten Prozeß des Tötens aktiv fortzusetzen .... Das ganze Spektrum möglicher Fragen im Zusammenhang mit der kindlichen Indikation lag vor uns."[57]

---

54 *Ostendorf*, Beiträge 39 (1982), S. 32.

55 *Hiersche/Jähnke*, MDR 1986, S. 5, meinen, daß "eine solche, durch Gründe des Rechtsgüterschutzes nicht gebotene Härte grausam" erscheint.

56 *Hepp*, Bamb. Symp., S. 43, 61.

57 Daß dieser Vorgang keinen Einzelfall darstellt, ergeben die Berichte anderer Verfasser, wie etwa *Beller*, DNÄ v. 21.09.1987, S. 3; *Hiersche/Jähnke*, MDR 1986, S. 1 Fn. 8; *Wuermeling*, MMW 126 (1984), S. 136; *Zander*, Einbecker Workshop, S. 39.
Nach einer amerikanischen Untersuchung beträgt die durchschnittliche Überlebenszeit von Kindern, die den prostaglandininduzierten Abort überstanden haben, immerhin 2,79 h, mitgeteilt von *Hepp*, Bamb. Symp., S. 45.

Hanack nennt dies einen "unauflöslichen Widerspruch", der Frau einerseits die Befugnis einzuräumen, sich für einen Ssa zu entscheiden, andererseits aber den Arzt zum Eingreifen zu verpflichten, und damit die ausgeübte gesetzlich erlaubte Entscheidung der Frau gegen das Kind und für ihre Unzumutbarkeit gänzlich beiseite zu stoßen.[58]

Die Problematik basiert auf der gesetzlichen Unterscheidung, daß menschliches Leben, solange es sich im Mutterleib befindet, - auch für den Fall, daß der Arzt irrigerweise eine Schädigung angenommen hat - mit Argumenten getötet werden darf, die beim neugeborenen Leben die Tötung strafbar machen würden.

Es ist (nicht nur) für den juristischen Laien widerspruchsvoll, daß ein- und dasselbe Rechtsgut "menschliches Leben" in verschiedenen Stadien unterschiedlichen Schutz genießt und daß nach dem Gesetz sogar die pränatale Tötung des nur voraussichtlich geschädigten - mithin womöglich auch gesunden - Kindes straffrei ist, die postnatale Tötung eines tatsächlich geschädigten Kindes aber unter Strafe steht.[59] Denn es muß festgestellt werden, daß die Geburt selbst keine "Wertsteigerung" mit sich bringen kann.

Die einzige Veränderung im körperlichen Entwicklungszustand des Fetus besteht darin, daß der kindliche Stoffwechsel durch die Abnabelung erstmals unabhängig vom mütterlichen Kreislauf erfolgt.
Dieser Veränderung kann jedoch kein entscheidendes Gewicht zukommen: Denn zum einen ist das Neugeborene auch weiterhin entscheidend auf die Pflege Dritter angewiesen, zum anderen setzt die unterschiedliche strafrechtliche Behandlung bereits früher, nämlich mit dem Beginn der Geburt, ein, zu einem Zeitpunkt also, zu dem in aller Regel die Verbindung zwischen Mutter und Fetus über die Nabelschnur noch besteht.

Sicher ist ferner, daß der wesensmäßige Unterschied zwischen einer bestimmten Tierart und dem Menschen von der Befruchtung an gegeben und davon unabhängig ist, ab welchem Zeitpunkt man an einer befruchteten Eizelle einen Unterschied zwischen Tier und Mensch erkennen will.

Ein Mensch entwickelt sich nicht <u>zum</u> Menschen, sondern <u>als</u> Mensch, denn der Chromosomensatz legt Art und Geschlecht des Embryos als zu jedem Zeitpunkt bereits menschlichen Wesens fest.

---

58 *Hanack*, Noll-GS, S.203.

59 *Betke*, MSchr. Kheilk. 130 (1982), S. 355, spricht von einer "Entscheidung jenseits aller Logik oder geradlinig verfolgter ethischer Prinzipien", die von der Öffentlichkeit angenommen und auch von der Theologie nicht verworfen werde; *Ewerbeck*, Bamb. Symp., S. 133, nennt dies eine "moralische Schizophrenie".

Vor diesem Hintergrund mag die Differenzierung des strafrechtlichen Schutzes in Abhängigkeit von ungeborenem und geborenem Leben, die etwa in der tatbestandlichen Trennung von Ssa und Tötungsdelikten sowie in den unterschiedlichen Strafdrohungen beider Straftatbestände Niederschlag findet, so verstanden werden können, daß darin eine *wertmäßige* Differenzierung zum Ausdruck gebracht würde.

Dies ist aber aus folgenden Gründen nicht der Fall.

Zunächst ist es schon fragwürdig, den Wert des ungeborenen Lebens aus der Höhe der Strafdrohung ableiten zu wollen;[60] denn diese richtet sich ja in erster Linie nach der Strafwürdigkeit des Täterverhaltens, das wegen der besonderen Umstände der Schwangerschaft und nicht wegen des geringeren Wertes des Lebens abweichend von der Tötung geborener Menschen beurteilt wird.
Darüber hinaus gilt für das Grundgesetz, daß geborenes und ungeborenes Leben vor der Verfassung gleichwertig sind, so daß eine höhere Bewertung geborenen Lebens - abgeleitet aus der Unfertigkeit des ungeborenen Lebens - ausgeschlossen ist.

Maßgeblich für die unterschiedliche rechtliche Behandlung ist nicht das Ungeborensein - und damit die Schutz*würdigkeit* -, sondern der entscheidende Aspekt liegt in der unterschiedlichen Schutz*fähigkeit* von geborenem und ungeborenem Leben: Denn es ist zu bedenken, daß das Ungeborene sich im Körper der ihrerseits ebenfalls prinzipiell unantastbaren Mutter befindet.
Das ungeborene Leben wird dadurch zwar nicht weniger *wert*, seine Schutzfähigkeit wird damit aber relativiert.[61]

Die gesetzgeberische Unterscheidung in Abhängigkeit von einem bestimmten Entwicklungsstadium und damit die unterschiedliche Behandlung des Rechtsguts

---

60 So aber *Lüttger*, Beiträge 26 (1969), S. 23, 26. Er entnimmt dem Unterschied der Strafdrohungen für vorsätzliche Tötung und Ssa, daß hier der Gesetzgeber das werdende Leben geradezu "drastisch geringer *bewertet*." Auch *Bickel*, BT-Prot. VI, S. 2193, l.Sp., ist der Auffassung, daß es - auch für den Arzt - einen ganz entscheidenden Unterschied zwischen einem ausgetragenen Kind und einer Leibesfrucht im 3. oder 4. Schwangerschaftsmonat gebe, ohne aber erklären zu können, worin dieser Unterschied im einzelnen liegen soll, aaO., S. 2193, r.Sp.

61 So auch *Gropp*, GA 1988, S. 20 m.w.N.
Geiger, Jura 1987, S. 61, nennt die (Be)wertungen des Lebens, die zur Begrenzung des rechtlichen Lebensschutzes eingeführt wurden, eine "interessen- und zweckgerichtete Manipulation". In diesem Sinn etwa spricht sich die Verfassungsrichterin *Rupp von Brünneck*, BVerfG 39,1,68,80 f., in ihrem Sondervotum aus, wenn sie sagt, "die Weigerung der Schwangeren, die Menschwerdung ihrer Leibesfrucht in ihrem Körper zuzulassen, (sei) auch rechtlich etwas wesentlich anderes als die Vernichtung selbständig existenten Lebens".

"Leben", einmal in Form des Nasciturus, einmal in Form des Neugeborenen, die sich im Gesetz wiederfindet, erscheint danach, auch wenn ein wertmäßiger Unterschied zwischen beiden Stadien nicht existiert, verständlich: Denn würde man diese Unterscheidung verneinen, dürfte ein Ssa überhaupt nicht durchgeführt werden, weil die Begründung schwer fiele, weshalb ein bestimmtes menschliches Leben im Mutterleib getötet werden dürfe, nicht mehr aber nach der Geburt.[62]

2.3 Die Tatbestandsmerkmale im einzelnen

§ 218 a Absatz 2, Nr. 1 StGB erklärt den Ssa aus kindlicher Indikation für straflos, wenn "nach ärztlicher Erkenntnis dringende Gründe für die Annahme sprechen, daß das Kind ... an einer nicht behebbaren Schädigung seines Gesundheitszustandes leiden würde, die so schwer w i e g t, daß von der Schwangeren die Fortsetzung der Schwangerschaft nicht v e r l a n g t werden k a n n".

2.3.1 Die "Schädigung" des Gesundheitszustandes

Grundvoraussetzung der k.I. ist die begründete Annahme, daß das Kind an einer nicht behebbaren Schädigung seines Gesundheitszustandes leiden würde.

Unter einer "Schädigung" werden in einer ersten Abgrenzung diejenigen körperlichen, seelischen oder geistigen Beeinträchtigungen verstanden, die auf einen diagnostizierbaren organischen Befund zurückführbar sind[63] und außerhalb des Normbereichs des "Gesunden" liegen.

Nicht hierzu zählen anlage- oder umweltbedingte "Störungen" des allgemeinen Wohlbefindens oder einer "normalen" Persönlichkeitsentwicklung. Vielmehr setzt das Gesetz damit einen realen Befund bzw. eine Diagnose hinsichtlich der Gesundheit des Kindes voraus.[64]

Von daher ist die von *Amendt* vertretene Auffassung, der "Unerwünschtheit" eines Kindes im Hinblick auf seine psychosoziale Behinderung Krankheitswert

---

62 Bei konsequenter Einhaltung einer rigorosen Gleichbehandlung müßte folgerichtig z.B. auch der fahrlässige Ssa unter Strafe gestellt werden, vgl. hierzu *Eberbach*, JR 1989, S. 267 m.w.N.

63 *Eser* in S/S, § 218 a, Rdn. 21-23; *Krauß* in Murken, S. 269 m.w.N.

64 Keine "Schädigung" soll vorliegen, wenn der Fetus (heterozygoter) Überträger einer erblichen Krankheit ist, z.B. bei x-chromosomal-rezessiven Erbleiden, d.h. selbst "gesund" ist und ein Leben ohne eigenes "Leiden" und ohne irgendeine Verkürzung seiner Lebenserwartung führt, vgl. *Koch* in Eser/Koch, S. 123, sowie *Lau* in Lau, S. 98, der sich dafür ausspricht, "das Problem" der nächsten Generation zu überlassen.

beizumessen, strikt abzulehnen.[65] Zudem ließe sich so die "soziale" Indikation unschwer in den Bereich der kindlichen Indikation verschieben.

Erfaßt werden von § 218 a Absatz 2, Nr. 1 StGB nicht bloß jene Krankheiten, die auf Erbanlagen (Chromosomenanomalien, entweder in Form von Chromosomenabweichungen oder aber genbedingten Stoffwechselstörungen) beruhen und hier ihre Ursache haben, sondern es kommen auch solche nichterblichen körperlichen oder geistigen Schädigungen des (ursprünglich gesunden) Fetus in Betracht, die der Fetus erst im Mutterleib durch Einwirkungen von außen erfährt.

Die Schädigungsursachen sind letztlich unerheblich.

Als relevante Ursachen kommen insbesondere durch Protozoen[66] (etwa Toxoplasmose[67]) oder Viren (Röteln, Masern) bedingte Erkrankungen in Betracht, daneben intrauterine Schädigungen etwa durch Strahleneinwirkung, Alkoholmißbrauch, teratogene (embryoschädigende) Medikamente (Thalidomid = Contergan, Neuroleptika[68]) usw., die entweder zu körperlichen Beeinträchtigungen führen oder aber geistige Leiden zur Folge haben.

Zu nennen sind bei den körperlichen Schäden insbesondere Mißbildungen von Gliedmaßen, Verkrüppelungen, Defekte bei Sinnesorganen oder Stoffwechselerkrankungen. Bei den geistig-seelischen Leiden kämen Schwachsinn, Idiotie, womöglich auch Psychosen in Betracht. Wichtig ist, daß hier die bloße Störung des allgemeinen Wohlbefindens nicht ausreichend ist. Zu fordern ist vielmehr ein spezifisches Krankheitsbild.[69]

---

65 *Amendt*, Gutachten, S. 24.
Zu weiteren Auswüchsen, auch das unerwünschte Geschlecht des Kindes als "Schädigung" zu interpretieren, vgl. etwa *Günther*, S. 233.

66 Tierische Einzeller.

67 Durch Protozoen (Toxoplasma gondii) hervorgerufene Infektion, übertragbar auf den Menschen durch Genuß infizierten rohen Fleisches oder Umgang mit Katzen (Kot). Symptome der konnatalen Toxoplasmose sind u.a. ein Hydrozephalus, Verkalkungen im Gehirn, Vergrößerung von Leber und Milz, Krampfneigung, retardierte geistige Entwicklung.

68 Zentral wirksame Substanzen, die vor allem zur Behandlung psychotischer Symptome, insbesondere bei der Schizophrenie, eingesetzt werden und auf Angstzustände, Erregung, Halluzinationen und Wahnbildung wirken.

69 *Eser* in S/S, § 218 a, Rdn. 22.

Ob die Schwangere ein Verschulden an der Entstehung der Schädigung trifft, zu denken ist hier etwa an den gezielten Medikamenten- bzw. Drogenabusus, spielt zumindest hier keine Rolle.[70]

2.3.2 Die "Nichtbehebbarkeit" der Schädigung

Entscheidend ist, daß die Schädigung *nicht behebbar* ist. Stehen der Beseitigung der Schädigung keine ernsthaften Hindernisse im Weg, ist dieses Merkmal nicht gegeben.

Jähnke fordert ein "Fehlen jeder Behandlungsmöglichkeit, welche Aussicht auf Verhinderung, *Heilung* oder Beseitigung der Regelwidrigkeit ... bietet".[71] *Koch* stellt darauf ab, ob ein "*wesentlicher* organischer oder funktionaler Defekt auch bei optimaler ärztlicher Versorgung" zurückbleiben würde.[72]

Nur vorübergehende oder "heilbare" Krankheiten reichen damit nicht aus und sind somit "behebbar".[73]

So einleuchtend es auf den ersten Blick auch scheint, bei der Bestimmung der "Behebbarkeit" auf die "Heilbarkeit"[74] der Schädigung abstellen zu wollen, so problematisch erweist sich dies bei näherer Betrachtung: Wollte man "heilbar" nämlich allein im naturalistischen Sinne einer endgültigen Beseitigung der Krankheit inter-

---

70 *Dreher/Tröndle*, § 218 a, Rdn. 15; *Rudolphi* in SK, § 218 a, Rdn. 31 m.w.N. Vgl. dazu aber unten bei der Frage der Zumutbarkeit S. 65 f.

71 *Jähnke* in LK, § 218 a, Rdn. 52. Ähnlich spricht *Gössel*, BT 1, Rdn. 28, von einer "*unheilbaren* Krankheit"; *Lackner*, §218a, Anm. 4a), sowie *ders.*, NJW 1976, S. 1238, l. Sp., fordert, daß die Krankheit "*ausgeheilt* werden kann"; *Rudolphi* in SK, § 218 a, Rdn. 30, spricht von "mit den Mitteln der Medizin *heilbaren* ... Schäden".

72 *Koch* in Eser/Koch, S. 124. *Bockelmann*, BT 2, S. 38, spricht ähnlich davon, daß eine "wirksame Therapie möglich" ist.

73 *Eser* in S/S, § 218 a, Rdn. 22; *Lackner*, § 218 a, Anm.4a); *Rudolphi* in SK, § 218 a, Rdn. 30; *Weißauer*, Geburtsh. u. Frauenheilk. 43 (1983), S. 193.

74 Noch weiter geht *Krauß* in Murken, S. 270. Er will das Merkmal "nicht behebbar" gänzlich losgelöst von objektiven Kriterien verstanden wissen. Für ihn erweist es sich nicht als "ein medizinisches Problem im Hinblick auf die Person des Kindes, sondern als ein psychisches Problem in der Person der Mutter".
Im Ergebnis bedeutet dies, daß *Krauß* sogar in die Auslegung dieses objektiven Merkmals subjektive Elemente der betroffenen Frau einbeziehen will (anstatt erst im Rahmen der Frage der "Zumutbarkeit") und diese sogar ausschlaggebend sein sollen. Da hierdurch eine erhebliche Rechtsunsicherheit eingebracht wird, die sich noch dadurch verstärkt, daß *Krauß* darüberhinaus auch die "Schwere der Schädigung" ausschließlich "subjektiv", d.h. aus der Warte der Schwangeren, bestimmen will, ist er abzulehnen, vgl. i.e. unten S. 39 ff.

pretieren und entsprechend die vollständige Genesung verlangen,[75] wären all jene Schädigungen, die zwar wirksam therapiert werden können, dies aber lediglich symptomatisch und nicht kausal, als "nichtbehebbar" einzustufen. Damit wäre bereits die zweite objektive Tatbestandsvoraussetzung für einen Ssa wegen k.I. erfüllt, ungeachtet dessen, daß jene Schädigungen durch eine rein symptomatische Behandlung etwa gelindert, wenn nicht gar für die Dauer der Behandlung "beseitigt" werden können.

Was die angeführten Kommentatoren im einzelnen unter "Heilbarkeit" verstehen, legen sie nicht dar.

Würde ihrem Verständnis die soeben vorgenommene Definition der "Heilbarkeit" im Sinne von *endgültiger* Beseitigung entsprechen, wäre danach wohl noch die durch Operation korrigierbare Lippen-Kiefer-Gaumen-Spalte "heilbar".[76]
Ebenfalls "behebbare", weil in diesem Sinne "heilbare" Schäden lägen dann vor, wenn sich die dem ungeborenen Kind drohende Gefahr durch eine pränatale Therapie abwenden ließe, z.B. durch eine intrauterine Bluttransfusion, ebenso wie durch einen unmittelbar nach der Geburt möglichen Blutaustausch (Rhesusinkompatibilität).[77]

Fraglich aber ist bereits, ob auch jene Krankheiten des Kindes, die etwa durch orthopädische Hilfen (Krücken, Rollstuhl) zumindest zu mildern sind, nach diesem Verständnis von "Heilbarkeit" eine "nichtbehebbare" Schädigung darstellen.[78]

All jene Schädigungen aber, bei denen eine kausale Therapie (noch) nicht existiert, sondern allein symptomatische Maßnahmen das Ziel der ärztlichen Therapie darstellen, wären dann nicht "heilbar" und damit auch "nichtbehebbar".

Zu denken ist hier etwa an den Bluthochdruck, den Diabetes mellitus oder andere Stoffwechselerkrankungen, deren Symptome sich durch eine medikamentöse oder auch operative Therapie lediglich kupieren, nicht aber vollständig und endgültig "heilen" lassen, bei denen die Beschwerden mithin nach Absetzen der symptomatischen Therapie wieder durchbrechen.

---

75 Für dieses Verständnis spricht womöglich die Formulierung "in vollem Umfang *ausgeheilt* wird" in den BT-Drucksachen VI/3434, S. 24, r. Sp.

76 *Eser* in S/S, § 218 a, Rdn. 22; *Rudolphi* in SK, § 218 a, Rdn. 30.

77 *Rudolphi* in SK, § 218 a, Rdn. 30. Von der Möglichkeit der pränatalen Therapie und einer daraus resultierenden Behandlungs*pflicht* der Schwangeren wird unten, S. 25 ff., noch einmal zu sprechen sein.

78 Ablehnend etwa *Koch* in Eser/Koch, S. 124 in Fn. 240.

Auch jene Krankheiten, wie etwa die familiäre Hypercholesterinämie[79] sowie verschiedene Porphyrieformen[80], die in der Form "behandelbar" sind, daß die Betroffenen unter definierten Bedingungen ein qualitativ relativ wenig beeinträchtigtes Leben führen können, müßten dann als "nichtbehebbar" eingestuft werden: Denn auch hier gibt es keine "Heilung" in Form einer endgültigen, vollständigen Beseitigung der Schädigung. Das gleiche müßte für solche Schädigungen gelten, die mittels Diät (z.B. Phenylketonurie = PKU[81]) oder Therapie angehbar sind (Verhornungsstörungen in Form der Ichthyosis vulgaris[82]). Bei der PKU etwa macht eine phenylalaninfreie Diät zwar eine "normale" Entwicklung möglich, die Schädigung als solche, nämlich der angeborene Enzymmangel, bleibt weiterhin "nichtbehebbar".

Fraglich ist, wie ferner die alleinige Möglichkeit einer bloßen Linderung einzustufen wäre.

Anzumerken ist jedoch, daß in der ärztlichen Praxis bei weitem nicht so fein zwischen den einzelnen Tatbestandsmerkmalen unterschieden wird. Beispielsweise will die Genetikerin *Schroeder-Kurth* bei bestimmten Krankheiten,[83] die sie für "behandelbar" und "therapierbar"[84] hält, gleichwohl im Einzelfall einen Ssa zulassen. Rechtlich dürfte sie korrekterweise gar nicht mehr in eine weitere Prüfung der Berechtigung zum Ssa einsteigen, denn die Tatsache, daß jene Krankheiten "behandelbar" sind, macht die Schädigungen zu "behebbaren", so daß schon aus diesem Grund ein Ssa wegen k.I. ausscheiden müßte.

Wo im Hinblick auf das Erfordernis der "Heilbarkeit" die maßgebliche Grenze zwischen "behebbaren" und "nicht behebbaren" Schädigungen verlaufen würde, haben die o.g. Kommentatoren und die sonstige Rechtslehre noch nicht präzisiert: Man wird hierbei die Zielsetzung der Regelung sowie den Gesamtzusammenhang mit den übrigen Tatbestandsvoraussetzungen, speziell der "schwerwiegenden" Schädigung, in die Überlegung mit einfließen lassen müssen.

---

79 Fettstoffwechselstörung, die durch erhöhte Lipoprotein- und Cholesterinkonzentration im Serum charakterisiert ist.

80 Erbliche Stoffwechselstörung mit Manifestation an Leber, Magen-Darm-Trakt und, in einem Teil der Fälle, an der Haut.

81 Stoffwechselanomalie (Enzymdefekt), die unbehandelt, d.h. ohne Diät in den ersten Lebensjahren, zu schwerer geistiger Behinderung führt. Durch phenylalaninfreie Kost entwickeln sich die Kinder normal.

82 Verhornungsstörung, sog. Fischschuppenkrankheit, mit sehr trockener, schuppender Haut.

83 *Schroeder-Kurth* in Reiter/Theile, S. 94, 105 f.

84 Genannt werden die PKU (S. 105 f.), die Hypercholesterinämie sowie verschiedene Porphyrieformen (S. 94).

Gegen ein Verständnis der "nicht behebbaren" Schädigung im streng naturwissenschaftlichen Sinne einer vollständigen und endgültigen Heilbarkeit spricht zunächst der vom Gesetz intendierte Schutz des Ungeborenen, als Ausnahmevorschrift lediglich die irreparablen, die Frau auf Dauer belastenden Schädigungen auszunehmen.

Im Interesse eines Mindestschutzes des ungeborenen Kindes sollte das Tatbestandsmerkmal "nicht behebbar" restriktiver ausgelegt werden. Das hätte zur Folge, daß mehr Krankheiten, und insbesondere die oben beispielhaft genannten, als "behebbar" zu gelten hätten und ein Ssa schon aus dem Grunde auszuscheiden hätte, weil es bereits am Tatbestandsmerkmal "nicht behebbar" als objektiver Abbruchsvoraussetzung fehlt.

Im übrigen muß man das Tatbestandsmerkmal "nicht behebbar" im Zusammenhang mit dem Verständnis der übrigen Tatbestandsmerkmale, insb. der "Schwere der Schädigung", diskutieren und interpretieren: Wer das Merkmal "behebbar" restriktiv im streng naturwissenschaftlichen Sinne einer vollständigen Heilung auslegt, erhält zwangsläufig mehr "nicht behebbare" Schädigungen, etwa auch jene bloß symptomatisch behandelbaren, und erweitert damit zugleich den Anwendungsbereich des § 218 a Absatz 2, Nr. 1 StGB.

Wer so argumentiert, und zudem mit der herrschenden Meinung die *Zumutbarkeit*, die Schwangerschaft fortzusetzen, als Beurteilungskriterium dominieren läßt und so das Merkmal der "Schwere" ggf. bagatellisiert,[85] schränkt damit den Schutz des Ungeborenen in den Fällen ein, in denen lediglich eine Linderungsmöglichkeit besteht. Denn damit überläßt er der Schwangeren allein in vielen Fällen die Bestimmung der Abbruchsvoraussetzungen.

Offen ist damit allerdings noch die Frage, ob die Frau in eine "sinnvolle", wenn vielleicht auch risikoreiche intrauterine Therapie - sei sie nun bloß medikamentös oder aber chirurgisch -, welche die Prognose des Fetus voraussichtlich (erheblich) verbessern wird, einwilligen muß, oder ob sie das Recht hat, auch zum Nachteil des Fetus eine intrauterine Therapie abzulehnen und den Ssa wegen der kindlichen Schädigung begehren kann. Hier wäre zum Beispiel zu klären, wo die Grenzen für eine etwaige Handlungs- oder Duldungspflicht der Schwangeren liegen, wenn etwa eine gestaute Harnblase des Fetus wiederholt punktiert werden müßte.

Wegen des primären Eingriffs in die körperliche Unversehrtheit der Frau werden hier insoweit die allgemeinen Regeln gelten:

---

85 Siehe hierzu unten S. 39 ff.

Da es sich um einen Eingriff in die körperliche Unversehrtheit der Frau handelt, bedarf dieser - jedenfalls nach Meinung der Rechtsprechung - einer besonderen Rechtfertigung, speziell der Einwilligung der Frau, wenn er nicht als Körperverletzung strafbar sein soll.

Verweigert die Frau ihre Einwilligung, darf der Arzt grundsätzlich keinen Eingriff an ihr vornehmen, selbst wenn er ihn im Interesse des Kindes für geboten und nach dem Zustand der Frau auch für vertretbar hält: Denn ein zwangsweiser Eingriff ist in unserem Recht grundsätzlich nicht zulässig, auch nicht unter Notstandsgesichtspunkten zur Rettung des Kindes.[86]

Man könnte sich allerdings fragen, ob im Interesse des ungeborenen Kindes auch schon im Mutterleib ein (dauerndes oder nur relatives?) Eingriffsrecht und eine Pflicht zur *Duldung*[87] (jedenfalls zumutbarer?[88]) Eingriffe bejaht werden kann, weil ansonsten Fetus mit guten Erfolgsaussichten allein auf Grund der mütterlichen Entscheidung gegen die Therapie unbehandelt bleiben müßten und der auch dem ungeborenen Kind zustehende Schutz des Artikel 1 Absatz 1 und 2 GG leerlaufen würde, wenn keine Möglichkeit bestünde, dem Ungeborenen vorhandene therapeutische Hilfen zukommen zu lassen.[89]

Gleichwohl könnte eine allzu unbedachte Bejahung einer "gesellschaftlichen In-die-Pflichtnahme" der Schwangeren dazu führen, jede Schwangere zu Maßnahmen verpflichten zu wollen, die (nach wessen Urteil?) dem Wohle des Fetus dienen sollen.

Die Möglichkeit, der Schwangeren den Ssa zu versagen, solange sie sich weigert, die (zumutbare) Behandlung durchführen zu lassen, findet eine hinreichende Stütze im Tatbestandsmerkmal "nichtbehebbar". Wenn auch die Intention des Gesetzgebers damals allein schon aus technischem Unvermögen auf die postpartale "Behebbarkeit" abzielte, muß im Interesse des Lebensschutzes des Kindes[90] eine Duldungspflicht der Schwangeren möglich sein.[91]

---

86 Vgl. *Eb. Schmidt*, ZStW 49 (1929), S. 401.

87 Etwa in Entsprechung zum Eingriffsrecht bei verweigerter Einwilligung zur Bluttransfusion durch Zeugen Jehovas. Ein aktiver Schutz in Form einer Zwangsbehandlung besteht allerdings nicht.

88 Ausschlaggebend dürfte insoweit die Höhe der Erfolgsaussichten und die mit dem Eingriff verbundenen Risiken für die Mutter sein. Eine nebenwirkungsarme, bloß medikamentöse Therapie etwa dürfte eher Anwendung finden als ein chirurgischer Eingriff.

89 *Eberbach*, JR 1989, S. 269, l. Sp., will dem *Recht* der Schwangeren zur Datenerhebung über das Ungeborene bestimmte *Pflichten* gegenüberstellen, wozu er die Verpflichtung der Schwangeren zählt, die erhaltenen Ergebnisse nicht nur zum eigenen Nutzen, sondern auch zum Vorteil des ungeborenen Kindes zu verwenden.

Angesprochen werden soll noch folgendes Sonderproblem, mag es auch makaber klingen: Ist die (überwiegende) Beseitigung der Krankheit bzw. ihrer Auswirkungen und Folgen nur mit dauerhaftem, erheblichem personellen oder finanziellen Aufwand möglich, so fragt sich, ob der technischen "Behebbarkeit" durch finanzielle Engpässe - etwa der Krankenkassen - eine (Höchst)grenze gesetzt werden kann, bei deren Überschreiten aus der "an sich" "behebbaren" Schädigung eine "nichtbehebbare" Schädigung wird?

Derartige Kosten-Nutzen-Erwägungen sind etwa von *Wendt* angestellt worden.[92] Nach ihm ist eine "Verminderung des Zustromes von täglich rund 100 behindert Geborenen Voraussetzung für die heute schon nicht mehr finanzierbare optimale Versorgung aller Behinderten unseres Landes".

Er leitet daraus die Forderung ab, die routinemäßige Durchführung von Fruchtwasseruntersuchungen zu verstärken, die wesentlich weniger Kosten verursacht als die Pflege und Heilbehandlung geschädigt geborener Kinder.

Derartige Kosten-Nutzen-Rechnungen können m.E. zwar als Grundlage für gesundheitspolitische Entscheidungen herangezogen werden. Sie können aber nicht gegen menschliches Leben aufgewogen werden.

2.3.3 "Dringende Gründe"/Grad der Wahrscheinlichkeit

2.3.3.1 Allgemeines

Die gesetzliche Formulierung, daß "dringende Gründe" für die Annahme sprechen müssen, daß das Kind an einer nicht behebbaren Schädigung seines Gesundheitszustandes leiden würde, birgt ebenfalls Probleme in sich.

Ob damit ein bestimmter Wahrscheinlichkeitsgrad Voraussetzung für die k.I. sein soll, war schon während der Gesetzesberatungen umstritten.[93]

Auch heute scheint noch nicht abschließend geklärt zu sein, ob ein bestimmter Grad an Wahrscheinlichkeit zu fordern ist (wozu der Wortlaut des Gesetzes zu verleiten scheint), und wenn ja, welcher Grad für den Ssa aus k.I. erforderlich ist.[94]

---

90 Die Schutzpflicht des Staates besteht auch gegenüber der Schwangeren, vgl. BVerfGE 39, 42, sowie oben, S. 10.

91 So auch *Günther*, S. 230; *Jähnke* in LK, § 218 a, Rdn. 58.
Eine ganz andere, haftungsrechtliche Frage ergibt sich für den Fall, daß eine weitere Anomalie (neben der erfolgreich therapierten) übersehen worden ist. Nicht zu unterschätzen ist auch das Risiko der Auslösung vorzeitiger Wehen bzw. eines Blasensprungs mit der Folge einer Frühgeburt.

92 *Wendt*, Der Internist 19 (1978), S. 441, 442; vgl. auch *Zierler* et al., WkW 93 (1981), S. 79.

93 Vgl. nur BT-Drucks. VI/3434, S. 24, l. Sp.

Eine sichere Diagnose und damit 100%ige Wahrscheinlichkeit besteht in jenen Fällen, in denen durch invasive Maßnahmen Proben kindlicher Zellen gewonnen wurden - wie etwa bei der Amniozentese oder der Chorionzottenbiopsie - und sich aus dem Anzüchten der Fruchtwasserzellen der Nachweis der kindlichen Schädigung, etwa eines Down-Syndroms, ergibt.

Vielfach lassen aber die Maßnahmen der PD eine Schädigung nicht sicher feststellen, sondern nur mit einer mehr oder weniger großen Wahrscheinlichkeit vorhersagen.

Dies gilt z.Z. etwa (noch) für die Muskeldystrophie vom Typ Duchenne, die sich nicht aus Fruchtwasserzellen diagnostizieren läßt. Sie wird geschlechtsgebunden vererbt, das heißt, nur männliche Fetus haben ein Erkrankungsrisiko, und zwar von 50%, während Mädchen "gesund", gleichwohl zu 50% aber wieder heterozygote[95] Überträger sind. Die Wahrscheinlichkeitsaussage beruht hier - wie bei diversen anderen Erbkrankheiten - auf der Mendelschen Theorie.

Danach beträgt die Erkrankungswahrscheinlichkeit 50% bei dominanten und -für heterozygote Eltern - 25% bei rezessiven Erbleiden; bei X-chromosomal rezessivem Erbgang ist bei der Hälfte der Knabenschwangerschaften mit dem Auftreten der Schädigung zu rechnen.

Das Geschlecht der Fetus läßt sich aus Fruchtwasserzellen sehr gut feststellen. Hier kann man folglich die Geburt geschädigter Kinder verhindern, indem man selektiv eine Schwangerschaft mit nachweislich männlichen Fetus beendet. Dies bedeutet aber zugleich, daß mit der entsprechenden Gegenwahrscheinlichkeit von 50% ein gesunder Fetus "geopfert" wird.

Noch schwieriger kann die Aussage bei denjenigen Schädigungen werden, die keinen Erbgang aufweisen. Hier wird zur Bestimmung der Wahrscheinlichkeitsaussage auf empirische Belastungszahlen zurückgegriffen, also auf statistisch ermittelte Erfahrungswerte über die Häufigkeit des Eintritts einer Schädigung bei bestimmten schädlichen Noxen. Der Anteil der "geopferten" gesunden Fetus ist hier entsprechend noch höher.

Die oben[96] erwähnten technischen Fortschritte der PD können nicht darüber hinwegtäuschen, daß nicht in jedem Einzelfall eindeutige Aussagen über die Ausprä-

---

94 *Hiersche*, Tröndle-FS, S. 676, hält die "Prozentsätze der Wahrscheinlichkeit" für ein mehr theoretisches Problem, das "in praxi kein Gewicht" mehr habe.

95 Sind 2 Gene für ein bestimmtes Erbmerkmal eines Lebewesens verschieden, so ist das Lebewesen hinsichtlich dieses Merkmals heterozygot (mischerbig).

96 Siehe S. 3 ff.

gung und den Schweregrad der diagnostizierten Schädigung möglich sind, so daß es in prognostisch/diagnostisch schwer einzuschätzenden Fällen bei einem Unsicherheitsfaktor bleibt.
Die medizinische Hauptursache liegt darin, daß nur für einige Krankheitsbilder exakt diagnostiziertes und statistisch ausgewertetes Material über den Einfluß einer schädigenden Ursache auf Entwicklung und Langzeitprognose der Krankheit vorliegt.

Man wird hier allgemein zu unterscheiden haben zwischen der Frage, "ob" überhaupt eine Schädigung vorliegt, sowie der Frage nach dem "Wie".

Als konkrete Beispiele hinsichtlich des "Ob" seien schädliche Umwelteinflüsse wie Virusinfektionen, Strahlenbelastung oder Medikamenteneinnahme genannt. Die Hoffnung, daß pathologische Befunde in der Zellstruktur, wie etwa induzierte Chromosomenbrüche, hier einen Rückschluß auf eine Schädigung der Fetus ermöglichen könnten, hat sich bislang nicht erfüllt.

Hinsichtlich des "Wie" einer Infektion ist lediglich sicher, daß - in Abhängigkeit von der Art des Erregers und dem Zeitpunkt der Infektion - um so schwerere Schädigungen bzw. Mißbildungen des Fetus eintreten *können*, je früher in der Schwangerschaft die Infektion abläuft.

Auch heute noch hat es daher zu gelten, daß es in einer Reihe von Fällen schwerfällt, wenn nicht gar unmöglich ist, die Diagnose und die Prognose genau zu klassifizieren (Beispiel: Hydrozephalus, hypoplastische Lungen), also den Ausprägungsgrad und dessen Auswirkungen auf den Schweregrad der Schädigung genauer zu bezeichnen. Man weiß in jenen Fällen lediglich, daß die Schwangerschaft - je nach Ausprägung des Krankheitsbildes - über die Kräfte der Schwangeren gehen kann.

Das "Wie" soll am Beispiel eines Hydrozephalus verdeutlicht werden. Für die Prognose eines Hydrozephalus ist der Zeitpunkt seiner Entwicklung entscheidend.[97] Die Prognose eines sich zu einem frühen Zeitpunkt der Schwangerschaft entwickelnden Hydrozephalus ist erheblich schlechter als die eines sich erst später entwickelnden. Es fragt sich - selbst einmal den "günstigeren" Fall unterstellt -, nach welchen Kriterien hier die - letzten Endes verbindliche - Entscheidung getroffen werden soll.

Als Kriterium böte sich - wie man meinen könnte - die Dicke des verbliebenen Hirnmantels bzw. die Ventrikelweite an, weil das Verhältnis von verbliebenem

---

97 Vgl. *Loch*, Einbecker Workshop, S. 9.

Hirnmantel zur Ventrikelweite in Einklang mit der psychomotorischen Entwicklung des Kindes stehen könnte.

Danach ließe sich vielleicht sagen, daß bei einer festgestellten Dicke des Hirnmantels von ungefähr 2 cm und weniger die Prognose für eine günstige Entwicklung des Kindes nicht mehr gegeben sei, bei einer darüber hinausreichenden Dicke hingegen wahrscheinlich doch.

So einfach läßt sich die Grenze aber leider nicht ziehen. Denn eine gewisse Hirnmanteldicke korreliert keineswegs im Sinne einer Gesetzmäßigkeit mit einem entsprechenden Entwicklungsgrad des Gehirns bzw. mit der Intelligenz oder der motorischen Entwicklung des Kindes.[98]
Aus der Hirnmanteldicke kann also keine Prognose für den Hydrozephalus gestellt werden.[99] So ist es offenbar durchaus möglich, daß man bei einem gut drainierten Hydrozephalus selbst mit einer Resthirnmanteldicke von unter 0,5 cm Hirnrinden "wieder wachsen sehen" kann, gerade auch beim Kleinkind, so daß die Hirnmanteldicke bzw. die Ventrikelweite letztlich "kein Kriterium" für die Prognose des Hydrozephalus darstellen kann.[100]

Selbst eine Korrelation unterstellt, käme hinzu, daß von verschiedenen Ärzten die Hirnmanteldicke sicherlich an verschiedenen Stellen gemessen wird und damit keine standardisierten Werte erzielbar sind.

Abgesehen davon würde auch die Unsicherheitsschwelle des Ultraschallgeräts (Fehlervariationsbreite) selbst noch hinzukommen, bei dem eine gewisse Schwankung, nicht zuletzt auch durch die Fixierung des Cursors, entsteht. Der untersucher- und geräteabhängige Meßfehlerbereich liegt bei etwa 3 mm.[101]

Hier würden sich Ungenauigkeiten von Millimetern drastisch auswirken. Schließlich ist auch der Grund für die Bildung des Hydrozephalus entscheidend für dessen Prognose: Es macht nämlich einen Unterschied, ob sich der Hydrozephalus nur deshalb entwickelt, weil der Abfluß des Hirnkammerwassers behindert ist (hier wäre eine intrauterine Drainage möglich), oder ob sich eine zugrundeliegende chromosomale Schädigung durch einen Hydrozephalus manifestiert. Da man einem ultrasonografisch nachgewiesenen Hydrozephalus die Ursache seiner Entstehung nicht ansieht, kann so letztlich ein nur geringgradig ausgeprägter Hydrozephalus (d.h.

---

98 Vgl. *Holschneider*, Einbecker Workshop, S. 65; *Schmidt* et al., Geburtsh. u. Frauenheilk. 45 (1985), S. 520, r. Sp.

99 Vgl. *Holschneider* et al. in Murken, S. 239.

100 So *Holschneider*, Einbecker Workshop, S. 65.

101 So *Schramm/Gloning/Brusis* in Murken, S. 30.

mit einer großen Restdicke des verbliebenen Hirnmantels) in seinen Auswirkungen viel schwerwiegender sein als ein von Anfang an stark ausgeprägter Hydrozephalus.

Demzufolge ist ein diagnostizierter Hydrozephalus keinesfalls gleichbedeutend und -gewichtig mit einem anderen.

Es fragt sich, was vor diesem Hintergrund als "dringende Gründe" aufzufassen ist, zumal sich der Gesetzgeber selbst nicht auf bestimmte Prozentzahlen festgelegt hat.

Erforderlich ist nach ganz h.L., daß mit einem gewissen Wahrscheinlichkeitsgrad, der als Grenze aufgefaßt wird, oberhalb dessen in die Indikationsfeststellung eingestiegen werden kann, eine Schädigung prognostiziert wird. Wie hoch diese Wahrscheinlichkeit konkret sein muß, ist jedoch umstritten.

2.3.3.2 Meinungsstand

Unstreitig ist zunächst, daß nicht ein sicherer Beweis allein das Tatbestandsmerkmal "dringende Gründe" erfüllt, aber auf der anderen Seite nur vage Vermutungen auch nicht ausreichend sein sollen.[102]

In Einklang mit der amtlichen Begründung[103], in der ausgeführt ist, daß mit "dringende Gründe" nicht nur eine 100%ige Diagnose gemeint sei, sondern daß es ausreiche, wenn die Schädigung "nur mit etwa 25%iger Sicherheit vorausgesagt werden kann", wird überwiegend eine 25%ige Wahrscheinlichkeit als ausreichend aufgefaßt.[104]

Es gibt in der Rechtslehre aber auch Stimmen, die noch strengere Anforderungen stellen und einen Grad an Wahrscheinlichkeit von etwa 50% ansetzen.[105]

Begründet wird dies damit, daß sich ein niedrigeres Schädigungsrisiko von nur 25% mit dem "hohen Rechtswert der dann mit 75% Wahrscheinlichkeit vernichteten gesunden Foeten und deren Zahl"[106] nicht vereinbaren ließe.

102 Vgl. *Rudolphi* in SK, § 218 a, Rdn. 32.

103 BT-Drucks. VI/3434, S. 24.

104 *Bockelmann*, BT 2, S. 38; *Lackner*, § 218 a, Anm. 4a); *Laufhütte/Wilkitzki*, JZ 1976, S. 332; *Maurach/Schroeder/Maiwald*, BT 1 § 6 III 2b; wohl auch *Gropp*, S. 214; *Rudolphi* in SK, § 218 a, Rdn. 32.

105 *Dreher/Tröndle*, § 218 a, Rdn. 16; wohl auch *Lackner*, § 218 a, Anm. 4a).

106 So *Dreher/Tröndle*, aaO.

Umgekehrt wird in der Literatur zum Teil ein noch geringerer Grad an Wahrscheinlichkeit einer Schädigung des Kindes für ausreichend gehalten, wobei hier Zahlen von 4%[107], 5%[108] und etwa 8-10%[109] genannt werden.
Gegen jede zahlenmäßige Begrenzung spricht sich *Eser* aus.[110]

2.3.3.3 Stellungnahme
Nach Ansicht des Verfassers sollte die Lösung nicht in starren Prozentsätzen gesucht werden.

Ganz allgemein kann gelten, daß Penetranz und Expressivität einzelner Krankheiten und Symptome von Fall zu Fall variieren, so daß schon aus diesem Grund ein Spielraum bei den Prozentangaben geboten erscheint.

Aus dem Gebrauch der Worte "ärztliche Erkenntnis", "für die Annahme sprechen" läßt sich der Wille des Gesetzgebers, eine starre prozentuale Grenze überhaupt ziehen zu wollen oder aber zu fordern, daß eine hohe Wahrscheinlichkeit vorliegt, nicht entnehmen.

Die Wahrscheinlichkeit einer Schädigung des Kindes ist nur eine der gesetzlichen Voraussetzungen für den Schwangerschaftsabbruch aus k.I. Sie ist nach der Zielsetzung des Gesetzes und im Gesamtzusammenhang mit den übrigen Voraussetzungen des Gesetzes, insbesondere der Beurteilung, ob dringende Gründe für eine ausreichend *schwere* (!) Schädigung des Kindes sprechen, zu werten.

Die k.I. dient nach ihrer Zielsetzung und inneren Rechtfertigung allein der Rücksichtnahme auf die Schwangere, nicht aber der Ausschaltung mißgebildeter Kinder im bevölkerungspolitischen, eugenischen Sinne oder den "wohlverstandenen" Interessen des Kindes, dem ein Leben mit einer Schädigung erspart werden soll.[111]

Deshalb sind die "dringenden Gründe" und der Grad ihrer Wahrscheinlichkeit im Zusammenhang mit dem Gesamtgefüge, und speziell der Unzumutbarkeit zu sehen.

Mit einer bestimmten Prozentangabe kann sich der individuelle Maßstab für die Unzumutbarkeit aus den bereits genannten Gründen nicht fassen lassen, da das Risiko selten so gering sein wird, daß Eltern es als tragbar akzeptieren. *Schroeder-*

---

107 *Vogel* in Lau, S. 99.

108 *Lau* in Lau, S. 99.

109 *Hanack/Hiersche*, Archiv Gyn. 229 (1978), S. 332; *Hiersche*, Gynäkologe 15 (1982), S. 77; *Jähnke* in LK, § 218 a, Rdn. 56; *Schrömbgens*, S. 233.

110 *Eser* in S/S, § 218 a, Rdn. 24; *ders.* in Eser/Hirsch, S. 158.

111 Vgl. BT-Drucks. VI/3434, S. 23.

Kurth spricht davon, daß allgemein eine "verbreitete Tendenz (besteht), auch bei relativ geringer Gefährdung des Kindes ... eher einem Ssa zuzustimmen ... ".[112]

Demzufolge müssen in die "dringenden Gründe" Zumutbarkeitsgesichtspunkte mit einfließen, da andernfalls z.B. bei 1%igem Risiko einer *objektiv* schwerwiegenden Schädigung ein Ssa selbst bei subjektiv nicht zumutbarer Belastung der Schwangeren unzulässig sein müßte.
Selbst wenn nur ein geringprozentiges Risiko besteht, geht es hier um die Rücksichtnahme auf die Frau als tragendes Prinzip, denn die jeweils vorliegende Angst einer Frau wird durch geringere Prozentangaben nicht unbedingt kleiner. Schließlich hat für den Fall, daß sich in ihrem Kind das statistische Risiko verwirklicht, die betreffende Frau allein das Risiko zu 100% zu tragen, ungeachtet des statistischen Wahrscheinlichkeitsgrades von vielleicht nur 5%.

Die Mitteilung bestimmter Risikozahlen kann für die betroffene Patientin sicher eine Hilfe und Erleichterung bei der Entscheidungsfindung für oder gegen den Ssa darstellen. Mit mathematischer Abwägung der Risikozahlen allein läßt sich aber keine Entscheidung treffen. Denn die Bewertung des Risikos bestimmt sich - je nach subjektivem Erleben - ganz unterschiedlich. So kann etwa die Bewertung eines "nur" 1%igen, eines objektiv gesehen bloß geringen Risikos, subjektiv von der Schwangeren als für sie zu hoch erachtet werden.[113]

In die Einschätzung und Gewichtung eines durch abstrakte Zahlen ermittelten Risikos fließen die unterschiedlichsten Gründe mit ein, wie etwa vorhandene persönliche Erfahrungen, Erfahrungen im Verwandten- und/oder Freundeskreis, das soziale Umfeld oder auch die Persönlichkeitsstruktur. Das Ergebnis der Abwägung kann demzufolge im Einzelfall völlig unterschiedlich ausfallen,[114] wobei prozentuale Risikoangaben unabhängig von der Höhe ihre Abstraktheit verlieren und je nach Individuum akut bedrohlich erlebt werden.

Bei starren Risikoangaben müßten derartige Umstände unberücksichtigt bleiben.

---

112 *Schroeder-Kurth*, MSchr. Kheilk. 130 (1982), S. 73.

113 So berichtet *Hepp*, Bamb. Symp., S. 37 und 57, daß in dem Moment, in dem nur mit empirischen Prozentzahlen gearbeitet werden kann, die Patientin heutzutage "in der Regel" kaum bereit (ist), das über dem natürlichen Fehlbildungsrisiko von 1 % liegende Risiko zu tragen; ähnlich *Wendt*, Der Internist 19 (1978), S. 443.

114 Vgl. *Endres* in Murken, S. 287.

Der maßgebliche Gesichtspunkt ist schließlich nicht die Schadenshäufigkeit, sondern die Rücksichtnahme auf die Schwangere.[115] "Dringende Gründe" sind also ernste Gründe, die jemanden zu weitreichenden Schritten veranlassen können. Dieser Begriff ist aber nicht in gleicher Weise mathematisierbar wie etwa der der hohen Wahrscheinlichkeit.

Ferner wäre zu fragen, wie die Dringlichkeitsfrage mittels statistischer Wahrscheinlichkeitswerte in der Praxis beantwortet werden sollte. Sollen z.B. Wahrscheinlichkeitswerte von 9% noch zumutbar sein, mit der Folge, daß die Prüfung einer Indikation noch gar nicht anzustellen ist, 10,1% hingegen schon gewichtig genug? Eine so exakte Grenzziehung ist sicherlich praxisfern und kaum möglich.

Denn oft resultieren die Schwierigkeiten hinsichtlich der Definition des Schädigungsrisikos aus dem Zusammenwirken mehrerer Faktoren, wie z.B. Noxe, Dosis, Dauer der Einwirkung, Zusammenwirken mit anderen Noxen, Zeitpunkt der Einwirkung ("vulnerable" bzw. "sensible" Phase, d.h. Embryonalentwicklung in der 4.-8. Schwangerschaftswoche p.c.). Gleichwohl soll aber ein rechnerischer Wert über eine so wichtige Entscheidung maßgeblich sein?

Zudem könnten aus einer so ungewissen Festlegung mögliche rechtliche Konsequenzen, ggf. eine Prozeßflut folgen, weil ständig unterschiedliche empirische Zahlen veröffentlicht würden.

Es fragt sich ferner, wie aus einer bestimmten prozentualen Schädigungsrate rational faßbare Gründe für den Abbruch im Einzelfall gewonnen werden sollen. Denn auch hier bleibt der Ausgang ungewiß und kann sich im Nachhinein sehr wohl als falsch erweisen.

Auf diesem Weg der prozentualen statistischen Festschreibung ist also m.E. nicht weiterzukommen.

Womöglich würde sich das Problem mit den Prozentangaben gar nicht stellen, wenn es die 22-Wochen-Frist nicht gäbe: Denn ohne Frist wäre bei Unklarheit ein u.U. aufschlußreiches Zuwarten denkbar, das aus einer zunächst vorliegenden, relativ ungewissen Verdachtsdiagnose eine sichere Entscheidung macht.

Die Bestimmung der "dringenden Gründe" kann daher nicht allein aufgrund bestimmter Risikozahlen und Wahrscheinlichkeitswerte erfolgen.

Die Bestimmung sollte vielmehr von der Entscheidung der Frau individuell abhängig gemacht werden, ob sie den Wahrscheinlichkeitswert der Schädigung für dringend einstuft oder nicht: Diese, die Rücksichtnahme auf die Schwangere betonende Überlegung und die damit formulierte Vorrangregel zugunsten der Schwange-

---

115 So auch *Eser* in S/S, § 218 a, Rdn. 24; *Rudolphi* in SK, § 218 a, Rdn. 32.

ren begründet und begrenzt sich zugleich selbst durch das im Begriff "schwer wiegt" ausgewiesene Maß des *objektiv* Zumutbaren: Denn die Schädigung - ihr Vorliegen einmal als sicher unterstellt - muß auch tatsächlich objektiv, und nicht bloß "subjektiv", d.h. aus der Warte der Schwangeren, "schwer" wiegen.

Wenn hier die "dringenden Gründe" nicht im Sinne einer irgendwie gearteten starren Prozentangabe verstanden werden, so beruht dieses Verständnis auf den folgenden 2 Prämissen:

1) Zur Umschreibung des Risikos sind nur Fachleute zu Rate zu ziehen. Ein Arzt, der einen gewissen Qualifikationsstandard nicht aufweist, kann eine Frau nicht entsprechend aufklären.

2) Sämtliche Erkenntnismittel sind auszuschöpfen. Beispielsweise darf die Diagnose "Rötelninfektion" der Mutter nicht vorschnell gestellt werden, nur weil die Frau ein "rötelnartiges" Exanthem in der Frühschwangerschaft hatte. Zu fordern ist vielmehr, daß bei 2maliger Antikörpertiterbestimmung der Antikörpertiter steigt. Denn die klinische Diagnose rein nach dem äußeren Aspekt ist wegen zahlreicher ähnlicher viraler Exantheme viel zu ungewiß. Derartige Unsicherheitsfaktoren müssen ausgeschlossen sein.

Dieses Ergebnis erscheint sachgerecht[116] und läßt sich auch aus der im Gesetz gebrauchten Formulierung herleiten.

Davon abgesehen ist es höchst fraglich, ob der Gesetzgeber zur damaligen Zeit mit ihren beschränkten technischen Möglichkeiten überhaupt willens und in der Lage gewesen wäre, eine prozentuale Wahrscheinlichkeit einzuführen. Einzuräumen ist bei dieser Lösung zwar das Dilemma der bewußten Tötung des überwiegenden Anteils gesunder Fetus, das die ethische Vertretbarkeit erheblich erschwert. Dennoch darf dieses Faktum "nicht den Blick auf die maßgebende Bedrängnis der Schwangeren verstellen".[117] Alternativ ließe sich dieses Problem aber nur durch die Forderung nach einer völligen, 100%igen Sicherheit der Diagnose zufriedenstellend lösen. Soweit will aber keiner der Kritiker, auch nicht etwa *Dreher/Tröndle*, gehen, weil der

---

116 Die gegenteilige Ansicht (lediglich bei einer hohen Prozentzahl sollen "dringende Gründe" gegeben sein), führt dazu, daß sie erbliche Leiden - soweit sie nicht einem anderen Nachweis als der Mendelschen Schätzung unterliegen - überwiegend dieser Indikation entziehen würde, da die Wahrscheinlichkeiten ganz beträchtlich schwanken und oft unterhalb dieser Grenze lägen, somit nicht erfaßt würden.
Es ist zu hoffen, daß sich dieses Problem dadurch reduzieren mag, daß sich die Zahl der Krankheiten, die allein nach empirischen oder Mendelschen Gesetzen zu beurteilen sind, durch die Weiterentwicklung des Spektrums an Methoden der PD minimieren, und damit immer häufiger eine sicherere Diagnose anstelle der empirisch zu ermittelnden Erkrankungswahrscheinlichkeit treten wird.

117 *Jähnke* in LK, § 218 a, Rdn. 56.

Anwendungsbereich der k.I. dann auf chromosomale Aberrationen beschränkt bliebe.

Die hier formulierte Vorrangregel, erwachsen aus der psychischen Zwangslage der Frau, ist - im Hinblick auf eine richterliche Kontrolle - nicht weiter schädlich, da die k.I. durch objektivierbare Konturen umgrenzt wird, mit der Folge, daß schon die subjektiv nachvollziehbare, aber gleichwohl nicht objektivierbare Furcht vor einer Schädigung genügt, wenn es nur darum geht, daß es sich dabei um eine objektiv "schwerwiegende" Schädigung handelt. Das heißt: Die 100%ige Erwartung, daß etwa nur eine geringfügige Schädigung in Form einer Hüftgelenkluxation beim Fetus vorliegt, berechtigt nicht zum Ssa, dagegen aber die 1%ige Erwartung eines extremen Hydrozephalus.

Die hier vertretene Auffassung findet im übrigen auch Widerhall in der "Kommission zur Auswertung der Erfahrungen mit dem reformierten § 218 StGB". Dort wird ausgeführt, der Gesetzgeber habe in § 218 a Absatz 2, Nr. 1 StGB einen breiten Ermessensspielraum eingeräumt, "ohne bestimmte Prozentzahlen und Wahrscheinlichkeiten, mit denen eine kindliche Indikation zu erwarten wäre, festzulegen".[118]

Für diejenigen, die eine feste Prozentzahl verlangen, stellt sich die Frage, inwieweit die Schwangere rechtlich dazu verpflichtet ist, sich den invasiven, mit einem gewissen Fehlgeburtsrisiko behafteten diagnostischen Verfahren, die der Arzt zur Abklärung der *Diagnose* und zur Minimierung des Fehlerrisikos für erforderlich hält, zu unterziehen.[119] Da der Nachweis von global lediglich 3% Schädigungen[120] beinhaltet, daß in 97% der Fälle eine Schädigung des Kindes pränatal sicher ausgeschlossen werden kann, bedeutet dies, daß von dem Fehlgeburtsrisiko der AC/CVS - dieses wird bei der AC mit 0,3%-2,4%[121], bei der CVS mit 3-5% veranschlagt[122] - fast ausschließlich gesunde Kinder betroffen werden. Denn diese machen nun einmal, statistisch gesehen, die Mehrzahl der untersuchten Fälle aus.

"Aufhänger" für eine dahingehende Verpflichtung der Schwangeren ist die "ärztliche Erkenntnis" und die Beratung nach § 218 b StGB.

---

118 BT-Drucks. 8/3630, S. 79.

119 Vgl. die Parallele zur pränatalen Therapie, oben S. 25 f.

120 Siehe oben S. 2 in Fn. 4.

121 So *Brusis* in Murken, S. 55.

122 So *Brusis* in Murken, S. 60, sowie *Endres* in Murken, S. 290.

Solange der Arzt nicht die angezeigten Diagnoseverfahren eingesetzt hat, fehlt es an der hinreichenden Meinungsbildung. Daher muß die Schwangere in solche Eingriffe im Interesse eines weitgehenden Schutzes der Leibesfrucht einwilligen, die nicht mit erheblichen gesundheitlichen Risiken verbunden sind.[123] Daher wird man von der Schwangeren die Einwilligung zur AC regelmäßig verlangen können, zumal die 22-Wochen-Frist u.a. gerade *wegen* dieser (damals neuen) Technik eingeführt worden ist.[124]

Eine generelle[125] Duldungspflicht der Schwangeren könnte allerdings in dem Moment problematisch werden, in dem die Methoden nach entsprechender Perfektionierung generell angewendet werden könnten, um über einen entsprechenden sozialen "Druck" in möglichst allen Fällen einer Schädigung zum Ssa zu kommen.

Es ist sicher rechtlich nicht haltbar, die Indikationsfeststellung und Durchführung der PD - wie von manchen Kliniken praktiziert - von der *vorherigen* Zustimmung der Schwangeren zum Ssa abhängig zu machen.[126] Die hier vor der PD gleichsam erzwungene Einwilligung kann nicht rechtswirksam sein, da sich die konkrete Situation für die Frau vor und nach Erhalt des Befundes ganz unterschiedlich darstellt, so daß eine erneute (eigenständige) Entscheidung nach Kenntnis des Untersuchungsergebnisses zu fordern ist.

2.3.3.4 Fazit

Der eigene Lösungsvorschlag läßt sich aus der Zielsetzung der Regelung sowie dem Gesamtzusammenhang mit den übrigen Voraussetzungen entnehmen. So verstanden soll das Tatbestandsmerkmal "dringende Gründe" der Belastbarkeit der Frau Rechnung tragen und das den § 218 a StGB tragende Prinzip, die Anknüpfung an die Konfliktsituation einer Schwangeren ("Unzumutbarkeit"), hervorheben und verdeutlichen.

---

123 So auch *Günther*, S. 229; *Jähnke* in LK, § 218 a, Rdn. 58; *Krauß* in Murken, S. 273.

124 Vgl. dazu unten S. 66 ff.

125 *Jähnke* in LK, § 218 a, Rdn. 58, verlangt, die Schwangere müsse die "*notwendigen* Untersuchungen" dulden. Nach *Rudolphi* in SK, § 218 a, Rdn. 32, soll die Schwangere noch weitergehend verpflichtet sein, die "*Möglichkeiten* der pränatalen Diagnostik, insbesondere der Amniozentese, soweit dies ohne Schaden für Mutter und Kind möglich ist, durchführen zu lassen." *Koch* in Eser/Koch, S. 125, will der Frau jedenfalls die *üblichen* Maßnahmen zumuten. Vgl. hierzu allgemein auch Krauß in *Murken*, S. 272, 273.

126 Vgl. hierzu *Gründel* in Bamb. Symp., S. 92, sowie *Wuermeling*, MMW 126 (1984), S. 135.

Der Diagnosegrad erweist sich damit letztlich als Ausfluß der individuellen Zumutbarkeit, der das Gesetz tragenden Erwägung, die deutlich machen soll, daß die Frau im Vordergrund der Überlegung steht.

2.4 Die Problematik der Zumutbarkeit in Form der "Schwere" der Schädigung

2.4.1 Allgemeines zum Tatbestandsmerkmal "schwer wiegt"

Das Gesetz spricht davon, daß die erwartete Krankheit so schwer "w i e g t" (in Abgrenzung vom Erbgesundheitsgesetz, das noch davon sprach, daß die Krankheit schwer "i s t"), "daß von der Schwangeren die Fortsetzung der Schwangerschaft nicht verlangt werden kann".

Indem sich § 218 a StGB durch die gewählte Formulierung vom Erbgesundheitsgesetz (das zudem den Versuch unternommen hatte, die in Betracht kommenden Schädigungen enumerativ zu bestimmen) löst, könnte man folgern, als solle es auf einen gewissen, objektiv zu bestimmenden "Schwere"-Grad der voraussichtlichen Schädigung des Kindes gar nicht ankommen. Vielmehr sei nur auf die jeweilige Frau abzustellen, für die die Schädigung "schwer wiegen" muß.

Ein objektiver Schweregrad der Erkrankung würde dann für den Ssa keine Rolle spielen, die Entscheidung läge vielmehr allein im Lebensbereich der Frau und könnte entsprechend von Frau zu Frau variieren.

Die Konsequenz eines derartigen Verständnisses des Gesetzes wäre, daß auch Krankheiten zum Ssa wegen k. I. berechtigen würden, die nach einer objektiven Einschätzung als "geringfügig" oder "leicht" zu bezeichnen wären (vorausgesetzt, daß die beiden einzigen objektiven Kriterien, nämlich
--eine Schädigung,
--die nicht behebbar sein darf,
erfüllt sind und die Schwangere den Eindruck hat, daß diese Schädigung des Ungeborenen "schwer wiegt").

Ruft man sich hier noch einmal die technischen Möglichkeiten der PD in Erinnerung,[127] so erscheint dieses Verständnis in einem besonderen Licht: Denn dann dürften immer geringfügigere "Mängel" und ihre Bewertung als unzumutbar durch die jeweilige Schwangere - wie selbst das Fehlen des kleinen Fingers, was in Fachzentren

---

127 Vgl. oben S. 3 ff.

ultrasonografisch ohne große Mühen diagnostiziert werden kann - zum Ssa berechtigen.

Wie "schwer" die Krankheit nach objektiver Betrachtung i s t, wäre nach diesem Verständnis der Formulierung "schwer wiegt" nicht maßgeblich. Es käme bei der Frage der Zumutbarkeit jeweils auf den Einzelfall an, die Bestimmung der "schweren Schädigung" nach allgemeingültigen Kriterien wäre ausgeschlossen.

2.4.2 Standpunkt in der Literatur

2.4.2.1 Die herrschende Meinung der schwangerenorientierten Sicht

In diesem Sinne vertritt *Eser* die Auffassung, daß Art und *Schwere* der als indikationsbegründend anzuerkennenden Schädigungen des Kindes "keinesfalls generell abstrakt" festgestellt werden könnten, sondern daß die Indikation stets im Hinblick auf die individuellverschiedenen Verhältnisse der Betroffenen und die ganz persönliche Belastbarkeit der Schwangeren zu bestimmen sei.[128] Ebenso ist *Rudolphi* der Ansicht, daß es nicht möglich sei, "generelle Aussagen über die *Schwere* der vorausgesetzten Schädigungen zu machen".[129] Beide wollen die kindliche Indikation streng individuell bestimmen, weil nicht schon die befürchtete Schädigung des "werdenden" Kindes als solche einen Abbruchsgrund darstellen könne, sondern nur die durch die kindliche Schädigung ausgelösten Belastungen und Auswirkungen auf das Wohlbefinden der Mutter.

Daher wollen sie alle den Einzelfall bestimmenden Faktoren in eine fallbezogene Gesamtwürdigung einbringen,[130] wobei sie auf einen quantifizierbaren Maßstab für die Gesamtbeurteilung verzichten wollen.

Koch formuliert seine Auffassung in der Form, daß er zunächst den eigentlichen Eingriffsgrund, die aus der Schädigung des Kindes erwachsende *Belastung* der Schwangeren, nennt und auf *sie* die Schwere bezieht; diese Frage müsse nach den Umständen des jeweiligen Einzelfalls beurteilt werden.[131] Er gelangt so zu dem Ergebnis, daß es wegen der Komplexität des Einzelfalls so gut wie unmöglich sei, Beispiele zur Veranschaulichung der kindlichen Indikation zu bilden.[132]

---

128 *Eser* in S/S, § 218 a, Rdn. 25 ff. Identische Formulierung von *Eser* in Eser/Hirsch, S. 158.

129 *Rudolphi* in SK, § 218 a, Rdn. 34.

130 So auch *Lenckner* in Eser/Hirsch, S. 178; *Ramm*, JZ 1989, S. 868, sowie *Weißauer*, Geburtsh. u. Frauenheilk. 43 (1983), S. 193, 194; wohl auch *Lackner*, § 218 a, Anm. 4b.

131 *Koch* in Eser/Koch, S. 126.

132 *Koch*, aaO., S. 127.

Auch *Krauß* meint, daß sich die Frage nach einer gewissen quantifizierbaren "Schwere" der Schädigung nach der Konzeption des Gesetzes nicht generell entscheiden lasse, weil der Maßstab für den geforderten Schweregrad der kindlichen Beeinträchtigung ausschließlich im Lebensbereich der Schwangeren zu finden sei. Er meint, daß das Anlegen eines allgemeinen Maßstabs oder auch nur fester Richtwerte nicht möglich sei.[133]
Ähnlich räumt *Köhler* der Schwangeren eine Beurteilungskompetenz "bis zur Grenze offenbarer Willkür" ein.[134] Auch *Maurach/Schroeder/Maiwald* sprechen von einer Generalklausel, die "weitgehender Eigenwertung" zugänglich sei.[135]

Folgerichtig führen die genannten Autoren - anders als die Vertreter der schadenorientierten Sicht - auch keine Schädigung an, die ihres Erachtens als Beispiel für eine schwere Schädigung anzusehen sein soll, noch nennen sie eine solche, die sicher *nicht* (mehr) als indikationsbegründend aufzufassen ist.[136] *Krauß* will daher auch bei Hüftgelenkluxation und Klumpfuß den Ssa zulassen.[137]

Die Anhänger der schwangerenorientierten Sicht bringen durch die individuelle Entscheidung, was und wieviel der jeweiligen Schwangeren zumutbar sei, hier bereits die Zumutbarkeit ins Spiel: Nicht die "Schwere" der Schädigung als solche wird erörtert, sondern die daraus resultierende Belastung für die einzelne.

Nach herrschender Meinung dominiert so die individuelle "Zumutbarkeit", die Schwangerschaft fortzusetzen, als Beurteilungskriterium der "Schwere".

Über die Zumutbarkeit fließen die jeweiligen Wertungen in die k.I. ein, wodurch das Merkmal der "Schwere" im Einzelfall bagatellisiert werden kann. Denn so wird die Indikation mittels der Zumutbarkeitsfrage zu einer gänzlich von den persönlichen Einstellungen und Empfindungen der Schwangeren abhängigen Angelegenheit

---

133 *Krauß* in Murken, S. 271.

134 *Köhler*, GA 1988, S. 468.

135 *Maurach/Schroeder/Maiwald*, BT 1 § 6 III 2d) bb).

136 *Eser* in Eser/Hirsch, S. 158, und auch *Koch* in Eser/Koch, S. 126, erörtern die Problematik der "schwerwiegenden Schädigung" unter der Rubrik "Voraussetzungen auf seiten *der Schwangeren*".

137 *Krauß* in Murken, S. 271. Über die entsprechende Möglichkeit in der Praxis berichten etwa *Berg*, FAZ v. 19.09.1988, S. 9; *Cyran*, DNA v. 6.10.1988, S. 2; *Eberbach*, JR 1989, S. 267, l. Sp.; *Hiersche*, Tröndle-FS, S. 677.

gemacht: Entscheidend ist (stets), inwieweit sich jene den ggf. auf sie zukommenden Belastungen gewachsen fühlt.

Dieses Verständnis hat im Ergebnis zur Folge, daß zunächst dem Ungeborenen zwar das Grundrecht auf Leben zugesprochen wird, dann jedoch in Relation zur jeweiligen Lebenslage der Mutter, dem Grad ihrer individuellen Betroffenheit von der Schwangerschaft, gesetzt und dadurch relativiert und ggf. situativ entwertet wird.

Ähnlicher Meinung wie die h.M. im juristischen Schrifttum sind aus medizinischer Warte etwa *Hiersche*[138] sowie *Hepp*[139]: Auch sie halten eine allgemeingültige Bestimmung der "Schwere" der Schädigung nach objektiven Kriterien und damit losgelöst von den individuellen Verhältnissen des Einzelfalles für nicht möglich: *Hiersche* spricht deshalb von einer Schädigung des Fetus, "die auf die Mutter negativ (wirke)". *Hepp* geht davon aus, daß der Gesetzgeber einen "breiten Ermessensspielraum im Hinblick auf die Schwere der Schädigung (zugelassen habe)".[140]

Die Genetikerin *Schroeder-Kurth* schließlich befürwortet es - im Sinne einer freiheitlichen Entscheidung der Eltern -, daß der Frau ein Spielraum zur Bestimmung der Schädigungs-"Schwere" belassen wird, da sich Beurteilungen der individuellen Familiensituationen nicht in starre Regeln fassen ließen und daher "Ärzte und Eltern gemeinsam eine individuelle Indikation" erarbeiten sollten.[141] Folgerichtig soll nach ihrer Auffassung bei der PKU oder der familiären Hypercholesterinämie und bestimmten Porphyrieformen die Einstufung als "schwere" Schädigung - abhängig von der jeweiligen individuellen Einschätzung durch die Frau - möglich sein. Sie kann daher von Fall zu Fall unterschiedlich ausfallen und gewichtet werden.[142]

---

138 *Hiersche*, Gynäkologe 15 (1982), S. 93.

139 *Hepp* in Jung/Müller-Dietz, S. 4.

140 Ohne allerdings i.e. auszuführen, *wem* hier Ermessen eingeräumt worden sein soll.

141 *Schroeder-Kurth* in Reiter/Theile, S. 94, 105. Ähnlich *Goetz*, Der Internist 19 (1978), S. 287.

142 Gleichwohl will sie bei bestimmten Hauterkrankungen die Frau "bevormunden", indem sie dort die "individuelle Indikation" und damit die Zulässigkeit eines Ssa *generell* versagen will wegen *nicht*hinreichender "Schwere" der Schädigung, aaO., S. 95. Das ist von ihrem Standpunkt aus inkonsequent, denn wenn die Frau - so ihre Prämisse - über die "Schwere" nach ihrer individuellen Familiensituation bzw. subjektiven Verfassung entscheiden darf, dann doch auch ausnahmslos in *jedem* Fall.

2.4.2.2 Schadenorientierte Sicht

Entgegen der soeben dargestellten schwangerenorientierten Sichtweise vertritt die Mindermeinung den Standpunkt, die befürchtete Schädigung müsse objektiv gesehen schon einen gewissen Schweregrad aufweisen, jenseits dessen überhaupt erst von der Möglichkeit zum Ssa wegen k. I. ausgegangen werden könne.

Besonders kraß etwa spricht *Schrömbgens* von der " ... Frage, wie *schwer* ein Schaden *sein muß*, um ihn für einen Ssa ausreichend sein zu lassen ...".[143] In diesem Sinne auch *Jähnke*: " ... ein Abstellen allein auf die Umstände des Einzelfalls kann jedoch nicht befriedigen".[144] Vielmehr sei eine "hinreichend faßbare und objektive Wertungsrichtlinie" zu fordern.[145]

Ähnlich führen auch *Hiersche/Jähnke* aus: "Was schwere Schädigungen sind, welche eine Fortsetzung der Schwangerschaft unzumutbar machen, ... sagt das Gesetz nicht".[146]

Dreher/Tröndle: "Gewisse Schädigungen wiegen nicht schwer ... und scheiden daher aus".[147] *Hanack/Hiersche*: " ... greift ein, wenn dringende Gründe für die Annahme sprechen, daß das Kind an einer schweren Gesundheitsschädigung leiden würde ...".[148]

Von medizinischer Seite seien als Anhänger der schaden-orientierten Sicht *Hansmann/Gembruch* " ... beim Nachweis bestimmter Fehlbildungen entsprechenden Schweregrades ...","[149] *v. Voss* "Bemessung des Schweregrades der Schädigung ... "[150] sowie abschließend *Vogel* genannt: "Es werden also Forderungen gestellt ... an die Schwere der Schädigung ...".[151]

2.4.2.3 Stellungnahme und Auslegung

In den zuletzt genannten Fundstellen schwingt - im Gegensatz zur schwangerenorientierten Sicht - ganz offensichtlich ein bestimmtes, nach *objektiven* Kriterien

---

143 *Schrömbgens*, S. 212.

144 *Jähnke* in LK, § 218 a, Rdn. 53.

145 So auch *Gropp*, S. 216.

146 *Hiersche/Jähnke*, MDR 1986, S. 1.

147 *Dreher/Tröndle*, § 218 a, Rdn. 15. In diesem Sinne auch *Hirsch/Weißauer*, S. 35.

148 *Hanack/Hiersche*, Archiv Gyn. 228 (1979), S. 331, 332; ähnlich *Hofmann*, JZ 1986, S. 256.

149 *Hansmann/Gembruch*, Gynäkologe 17 (1984), S. 19.

150 *v. Voss*, Der Kinderarzt 17 (1986), S. 426.

151 *Vogel* in Lau, S. 97.

zu bestimmendes (Mindest)maß an Schädigungsschwere als objektive Voraussetzung eines Ssa wegen k.I. mit.

Damit scheint auf den ersten Blick ein Widerspruch zum Gesetzestext zu bestehen: Denn das Gesetz hebt durch den Gebrauch des Wortes "schwer wiegt" scheinbar allein auf die Schwangere ab.

Wieso die Vertreter der schadenorientierten Sicht hier einen "gewissen" Schweregrad der Schädigung zum Ssa verlangen, legen sie - genauso wie die Vertreter der schwangerenorientierten Sicht - nicht dar.

Die Frage einer mehr subjektiven (d.h. extensiven) oder mehr objektiven (d.h. restriktiven) Auslegung des Tatbestandsmerkmals "schwer wiegt" ist vor allem deshalb von Belang, weil nach der Statistik immerhin 2-4% der Neugeborenen eine "Mißbildung" in *irgendeiner* - also auch einer objektiv gesehen geringfügigen - Form aufweisen.[152]

Die jeweilige Auslegung des Tatbestandsmerkmals "schwer wiegt" hat mithin weitreichende Folgen: Denn was medizinisch-technisch vielfach leicht möglich ist, nämlich die Feststellung auch leichter und geringfügiger "Störungen", würde nach der schwangerenorientierten Sicht im Einzelfall schon zum Ssa berechtigen.[153]

Es soll daher im folgenden versucht werden, eine Klärung des Meinungsstreits anhand der allgemeinen Auslegungsregeln herbeizuführen.

Bevor jedoch in eine genauere Prüfung der allgemeinen Auslegungsregeln eingetreten wird, ist vorab zu klären, ob die extensive Auslegung des Begriffs "schwer wiegt" durch die Anhänger der schwangeren-orientierten Sicht und die sich damit ergebende Einschränkung und Verkürzung des Schutzbereichs des § 218 StGB überhaupt zulässig ist.

Denn von der Beantwortung dieser Frage hängt es ab, ob überhaupt noch eine ins Detail gehende Auslegung erforderlich ist.

---

152 *Schramm/Gloning/Brusis* in Murken, S. 32. Vgl. auch die bereits oben, S. 2 in Fn. 4, genannten Zahlen.

153 *Rudolphi* in SK, § 218 a, Rdn. 33, räumt daher auch ein, daß die sich ständig fortentwickelnden Methoden der pränatalen Diagnostik und der Humangenetik "dazu mißbraucht werden können, Embryonen, die nicht dem Wunschbild der Eltern entsprechen, aufzuspüren und dann abzutöten".
Ähnlich auch *Günther*, S. 232. Vgl. auch *Hiersche*, Tröndle-FS, S. 676: "Es ist daher nicht verwunderlich, wenn schon der fetale Klumpfuß oder eine fetale Hüftgelenkluxation als unzumutbar schwer gewertet werden."

Gefragt ist hier also zunächst nach dem Einfluß des Rechtsguts auf die Auslegung, denn der Schutzzweck einer Norm ist hierbei ein wesentlicher Aspekt.

Ganz allgemein läßt sich sagen, daß ein Grundsatz, nach dem die Gesetze im Interesse des Rechtsgüterschutzes maximal weit ausgelegt werden müßten, nicht existiert. Gleichwohl kann im Einzelfall der Schutzzweck der Norm einer den Rechtsgüterschutz einengenden Auslegung u. U. entgegenstehen.

Bei der bereits oben beschriebenen Plazierung des Rechtsguts "menschliches Leben" im Bewertungsschema der Rechtsordnung[154] fehlt jeglicher Hinweis für die Annahme, § 218 a Absatz 2, Nr. 1 StGB könne wegen der Bedeutung des Rechtsguts einer extensiven Interpretation seines Tatbestandes und einer damit einhergehenden Beschränkung seines Schutzbereichs, wie es die "subjektive" (d.h. schwangerenorientierte) Sicht akzeptiert, entzogen sein.

Danach erscheint eine Einschränkung und Verkürzung des Schutzbereichs des § 218 a Absatz 2, Nr. 1 StGB im Sinne der schwangerenorientierten Sicht nicht unzulässig zu sein.

§ 218 a Absatz 2, Nr. 1 StGB ist damit offen für die Auslegung, die sich an den allgemeinen Auslegungsregeln zu orientieren hat.[155] Das heißt, daß hier historische, grammatische, systematische sowie teleologische - inklusive kriminalpolitische - Aspekte zu berücksichtigen sind. Das bedeutet aber auch, daß neue technische Entwicklungen der PD etwa für eine sachgerechte Auslegung des Begriffs "schwer wiegt" mit zu berücksichtigen sind. Dabei ist zu beachten, daß sich Gesetze im Laufe der Zeit in ihrer Wirkung von der Intention des Gesetzgebers entfernen können.

2.4.2.3.1 Historische Auslegung

Bei der historischen Auslegung geht es darum, das Gesetz im Rahmen seines erklärten Sinns neuen Erkenntnissen und Situationen, d.h. der jeweiligen Normsituation, anzupassen.

Der Ausgangspunkt individueller Beliebigkeit bei der Entscheidung über einen Ssa war mit der sog. Fristenlösung vorgesehen, die das BVerfG für verfassungswidrig erklärt hat.

Für ein sich davon abhebendes Indikationenmodell konnte sich der Gesetzgeber daher nicht entscheiden, ohne zugleich in den indizierten Fällen den Schwangerschaftsabbruch auch objektiv - und nicht nur unter Hinweis auf die subjektive Ent-

---

154 Vgl. oben S. 11 ff.

155 Vgl. zum folgenden *Jescheck*, S. 137 ff.; *Larenz*, S. 66 ff.

scheidung der Frau - zuzulassen. Denn andernfalls wäre de facto alles beim alten und damit verfassungswidrigen Rechtszustand geblieben.

Mit dem alleinigen Abstellen auf die psychische Zwangslage der jeweiligen Frau - wie von den Verfechtern der schwangerenorientierten Sichtweise befürwortet -wären zudem der in Abgrenzung vom Fristenmodell eingeführte
-Numerus clausus der anerkannten Indikationen sowie
-die objektive Fassung (Indikation)
nicht zu erklären.

Die historische Auslegung spricht daher gegen die schwangerenorientierte und für die schadenorientierte Sichtweise.

2.4.2.3.2 Grammatische Auslegung

Für eine objektive Auslegung des Tatbestandsmerkmals "schwer wiegt" spricht auch die gewählte Formulierung des Gesetzestextes " ... Schädigung, die so schwer *wiegt*, ... daß nicht verlangt werden kann ... ".

Bereits der erste Teil (w i e g t) beinhaltet - auch wenn er nicht davon spricht, daß die Schädigung schwer i s t - doch ein objektives und nicht bloß ein subjektiv zu ermittelndes Merkmal: Denn ob etwas schwer w i e g t, hängt von seinem tatsächlichen Gewicht ab, damit von einer objektiv meßbaren Größe und nicht von der anschließenden Einschätzung durch den Wägenden.

Auch der zweite Teil (nicht verlangt werden k a n n) enthält ein objektives Element: Das Gesetz stellt ausdrücklich nicht auf die individuelle Zumutbarkeit ab, sondern darauf, ob in Anbetracht der Schwere der Schädigung die Fortsetzung der Schwangerschaft verlangt *werden kann*.
Die Formulierung "werden kann" in der neutralen dritten Person Singular enthält daher offenbar eine (Be)wertung durch außenstehende Dritte, eine Formulierung für eine Fremdbestimmung.
Ob etwas verlangt "werden kann", bestimmt sich nicht aus der Sicht des Betroffenen selbst, sondern hängt von der Interpretation durch außenstehende Dritte ab.

Damit ist "unzumutbar" nicht dasjenige, was die Schwangere sich selbst nicht zumuten zu können glaubt, sondern was Dritte als für die Schwangere nicht zumutbar werten. Diese Bestimmung fließt inzident in die "Schwere" ein.

Danach ist - entgegen den Anhängern der "subjektiven", schwangerenorientierten Sicht - eben nicht allein entscheidend, was die jeweilige Frau sich nicht glaubt zumuten zu können, sondern dasjenige, was Dritte für nicht verlangbar, nicht zumutbar werten und einstufen.

Die sprachliche Würdigung der Formulierung des Gesetzes stellt damit klar, daß für die Prüfung, ob die Fortsetzung der Schwangerschaft verlangt werden kann, ein gewisser Schweregrad der zu befürchtenden Gesundheitsschädigung des Kindes maßgebend ist.

Ob der einzelnen Frau aufgrund ihrer individuellen Umstände die Fortsetzung der Schwangerschaft zuzumuten ist, wird dabei in gewissem Umfang außer Betracht bleiben müssen, nämlich insoweit, als es um lediglich "leichte" Schädigungen geht, bei denen im Einzelfall durchaus subjektive Unzumutbarkeit geltend gemacht werden mag.[156]

2.4.2.3.3 Systematische Auslegung

Nach der Gesetzessystematik ist § 218 a StGB generell als Strafbefreiungsnorm aufzufassen, und zwar zur Strafbegründungsnorm des § 218 StGB, der im Interesse des Lebensschutzes des Ungeborenen das grundsätzliche Verbot des Ssa ausspricht.

Würde nun bei der Strafbefreiungsnorm allein auf das subjektive Empfinden der Frau abgestellt, würde die als Ausnahme vom grundsätzlichen Verbot der Abtreibung gedachte Indikation zur Regel werden und die Gesetzessystematik: grundsätzlich strafbar, nur ausnahmsweise nicht, ins Leere gehen.

Jede Schwangere könnte aufgrund subjektiver Einschätzung den § 218 StGB außer Kraft setzen, und damit würde der Strafbefreiungstatbestand möglicherweise zur Regel gemacht. Eine unter Strafe gestellte Regelung im Strafgesetzbuch wäre überflüssig.

Dieses Ergebnis dürfte weder dem Anliegen des Gesetzgebers noch der Auffassung des BVerfG entsprechen. Denn durch das Abstellen auf die unzumutbare Schwere ist eine generelle Preisgabe des Lebensschutzes des ungeborenen Kindes (etwa bloße Bequemlichkeit der Eltern) nicht beabsichtigt. Es soll nur in besonders tragischen Fällen (innerer Zwang) auf eine Pönalisierung verzichtet und hier das Strafrecht "zurückgenommen" werden.

Denn die Pflicht zum Schutz des ungeborenen Lebens bildet immer noch die Regel, die Aufhebung des Schutzes die Ausnahme (vgl. BVerfG).

Mit der Zuweisung der Indikationsstellung an die Frau ("Recht der Letztentscheidung") wird übersehen, daß auch das "werdende" Leben bereits Rechtsträger ist (BVerfG) und bei einem Konflikt zwischen beiden Rechtsträgern die Entscheidung nicht ohne weiteres einem der beiden - auf Kosten des anderen - überlassen werden kann.

---

156 So auch *Hirsch/Weißauer*, S. 35.

Die Systematik Regel-Ausnahme verbietet daher geradezu eine subjektive Auslegung des Tatbestandsmerkmals "schwer wiegt".

Sollte zudem im Sinne der schwangerenorientierten Sicht nach dem Gesetz die einzelne Frau fallweise die indikationsbegründenden Gesichtspunkte selbst einbringen dürfen, würde sich die exklusive Zuweisung der Entscheidungskompetenz an den Arzt ("ärztliche Erkenntnis") als wenig verständlich darstellen: Denn wenn keinerlei objektive Kriterien, sondern allein die Erwägungen der Frau einfließen und Geltung erlangen sollten, käme der Arzt mit seiner maßgeblichen "ärztlichen Erkenntnis" nicht weiter.
Die Frage der "Zumutbarkeit" kann *ärztliche Erkenntnis* nicht entscheiden.

Auch dieser systematische Einwand spricht für ein objektiv zu bestimmendes Maß an "Schwere" der Schädigung.

Gegen die schwangerenorientierte Sicht spricht ferner auch die (umstrittene) Konstruktion des Gesetzes, die Indikationen des Absatz 2 als Unterfälle der medizinisch-sozialen Oberindikation des Absatz 1, Nr. 2 zu gestalten:[157] Denn auch damit stellt das Gesetz klar, daß das (medizinisch diagnostizierbare) Leiden der Mutter Anlaß für den Ssa wegen k.I. sein kann.

Dadurch wird deutlich, daß der Gesetzgeber den Fall der k.I. und damit der "Schwere" der Schädigung gerade nicht generell in die Verantwortung der jeweiligen Eltern stellt, sondern sie von der Konstitution der Schwangeren abhängig macht.

Nach dieser Konstruktion erscheint die Frau nicht in erster Linie als aktiver Träger von Verantwortung (dies wäre sie nach der schwangerenorientierten Sicht), sondern gerade passiv als Leidende, die - im engen Sinne - nur angesichts eigener Gesundheitsgefährdung für oder gegen das Kind entscheiden darf.

Erst innerhalb dieser Rahmenbedingung ist sie frei in ihrer Entscheidung, sind ihre Motive nicht weiter rechtlich überprüfbar.

2.4.2.3.4 Teleologische, zugleich kriminalpolitische Auslegung

Bedenkt man, daß durch § 218 StGB das Lebensrecht des Kindes geschützt werden soll, so ergibt sich, daß es bei § 218 a StGB nicht allein auf die einzelne Frau ankommen kann und mithin auch objektiv "geringfügige" Krankheiten nicht zum Ssa führen dürfen.

Nicht jede vorausgesagte Krankheit bzw. Leiden des Fetus darf zu einem Ssa berechtigen. Erforderlich ist dazu vielmehr schon ein gewisses Maß an Schädigungsschwere, dessen Inhalt losgelöst von der einzelnen Frau - gleichsam als

---

157 Vgl. zur Kritik *Rudolphi* in SK, § 218 a, Rdn. 6.

gemeinsamer Konsens - zu bestimmen ist: Das BVerfG nennt dies eine "außergewöhnliche Belastung".

Krankheiten, deren Schäden diesen objektiv zu bestimmenden "Schweregrad" überschreiten, können die Frau zum Ssa berechtigen; diejenigen Krankheiten hingegen, die diesen Schweregrad unterschreiten, können keinen Grund zum Ssa darstellen.

Schließlich wären die vom Gesetzgeber postulierten Mindestanforderungen, wären sie als subjektive Tatbestandsmerkmale gedacht, jeglicher inhaltlicher Kontrolle entzogen.[158] Die Frau würde in Zusammenarbeit mit dem die Bescheinigung ausstellenden Arzt über die Rechtmäßigkeit des Ssa in gewisser Weise selbst entscheiden können, da eine Überprüfung kaum möglich und sinnvoll wäre.

2.4.2.3.5 Sonstige Gründe

Zudem würde mit einem derartigen Verständnis des Tatbestandsmerkmals "schwer wiegt", d.h. der Umschreibung der Indikation allein mit subjektiven, die Vorstellung der jeweiligen Frau berücksichtigenden Merkmalen, das Streben nach Rechtssicherheit relativiert: Denn dann wären die Grenzen aufgelöst, und der Schutz des Kindes hinge nur von der Akzeptanz durch die Frau ab, dies um so mehr, weil vermutlich jede kleine Fehlbildung eine "Zumutung" für die Eltern darstellt.[159]

Hierdurch würde die vom BVerfG geforderte Kongruenz der Indikationen nicht gewährleistet.[160]

Die Problematik der schwangerenorientierten Sichtweise tritt noch deutlicher zu Tage, wenn nach der Entscheidungs*fähigkeit* der Frau gefragt wird: Überträgt man nämlich den Gedanken einer streng individuellen Interpretation des Begriffs "schwer wiegt" einmal auf das entgegengesetzte Ende der "Skala", d.h. auf den Fall der geistig behinderten Schwangeren, so müßte dies konsequenterweise zur Folge haben, daß bei Schwangeren, die selbst geistig behindert sind, die Frage nach der "Schwere der Schädigung" und damit die Indikation zum Ssa wegen Schädigung ihres Fetus um so weniger greifen dürfte, je stärker ihre Einsichts- und Erlebnisfähigkeit beeinträchtigt ist.

---

158 Vgl. hierzu *Kluth*, NJW 1986, S. 2350.

159 *Beller*, medwelt 36 (1985), S. 693, 695; bestätigend *Schroeder-Kurth*, MSchr. Kheilk. 130 (1982), S. 73, die ausführt, daß sich heutzutage die Berater viel häufiger mit einer Situation konfrontiert sähen, in der die Schwangere die Fortsetzung der Schwangerschaft bei einer Schädigung des Kindes für nicht zumutbar hält als umgekehrt.

160 Die kindliche Indikation muß in ihrer Schwere der rein medizinischen Indikation kongruent sein, vgl. oben S. 11.

Denn wenn § 218 a StGB den Ssa mit Rücksicht auf die ganz individuellen Belange der jeweiligen Schwangeren gestatten sollte, dürfte folgerichtig die Berücksichtigung der Schädigung dann auch ausschließlich in diesem von der jeweiligen Frau zu setzenden Rahmen zulässig sein.
Diesen Schritt will aber etwa *Eser* - der ansonsten für die streng individuelle Bestimmung der Schwere plädiert - nicht mitmachen.[161]

Das Verständnis im Sinne der schadenorientierten Sicht wird weiter bestärkt, wenn man sich der weitreichenden Auswirkungen der schwangerenorientierten Sicht bewußt wird.
Im Hinblick auf den immensen technischen Fortschritt und die diagnostischen Möglichkeiten, die es heutzutage ermöglichen, immer mehr und immer "leichtere" Krankheiten immer frühzeitiger zu diagnostizieren und zu erfassen,[162] reduzierte sich der Schutz von Ungeborenen mit leichten Störungen auf das Wohlwollen bzw. die Akzeptanz durch die Frau und würde dann letztlich in ihr Belieben gestellt.[163] Damit aber würde das Abtreibungsverbot nur mehr oder weniger förmlichen, symbolischen Charakter ohne "Wirkung" haben (verkappte Fristenlösung).

Der Formulierung des Gesetzes läßt sich somit bei der Bestimmung der Frage nach der "Schwere" der Schädigung zwanglos ein objektives Element entnehmen.
Das hat zur Folge, daß exakterweise die Frage nach einer "schwerwiegenden" Schädigung objektiv zu bestimmen ist, wobei die Interessen der Frau bei der Definition dieses Begriffs - als Ausfluß des tragenden Gedankens der Zumutbarkeit - berücksichtigt werden.

2.4.3 Zwischenergebnis und Standortbestimmung

Nicht gefolgt werden kann aus den genannten Gründen den Anhängern der schwangerenorientierten Sicht und der "gängigen Praxis",[164] die das Tatbestandsmerkmal "schwer wiegt" ausschließlich subjektiv interpretieren und - weil die jeweils

---

161 *Eser* in Müller/Olbing, S. 119. Von den Anhängern der "subjektiven" Theorie ist er - soweit ersichtlich - der einzige, der zu diesem Problem überhaupt Stellung bezieht.

162 Vgl. nur den Gynäkologen *Berg*, FAZ v. 6.07.1988, S. 9; *Eberbach*, JR 1989, S. 267; *Hepp* in Murken, S. 301; *Hiersche*, Tröndle-FS, S. 676 m.w.N., sowie oben S. 3 in Fn. 11.

163 *Gründel* in Murken, S. 311, spricht von der "Versuchung, im Konfliktfall einfach den leichteren Weg einzuschlagen."

164 Siehe dazu unten S. 87.

ertragbare Belastungsgrenze sowie die Bereitschaft zum Ertragen individuell verschieden sind - auf eine allgemeingültige Grenze gänzlich verzichten wollen.

Ihre Ansicht ist abzulehnen, da sie - wie dargelegt - weder aus dem Wortlaut noch aus der systematischen Stellung - Ausnahmevorschrift vom grundsätzlichen Abtreibungsverbot - noch unter verfassungsrechtlich/teleologischen Gesichtspunkten haltbar ist.

Der Eindruck stimmt bedenklich, daß so die Anforderungen an die kindliche Indikation derart "heruntergeschraubt" werden, daß letztlich die Entscheidung der Schwangeren als hinreichende Grundlage für den Ssa erscheint. Denn dies käme faktisch der vom BVerfG abgelehnten Fristenlösung gleich und stellte, gemessen an der gesetzgeberischen Intention und der Ratio legis, eine Fehlinterpretation der Indikation dar.

Nach alledem ist es verkürzt, wenn - wie von der h.M. geschehen - die Problematik der k.I. entscheidend auf die "Zumutbarkeit" der Schwangerschaft bezogen wird. Demgegenüber findet die von einigen Kommentatoren aufgestellte Forderung nach einem "gewissen Schweregrad" der kindlichen Schädigung und der darin zum Ausdruck kommenden Überzeugung, daß leichtere, geringfügige Krankheiten eben nicht zum Ssa berechtigen, ihre Verankerung im Gesetz.

Diese objektive, den Lebensschutz des Ungeborenen betonende Bestimmung der "schwerwiegenden" Schädigung steht auch nicht in Widerspruch zu der hier befürworteten subjektiven, den Vorrang der Schwangeren postulierenden Interpretation der "dringenden Gründe". Denn wie die Auslegung ergeben hat, ist nach dem Gesetzeswortlaut das Merkmal "schwer wiegt" objektiv aufzufassen, während sich demgegenüber die subjektive Auslegung der "dringenden Gründe" aus der gewählten Gesetzesformulierung und der Konzeption herleiten läßt.[165]

Die dort postulierte Vorrangstellung der Schwangeren bezüglich der "dringenden Gründe" wird zugleich begrenzt durch die objektive Bestimmung des Begriffs der "schwerwiegenden Schädigung" und trägt so dem Lebensschutz des ungeborenen Kindes Rechnung.

Damit ist eine "Schwangerschaft nach Maß", bei der die Eltern bestimmen, bei welchen "Störungen" des Kindes ein Ssa durchzuführen ist, auf jeden Fall abzulehnen. § 218 a StGB enthält bei aller Rücksicht auf das subjektive Empfinden der Frau ein objektives, quantifizierbares Element, eine Art der Fremdbestimmung der Frage der

---

165 Siehe oben S. 32 ff.

Schadens-"Schwere" und damit eine von der individuellen Frau losgelöste Umschreibung.

Das hat zur Folge, daß in Fällen, in denen nur eine "leichte" Behinderung des Kindes zu befürchten steht, von seiten der Schwangeren zwar durchaus die "Schwere" der Schädigung geltend gemacht werden möchte, diese aber nicht als unzumutbar schwer akzeptiert werden kann.

Diese Auslegung wirft sogleich die Frage nach dem Verhältnis von "Schwere" der Schädigung zur "Zumutbarkeit" auf.

2.4.4 Verhältnis von "Schwere" der Schädigung zur "Zumutbarkeit"

Bei dem vorbeschriebenen Verständnis des Tatbestandsmerkmals "schwer wiegt" bedarf die Frage der näheren Beantwortung, in welchem Abhängigkeits- bzw. Bedingungsverhältnis dann Indikation ("schwer wiegende Schädigung") und Zumutbarkeit ("nicht verlangt werden kann") zueinander stehen.

Man könnte sich hier fragen, welchen Sinn die Zumutbarkeit noch haben soll, wenn die nach objektiven Kriterien zu ermittelnde Indikation ("schwer wiegende Schädigung") für die Ermittlung der Zulässigkeit des Ssa maßgeblich ist.

Nach der h.M. dominiert - wie gezeigt - die *Zumutbarkeit*, die Schwangerschaft fortzusetzen, als Beurteilungskriterium. Über die Zumutbarkeit fließen die jeweiligen (Be)wertungen der Schwangeren in § 218 a StGB ein und können so im Ergebnis das Merkmal der Schwere bagatellisieren.

Nach dem Verständnis des Verfassers dagegen wäre es verkürzt, die Problematik der k.I. weitestgehend auf jene *individuelle* Zumutbarkeitsfrage zu beziehen. Das Gesetz stellt mit dem Merkmal der Zumutbarkeit vielmehr "nur" die Verbindung zwischen dem Bereich anatomisch-biologischer Voraussetzungen in der Person des Kindes zum Lebensschicksal der Frau her.

Fest steht, daß die alleinige subjektive Zumutbarkeitsklausel (nur die konkrete Vorstellung jeder einzelnen Schwangeren berücksichtigend) der Rechtssicherheit abträglich ist und zudem die Schwangere die Auseinandersetzung mit dem Rechtsgüterkonflikt selbst austragen lassen würde.

Mit dem alleinigen Abstellen auf die psychische Zwangslage der Frau wären zudem nicht zu erklären
-die objektive Fassung (Indikation) sowie
-der Numerus clausus der anerkannten Indikationen.

Ebenso kann andererseits gelten, daß eine rein objektive Umschreibung (Indikation) ohne ein Abstellen auf die individuelle Zumutbarkeit den Kern der

Zwangslage dann nicht trifft, wenn die Indikation nicht bereits selbst subjektive Aspekte berücksichtigt.

Mit diesem Verständnis des Zusammenspiels von Indikation ("Schwere") und Zumutbarkeit ist das Tatbestandsmerkmal "nicht verlangt werden kann" auch nicht seiner Funktion entkleidet und überflüssig. Es soll klarstellen, daß der Grund für die Straffreiheit in den genannten Fällen allein darin liegt, daß es Konfliktsituationen aus Anlaß einer Schwangerschaft und ihren Folgen geben kann, die eine so schwere Belastung darstellen, daß das Strafrecht nicht mehr das richtige Mittel ist, um die Schwangere von einem Ssa abzuhalten.[166]

Seine Funktion ist zudem darin zu sehen, daß der Gesetzgeber auf sie abstellt, um den Anschein einer "Euthanasie im Mutterleib" zu vermeiden.

Hingegen soll mit dem Merkmal "verlangt werden kann" nicht zwischen "lebenswertem" und "lebensunwertem" Leben unterschieden und letzteres schutzlos der "Vernichtung" preisgegeben werden.[167]

Das Gesetz bindet sämtliche auf die Kindesmutter bezogenen Zumutbarkeitserwägungen an den voraussichtlichen Gesundheitszustand des Kindes, der (nur) dann zum Ssa berechtigt, wenn die voraussichtliche Schädigung des Kindes objektiv, oder, um es mit *Jähnke* zu umschreiben, im Sinne einer "hinreichend faßbaren und objektiven Wertungsrichtlinie" "schwer wiegt".

Bei der Indikationsstellung wirkt die "Zumutbarkeit" folglich insoweit ein, als die Aspekte der Zumutbarkeit bei der objektiven Grenzziehung, der Bestimmung des Begriffs "schwer wiegt", inzident Berücksichtigung gefunden haben.

Dabei wird es bei der Beantwortung der Frage, ob die k.I. zugelassen werden soll, nur darauf ankommen, ob in jenen allgemein als "schwerwiegend" eingestuften Schädigungen eine unzumutbare Situation vorliegt, indem man die Einstufung des Durchschnittsbürgers für die Bestimmung der "Schwere" zugrundelegt.[168] In jenen Fällen wird von keiner Schwangeren, die einen Ssa begehrt, eine Fortsetzung der Schwangerschaft *verlangt werden können*, selbst wenn eine besondere subjektive, über das normale Maß hinausgehende Belastung durch das geschädigte Kind nicht vorhanden ist.

---

166 In der Praxis wirkt sich diese Vorstellung von der Zumutbarkeit, die nur auf das Sanktionsmittel bezogen ist, gänzlich anders aus: Die Zumutbarkeit wird auf die Pflicht zur Austragung der Schwangerschaft selbst bezogen und führt damit zur Unterscheidung von akzeptablen und nichtakzeptablen Schwangerschaftsabbrüchen, vgl. hierzu *Kluth*, GA 1988, S. 564.

167 Vgl. im einzelnen dazu unten S. 62 ff.

168 So auch *Hirsch/Weißauer*, S. 35.

Das bedeutet, daß in den Fällen, in denen eine ausreichend "schwere" Schädigung vorliegt, gleichsam automatisch von einer Unzumutbarkeit der Fortsetzung dieser Schwangerschaft auszugehen ist. Es kommt also nicht darauf an, ob es auch denkbar ist, daß die eine oder andere Frau eine seelische Konstitution besitzt, die es ihr erlaubt, durch die bevorstehende Geburt eines körperlich oder geistig schwer geschädigten Kindes nicht aus dem Gleichgewicht zu geraten. Ihre Entscheidung bezüglich des Unzumutbaren wird gleichsam an dem objektiven Raster "schwer wiegt" gemessen. Dabei müssen subjektive Vorstellungen im Sinne einer Einzelfallentscheidung insoweit ohne Einfluß bleiben, wie sie auch dem BVerfG (Kongruenz) nicht gerecht würden. Treten hier dennoch Differenzen auf, genießt die Frau dann keinen Vorrang, soweit sie über die Grenzen jenes objektiv gezogenen Rahmens hinaus möchte.

Wie weit nun die Grenzen des *objektiv* Zumutbaren reichen, ist unter Beachtung des Rechtsgüterschutzes verallgemeinerungsfähig zu ermitteln, wobei hier der Widerstreit der Interessen (u.a. die Gesundheit der Frau durch die erhebliche psychische Belastung und dergleichen mehr, das Lebensinteresse des Kindes) zu beachten ist und in Anlehnung an das BVerfG insbesondere der Schutz des kindlichen Lebens geachtet werden muß.

Die Indikation erweist sich somit als der Versuch einer Konkretisierung und Typisierung des "Zumutbaren", einer in der Indikation ("schwer wiegt") bestimmten Umschreibung der Unzumutbarkeit und deren inhaltlichen Erläuterung (objektivierte Zumutbarkeit).

2.4.5 Krankheitsbilder einer "schweren" Schädigung

Nun ist eine solche Forderung, bei der Bestimmung der "Schwere" der Schädigung ein gewisses, nach objektiven Kriterien zu quantifizierendes Mindestmaß an Schädigungsschwere zu verlangen, leicht aufgestellt. Schwierig ist es, die zu ihrer Konkretisierung maßgeblichen Kriterien zu benennen. Denn es fragt sich, wie und nach welchen Maßstäben diese Grenze im einzelnen überhaupt umschrieben und konkretisiert werden kann.

Wie schwer es ist, hier verallgemeinerungsfähige Kriterien zu finden, soll im Vorgriff auf die von Verfechtern der schadenorientierten Sicht angebotenen Lösungsvorschläge im Schrifttum[169] und auf den eigenen Lösungsvorschlag[170] anhand einiger Beispielsfälle skizziert werden.

---

169 Siehe unten S. 112 ff.

Die diagnostizierbaren Schädigungen des ungeborenen Kindes lassen sich grob in folgende Gruppen unterteilen:

2.4.5.1 Fälle "schwerster" Schädigung und Mißbildung ohne Überlebenschance (Tod vor, bei oder kurze Zeit nach der Geburt).
Zu nennen sind hier etwa Rhachischisis[171], Meningomyelozele[172], hypoplastisches Linksherz[173], hypoplastische Lungen[174], Anenzephalus[175], Trisomie 13[176], Trisomie 18[177], renale Agenesie (sog. Potter-Syndrom)[178];
2.4.5.2 Fälle sonstiger "schwerer" Schädigung mit Überlebenschance;
2.4.5.3 Fälle mit verkürzter Lebenserwartung oder erwarteten Spätschäden;
2.4.5.4 Fälle "leichter" Schädigung.

---

170 Siehe unten S. 122 ff.

171 Schwerste Form der Spina bifida (sog. offener Rücken); nicht mit dem Leben vereinbar, da durch die totale Verschlußstörung der Wirbelkörper u.a. die für die Atmung erforderlichen Muskeln nicht innerviert werden.

172 Ausstülpung des Rückenmarks und der Rückenmarkhäute. Nichtoperiert beträgt die Mortalität im ersten Lebensjahr 90,3%.

173 Hier fehlt die linke Herzkammer mit dem Anfangsteil der Aorta entweder gänzlich, oder es findet sich ein Rudiment der linken Herzkammer in der Wand der rechten Herzkammer. Kein operativer Eingriff kann das Fehlen korrigieren.

174 Nicht- oder Minderentwicklung der Lungen, die auch durch moderne Beatmungsmethoden nicht kompensierbar ist und immer innerhalb der ersten Lebensstunden zum Tode führt.

175 Schwerste Form der Fehlbildung der Gehirnentwicklung. Lebensende innerhalb von Stunden bis zu Monaten, auf keinen Fall mit dem Leben vereinbar.

176 Trisomie 13 (Patau-Syndrom): autosomale Chromosomenaberration; die Kinder sterben infolge des Mikrozephalus und vielfältiger anderer Mißbildungen nach der Geburt oder spätestens im 1. Lebensjahr.

177 Trisomie 18 (Edwards-Syndrom): autosomale Chromosomenaberration; die Kinder sterben infolge ihrer erheblichen multiplen Mißbildungen kurz nach der Geburt oder spätestens innerhalb des 1. Lebensjahres.

178 Bei diesen Kindern fehlen die Nieren entweder vollständig, oder sie sind grob fehlgebildet und funktionsunfähig. Führt innerhalb kurzer Zeit zum Tod des Kindes.

Zu nennen wären hier etwa Klumpfuß[179], Hüftgelenkluxation[180] und Phenylketonurie (PKU)[181].
Dabei sollte man sich vor Augen halten, daß das, was Eltern und Ärzte in Entscheidungskonflikte bringt, ohnehin nicht jene "klaren", "lebensunfähigen", extremen Mißbildungen und Krankheiten der Gruppen 2.4.5.1 und 2.4.5.2 sind, sondern vielmehr die Grenzfälle, deren Auftreten sich gerade durch die verfeinerten technischen Nachweismöglichkeiten häufen.

Zu den Krankheiten der Gruppen 2.4.5.1 und 2.4.5.2:
Relativ einfach entscheiden lassen sich aus strafrechtlicher Sicht hier jene extremen Krankheitsfälle.

Potter-Syndrom:
Schon ansatzweise problematisch ist das Potter-Syndrom, bei dem dem Fetus infolge einer Anlagestörung beide Nieren fehlen.

Beller ist der Ansicht, ein solches Kind sei vorläufig nur aus *technischen* Gründen nicht lebensfähig.[182] Er stuft das Potter-Syndrom daher als ein "schlechtes Beispiel" der Eindeutigkeit ein. Demgegenüber sehen *Hiersche/Jähnke* im Potter-Syndrom einen "klaren" Fall für einen Ssa wegen kindlicher Indikation.[183]

Man wird hier zu bedenken haben, daß einem Fetus mit Potter-Syndrom die lebenslange Dialyse zur Verfügung stehen oder ihm ggf. die (Spender)niere eines anderen Neugeborenen (z.B. Anenzephalus als Organspender) transplantiert werden könnte, vorausgesetzt, es gäbe genügend Spender.

Gleichwohl soll eine Dialyse medizinisch nicht erfolgversprechend sein, da das Potter-Syndrom in der Regel mit vielerlei sonstigen Mißbildungen vergesellschaftet und fast immer mit einer Lungenhypoplasie verbunden ist.[184] Daher vertreten

---

179 Spitzfußstellung des gesamten Fußes, die unbehandelt zu abnormen Muskelwirkungen und Banderschlaffungen führt, die mit der Zeit zu Knochenveränderungen führen.

180 Gestörte Hüftgelenkanlage, wodurch der Kopf des Oberschenkels aus der sog. Hüftgelenkpfanne tritt. Spätfolgen der unbehandelten Hüftgelenkluxation sind Beinlängendifferenzen und Hüftkopfnekrosen.

181 Autosomal-rezessive Stoffwechselanomalie (Enzymdefekt), die unbehandelt, d.h. ohne Diät in den ersten Lebensjahren zu schwerer geistiger Behinderung führt. Durch phenylalaninfreie Kost entwickeln sich die Kinder normal.

182 *Beller*, medwelt 36 (1985), S. 693, 696.

183 *Hiersche/Jähnke*, MDR 1986, S. 1, 3.

184 So *Hiersche/Jähnke*, MDR 1986, S. 3 in Fn. 29 a; *Schmidt* et al., Geburtsh. u. Frauenheilk. 45 (1985), S. 522, l. Sp.

Hiersche/Jähnke die Auffassung, daß sowohl die Dialyse - die technisch machbar sei - als auch die Nierentransplantation in jenen Fällen "eine Verkennung des humanen Auftrages der ärztlichen Heilkunst" darstelle.

Im Ergebnis wird beim Potter-Syndrom so letztlich im wesentlichen noch Einigkeit unter Ärzten wie Juristen bestehen, daß hier ein "klarer" Fall einer "schwerwiegenden" Schädigung im Sinne der k.I. vorliegt.

Zu den Krankheiten der Gruppe 2.4.5.3:
Gänzlich problematisch werden aber jene Fälle, in denen das Kind etwa nur eine begrenzte (kurze oder auch längerfristige) Überlebenschance hat.
Zu nennen sind beispielsweise
- die Zystinose[185] (Tod ungefähr im Kleinkind-/Schulkindalter),
- die Ahornsirupkrankheit[186] (Tod ungefähr im Vorschulalter),
- die Fanconi-Anämie[187] (ca. 5-10 Jahre Lebenserwartung),
- die Mukoviszidose[188] (Tod etwa im Schulkindalter).

Ähnlich problembehaftet sind jene Schädigungen, in denen die Schäden erst im späteren Leben, nach einem bis dahin gesunden, "normalen" Leben, auftreten. Als Beispiele hierfür seien genannt
- die Retinitis pigmentosa[189] (Beginn ungefähr mittleres Lebensalter),
- die Duchenne-Muskeldystrophie[190] (Eintritt gegen Ende des 2. Lebensjahrzehnts),

---

185 Rezessiv-erbliche Aminosäurestoffwechselstörung infolge eines Enzymblocks. Führt zu rachitischen Knochenveränderungen bereits im ersten Lebensjahr und Ablagerung der mangelhaft abgebauten Aminosäure in verschiedenen Organen, u.a. den Nieren.

186 Erbliche Stoffwechselanomalie (Enzymmangel); hierdurch entstehen toxische Nebenprodukte beim Abbau bestimmter Aminosäuren, die meist einen tödlichen Verlauf verursachen. Beginn der Erkrankung im frühen Säuglingsalter.

187 Führt meistens zwischen dem 5. und 10. Lebensjahr zum Tod durch inneres Verbluten, *Hepp* in Jung/Müller-Dietz, S. 10.

188 Mukoviszidose (zystische Fibrose): autosomal-rezessive Stoffwechselstörung. Bedingt durch eine hohe Viskosität des Sekrets bestimmter Drüsen in Bronchien, Pankreas und Verdauungstrakt kommt es zu schweren Komplikationen im Bereich der Atemwege und des Verdauungstrakts.
Nach zunächst völlig normaler geistiger Entwicklung führen die Störungen letztlich zum Tod etwa im Schulkindalter.

189 Degenerativer Prozeß, der zum Untergang u.a. des Sehnerven durch Pigmentablagerung führt. Manifestiert sich ungefähr im mittleren Lebensalter. Neben der Erblindung u.U. mit anderen Mißbildungen verbunden, daher infauste Prognose.

190 Erbliche Muskelkrankheit, die nur bei Jungen auftritt. Besonders die Becken- und Oberschenkelmuskulatur wird zunehmend schwächer. Innerhalb weniger Jahre werden diese Patienten bettlägerig. Mit fortschreitendem schweren Verlauf; nicht behandelbar. Die Patienten sterben im 2.-3. Lebensjahrzehnt.

- die polyzystische Nierenerkrankung (Beginn der Symptome im 2./3. Lebensjahrzehnt),
- die Huntington-Chorea (Eintritt ungefähr im mittleren Lebensalter).

Zur Verdeutlichung sei die polyzystische Nierenerkrankung etwas genauer erläutert.
Bei dieser Krankheit treten klinische Krankheitserscheinungen frühestens im 3. Lebensjahrzehnt auf, manchmal aber auch erst viel später. Da das funktionierende Nierengewebe durch die Zunahme der Zysten stetig eingeengt wird, kommt es mit der Zeit zu einer fortschreitenden Niereninsuffizienz und Bluthochdruck, bis der Patient schließlich im Endstadium in der Urämie verstirbt.
Das Fortschreiten dieser Erkrankung läßt sich durch den Einsatz der Dialyse für viele Jahre aufhalten, wenn auch nicht endgültig beseitigen.
Diese Krankheit ist pränatal diagnostizierbar. Nur stellt man sich hier ernsthaft die Frage, ob die PD (und erst recht der Ssa) überhaupt zulässig sein kann. Denn die Betroffenen führen - bevor die ersten Krankheitszeichen auftreten - ein völlig "normales" Leben.
Aber auch ab dem Zeitpunkt, ab dem die Krankheit in Erscheinung getreten ist, ist die Lebensqualität bei geeigneter Behandlung noch auf Jahre hinaus wenig beeinträchtigt - wenn hier auch die durchschnittliche Lebenserwartung herabgesetzt ist.

Aber wiegt das so schwer, daß ein solches Leben des Kindes für die Schwangere so belastend ist, daß ein Schwangerschaftsabbruch rechtlich vertretbar wäre?

Die Problematik bekommt noch eine andere Dimension bei einer weiteren dominant erblichen Krankheit, die sich ebenfalls erst im mittleren Lebensalter manifestiert: Der Huntington-Chorea.
Im Unterschied zur polyzystischen Nierenerkrankung läßt sie sich nicht wirksam behandeln. Darüber hinaus betreffen die Krankheitssymptome hier die Funktion des Gehirns und nicht bloß ein bestimmtes Organ.
Die Demenz, in der diese Krankheit endet, wird im allgemeinen noch schlimmer empfunden als eine bloß somatische Krankheit. Auch hier ist die pränatale Diagnose möglich.[191]

Wenn nun eine derartige Schädigung erkannt wird, muß die Frage gestellt werden, ob sie die Grundlage für einen Ssa sein kann.

---

191 Ein positiver Befund bedeutet hier den belastenden Nebenbefund, daß der erkrankte Elternteil im mittleren Lebensalter selbst manifest erkranken wird. Kann man einem Elternteil diese Gewißheit der eigenen Erkrankung zumuten - selbst wenn er vor der Untersuchung behauptet hat, er wolle es wissen und könne die Antwort ertragen?

Bei den Schädigungen der Gruppe 2.4.5.3 wird man vorab zu klären haben, zu welchem Zeitpunkt die "schwere" Schädigung überhaupt vorliegen muß, d.h. ob sie also bereits im Mutterleib oder doch zumindest kurz nach der Geburt erstmalig in *Erscheinung* treten muß, damit überhaupt von einer Schädigung des Gesundheitszustandes des *Kindes* (Vgl. § 218 a Absatz 2, Nr. 1 StGB) gesprochen werden kann.
Ein derartiges Verständnis der "schwerwiegenden" Schädigung hätte zur Folge, daß in jenen Fällen, in denen zum Zeitpunkt des Ssa der Defekt noch nicht als solcher zutage getreten ist, noch gar keine Schädigung des *kindlichen* Gesundheitszustandes vorliegt. Diese Kinder wären zum Zeitpunkt des Ssa vielmehr "gesund", und ein Ssa hätte mangels Schädigung auszuscheiden.[192]

Wollte man hier trotz der späteren Manifestation des Defekts gleichwohl eine Schädigung des Gesundheitszustandes des *Kindes* bejahen, stünde dies streng genommen nicht im Einklang mit dem Wortlaut des § 218 a StGB: Definitionsgemäß kann von einem "Kind" nur in dem Lebensabschnitt von der Geburt bis zur Pubertät gesprochen werden, nicht aber zu einem späteren Zeitpunkt.
Exakterweise müßte das Gesetz - wollte es auch jene erst später in Erscheinung tretenden Defekte in den Kreis der zum Ssa berechtigenden Schädigungen einbeziehen - nicht vom Gesundheitszustand des Kindes, sondern von dem des zukünftigen Menschen sprechen.

Läßt man aber auch bei solchen Krankheiten, die die Anlage bzw. Disposition beinhalten, einen Ssa aus Gründen der gesetzgeberischen Intention zu, so erhebt sich als nächstes die Frage, ob im Augenblick der Entscheidung über den Ssa diese Krankheit auch "schwerwiegend" ist.

Es ist eine noch ungeklärte Frage, wie bei jenen Schädigungen der Gruppe 2.4.5.3, die entweder eine verkürzte Lebenserwartung mit sich bringen, oder aber die sich erst nach vielen Jahren, meist im mittleren Lebensalter, manifestieren und bei denen die Träger jener Krankheiten bis zum Ausbruch bzw. Manifestation der Krankheit ohne Beschwerden leben können, entschieden werden soll.
Hier ist zu fragen, welche Lebensspanne, zumal an gesunden Jahren, die Schwangere für das Kind erwarten darf und ob die verkürzte Lebensspanne jene Schädigungen zu so "schwerwiegenden" Krankheiten macht, daß sie einen Ssa wegen k.I. mit Rücksicht auf die Unzumutbarkeit für die Schwangere "rechtfertigen" können.

Das Problem basiert hier darauf, daß die bisher bei der k.I. im Vordergrund stehenden Anomalien, wie etwa das Down-Syndrom, in der Regel Auswirkungen ab

192 Vgl. die Parallele zu heterozygoten Überträgern, oben S. 20 in Fn. 64.

der Geburt zeitigen und sich in intensiver Dauerpflegebedürftigkeit etwa niederschlagen. Diese zusätzlichen Belastungen infolge der Schädigung können wenigstens einige Anhaltspunkte geben.
Dagegen ist kein Maßstab verfügbar, der angibt, welche Lebensspanne - zumal an "normalen", d.h. gesunden bzw. beschwerdefreien Lebensjahren - des Kindes eine Frau erwarten darf.

Die Antwort hierauf hängt davon ab, wie lange ein Kind voraussichtlich leben muß, damit sein Leben als so "sinnvoll", "wertvoll", "lebenswert", "erfüllt" und dergl. mehr[193] angesehen werden kann.
Umgekehrt ist zu fragen, um welche Zeit das Leben voraussichtlich verkürzt sein muß, um daraus die Konsequenz zu ziehen, daß es gar nicht erst geboren werden soll, so daß vielleicht der sichere frühe Tod des Kindes zwischen dem 5. und 10. Lebensjahr z.B. bei der Fanconi-Anämie ein ausreichender Grund ist, einen Fetus im 6. Schwangerschaftsmonat abzutreiben. Oder ist die Grenze gar bei 30 Jahren oder vielleicht noch später zu ziehen? Macht es - abgesehen von der beschränkten Lebenserwartung - einen Unterschied, ob das Kind während seines Lebens mit zusätzlichen Schmerzen oder sonstigen Leiden konfrontiert wird oder ob es für die begrenzte Dauer ein unbeschwertes Leben führen kann?

Fraglich ist, wieso die voraussichtliche Lebensdauer überhaupt so maßgeblich sein können soll, daß vielleicht bei 10-15 Lebensjahren die "Grenze" gezogen werden kann. Warum ist zwischen Huntington-Chorea und Fanconi-Anämie unterschiedlich zu entscheiden? Heißt das zugleich, daß bei einem Kind mit einer nur 8jährigen Lebenserwartung ein Nichtsein "besser" ist als eben jenes kurze Dasein?

Mit welchem Argument ließe sich - speziell im Hinblick auf die Zumutbarkeit für die Frau - ein kurzes Leben als "sinnlos" bezeichnen, da für die Frau die Gewißheit, daß ihr Kind überhaupt nur eine begrenzte Zeit wird leben können, wahrscheinlich *stets* eine unerträgliche Qual ist, und zwar ungeachtet der tatsächlichen Lebensspanne?

Zu bedenken wird sein, daß menschliches Leben nicht nach seiner noch zu erwartenden Dauer "abgewogen" werden kann. Denn eine Grenzziehung bis zu einem bestimmten erreichbaren Lebensalter könnte ja nur mit der "Werthaftigkeit" des Le-

---

193 Der Verfasser gebraucht hier absichtlich jene Umschreibungen bzw. Überlegungen, die vom Gesetzgeber ausdrücklich verworfen worden sind, die aber in der Praxis - wie die Erfahrungen der Beteiligten lehren - gleichwohl ein sehr wesentlicher Faktor sind, s. unten S. 108 ff.

bens junger Erwachsener gerechtfertigt werden, welche bei Setzung einer höheren zeitlichen "Grenze" mißachtet würde.
Wer so argumentiert, wird sich fragen lassen müssen, warum eine darunter liegende Lebensspanne nicht ebenso "werthaft" sein soll wie die über der Grenzziehung liegende.

Da eine rationale Erklärung für eine Unterscheidung und Abstufung *nach der Lebensdauer* nicht besteht, wäre bei Fällen beschränkter Lebenserwartung womöglich nur die völlige Preisgabe oder aber das vollständige Verbot des Ssa *konsequent*.

Zu den Krankheiten der Gruppe 2.4.5.4:
Hier sei als Beispiel die PKU erwähnt, bei der es eine erfolgreiche Behandlung in Form einer phenylalaninarmen Diät gibt.
Auch hier wird man sich fragen, ob ein Ssa überhaupt zulässig sein darf.

Seitdem der pränatale Nachweis der PKU möglich und ein Ssa als Alternative bekannt wurde, mehren sich die Klagen der Eltern über vorgebliche Schwierigkeiten mit der Diät,[194] denn es ist ja schließlich das zweite Kind mit der PKU in der Familie, für das die Diagnose in Betracht kommt. Vor dem ersten Kind wußten die Eltern in aller Regel noch nicht, daß sie beide heterozygot erkrankt sind und ein Risiko von 25% haben, ein PKU-Kind zu erhalten.
Die Eltern sollen zum Teil darüber klagen, daß das erste Kind schwer auf normale Phenylalaninwerte einzustellen gewesen sei; daß es darunter leide, nicht alles essen zu können, was alle anderen essen; daß es seinen eigenen Kuchen mitbringen müsse, wenn es zu Freunden gehe.[195]

Der einzelne Arzt kann für sich zwar den Standpunkt einnehmen, hier eine PD und erst recht einen Ssa prinzipiell abzulehnen. Aber wie verhält er sich, wenn ihm die Eltern androhen, ihn bei der Geburt des so geschädigten Kindes wegen unterlassenen Abbruchs gerichtlich zur Verantwortung zu ziehen?[196]

Wie steht es ferner mit solchen Krankheiten, die - obgleich sie geschlechtsgebundene Mißbildungen in Form der sog. numerischen Aberration sind - eine weitgehend normale Entwicklung und Intelligenz erwarten lassen, wie etwa das Turner-Syndrom (X0) oder das Klinefelter-Syndrom (XXY), die sich pränatal ebenfalls unschwer feststellen lassen?

---

194 *Vogel*, unveröffentlichtes Manuskript, S. 10.

195 *Vogel*, unveröffentlichtes Manuskript, S. 11.

196 Auch die Drohung, das Kind andernfalls auch ohne PD auf jeden Fall von einem anderen Arzt abtreiben zu lassen, wird offenbar wiederholt angebracht, so *Vogel*, unveröffentlichtes Manuskript, S. 11.

Wie ist schließlich in den Fällen der Taubstummheit, Blindheit, Lippen-Kiefer-Gaumen-Spalte (LKG), Phokomelie (sog. Robbengliedrigkeit etwa bei Contergankindern), Zwergwuchs, Spalthand zu entscheiden? Wer soll hier nach welchen Kriterien eine Abwägung treffen?

Wie schwer wird sich unter den Juristen ein Konsens gar hinsichtlich solcher Krankheitsbilder oder Schädigungen, wie Diabetes mellitus, Hypertonie oder Allergiedisposition, der Hypercholesterinämie oder den verschiedenen Porphyrieformen finden lassen?

Zumindest bei den Krankheiten der Gruppe 2.4.5.4 handelt es sich um Schädigungen, die nach Ansicht des Verfassers keine Indikation zum Ssa darstellen: Sie sind nur zum Teil "behandelbar",[197] Kinder und Erwachsene können auch mit den Defekten unter definierten Bedingungen ein qualitativ relativ wenig beeinträchtigtes Leben führen.[198]

Die wichtigste rechtliche Frage ist, nach welchen Kriterien Schädigungen des kindlichen Gesundheitszustandes in die Bestimmung der "Schwere" einbezogen werden dürfen,[199] und welche Freiräume hier dem einzelnen in unserer Gesellschaftsform gewährleistet bleiben sollen und müssen. Welche Wertvorstellungen sind andererseits von allen Mitgliedern zu beachten, wenn nicht das Lebensinteresse des ungeborenen Kindes und damit grundlegende Werte wie die Würde des Menschen, sowie Freiheit und Gleichheit aller Menschen verletzt werden sollen?

Für die Definition mag es sich als hilfreich erweisen, sich die Kernaussagen des BVerfG[200] noch einmal in Erinnerung zu rufen.

Danach kommt es für die Entscheidung darauf an, ob die Frau durch die Behinderung des Kindes *außergewöhnlichen* Belastungen ausgesetzt würde, die das Recht als Opfer eines einzelnen für einen anderen nicht erzwingen und fordern kann. Demzufolge kann nicht ausreichend sein, die Entscheidung allein davon abhängig machen zu wollen, ob die Behinderung die Mutter-Kind-Beziehung in der Weise stört, daß die "Annahme" des Kindes durch die Mutter und die spontane Hinwendung zum Kind auch mit der jeweiligen Behinderung möglich erscheint.[201]

---

197 Vgl. hierzu bereits oben S. 22 ff.

198 Vgl. dazu *Schroeder-Kurth* in Reiter/Theile, S. 94.

199 Zum grundsätzlichen Erfordernis und der Zulässigkeit der Grenzziehung bei allem Wertepluralismus vgl. unten S. 122 ff.

200 Vgl. oben S. 10 f.

Die Grenze muß vielmehr schon evidenter sein.

Danach wird der Schwangeren jedenfalls nicht mehr zuzumuten sein, daß sie in Sorge um das Schicksal des behinderten Kindes sich etwa dauernden psychischen Belastungen ausgesetzt sähe. Nur bei ähnlich schwerwiegenden Belastungen, die die Schwangere zu erwarten hat, wäre es nicht richtig, mit Mitteln des Strafrechts die Entscheidung für das Kind zu erzwingen; die Entscheidung muß dann eine freie und von niemand anderem als der Frau zu bestimmende Entscheidung sein.

Soweit es ihr dagegen lediglich um die "Wahrung des Gesichts" geht, ist nicht einzusehen, warum das Leben des ungeborenen behinderten Kindes derartig vordergründigen (Prestige)interessen "geopfert" werden soll.

Zusammenfassend kann festgehalten werden, daß es zwar fast unlösbar erscheint, für die "Schwere" der Schädigung ein allgemeingültiges Gerüst aufzubauen, daß es aber aus Gründen des Lebensschutzes des Kindes unerläßlich ist, ein gewisses Mindestmaß an objektiver "Schwere" zu verlangen.

2.5 Die tragende Erwägung: Zumutbarkeit und lebensunwertes Leben

§ 218 a Absatz 2, Nr. 1 StGB stellt im Ergebnis darauf ab, ob von der Schwangeren die Fortsetzung der Schwangerschaft verlangt werden kann. Das Gesetz greift damit die Zumutbarkeitsklausel des Absatz 1 in etwas abgewandelter Form auf.

Bei der Einführung der k.I. wurde immer wieder betont, daß sie nur mit Rücksicht auf die Lage der Mutter eingeführt worden ist, nicht also aus "eugenischen" Gründen oder im Hinblick auf einen mangelnden Lebenswert des geschädigten Ungeborenen bzw. aus der Erwägung, dem Kind ein unerträgliches Leben ersparen zu wollen. Denn es bestand weitgehend Einigkeit, daß es unmöglich sei oder doch keinem Dritten zustehen könne, über so etwas wie ein "lebenswertes" Leben zu befinden und das Kind so gleichsam vor sich selbst zu schützen.[202]

---

201 Dies wäre viel zu unbestimmt, und entspricht in gewisser Weise der Einzelfallentscheidung der Anhänger der schwangerenorientierten Sicht, vgl. oben S. 39 ff.

202 Der medizinische Genetiker verwahrt sich aus seinem ärztlichen Selbstverständnis heraus dagegen, daß die k.I. eine "eugenische" (Pflege des Erbguts) Indikation genannt wird, vgl. *Hepp*, Bamb. Symp., S. 35. Zumindest theoretisch besteht vielmehr die Möglichkeit, mittels PD die Weiterleitung und Vervielfältigung "kranken Erbguts" auf spätere Generationen, mithin eine Art "negative" Eugenik, zu erreichen. Denn die PD ermöglicht erstmalig Nachwuchs in jenen Fällen, in denen die Eltern ohne die PD wegen des hohen Belastungsrisikos sonst auf eine Schwangerschaft gänzlich verzichtet hätten. Für

Dies wäre zudem eine Anmaßung gegenüber behindertem Leben.

Daher wird die k.I. - "wie der Gesetzgeber fast ängstlich deutlich zu machen sich bemüht hat"[203] - allein mit Rücksicht auf die Schwangere zugelassen.[204]
Das tragende Motiv, das Abstellen auf die Lebenssituation der Frau und nicht auf den "Lebenswert" des geschädigten Kindes, wird zusätzlich noch durch die Konstruktion des Gesetzes verdeutlicht, die Indikationen des Absatz 2 als Unterfälle der medizinisch-sozialen Oberindikation des Absatz 1 Nr. 2 zu gestalten:[205] Denn auch damit stellt das Gesetz klar, daß das (medizinisch diagnostizierbare) Leiden der Mutter Anlaß für den Ssa wegen k.I. sein kann, nicht aber ein angeblich geringerer Wert der geschädigten Leibesfrucht.

Damit erteilt das Gesetz unmißverständlich allen anderen Entscheidungsgründen auf Seiten der Frau eine klare Absage.

Diese Vorgabe des Gesetzgebers ist richtig, weil sich die Hochachtung des "Lebenswertes" von behindertem Leben auf der einen Seite mit dem Wunsch, solch behindertes Leben gar nicht erst zur Entstehung kommen zu lassen, nur schwer vereinbaren ließe. Nicht das Anrecht des Ungeborenen auf Geburt ist in Frage gestellt, sondern nur die Kompetenz des Strafrechts, der Schwangeren diese Geburt als strafbewehrte Pflicht aufzuerlegen.

Auch wenn der Gesetzgeber die Fälle der Unzumutbarkeit nur in der Form umreißt, daß er etwas über die Art und Herkunft der Konfliktsituation ("schwerwiegende Schädigung") besagt, jedoch nichts über das Ausmaß (Stärke des inneren Zwanges) der Notlage, auf die es ankommen soll, schließt das Abstellen auf die Unzumutbarkeit nicht denknotwendig aus, die Fälle der Unzumutbarkeit genau umreißen zu wollen, auch wenn die Zumutbarkeitsgrenze von Fall zu Fall individuell verschieden sein kann.[206]

---

rezessiv vererbte Leiden, die nur in homozygoter Form auftreten, ermöglicht die PD daher sogar die Weitergabe des kranken Gens durch heterozygote, nicht manifest erkrankte "Überträger".

203 *Hanack*, Noll-GS, S. 198.

204 Ganz h.M.; a.A. *Schmitt*, Klug-FS, S. 332, der meint, daß "diese Indikation nicht nur auf Belange der Mutter bzw. der Eltern Rücksicht nimmt, sondern auch auf die des ungeborenen Kindes"; ähnlich *Zander*, Einbecker Workshop, S. 30 " ... auch im Interesse des Kindes."

205 Siehe oben S. 47.

206 Vgl. hierzu oben S. 51 f. und unten S. 122 f. zum Wertepluralismus.

Wie auch bei den anderen Indikationen kann der Schwangeren ein Austragen der Schwangerschaft nicht deshalb eher zugemutet werden, weil sie an der Entstehung der Schädigung ein Verschulden trifft.[207]

Man wird hier mit *Jähnke* dabei zwischen der bloß schuldhaften, aber nicht absichtlichen Herbeiführung der Indikation und dem Fall, daß die Schwangere den Embryo absichtlich etwa durch Drogen- oder Medikamentenabusus schädigt, um sich dann auf die k.I. berufen zu können, zu unterscheiden haben.[208] Im letzteren Fall wird man aus dem Gedanken des Rechtsmißbrauchs - entgegen *Gropp* - die k.I. aber nicht einfach ablehnen können.[209] Denn dies hätte zur Folge, daß die Schwangere gleichwohl noch wegen § 218 Absatz 3 Satz 2 StGB straffrei bleiben könnte - nicht aber der den Abbruch tätigende Arzt. Um dem Arzt in diesem wohl nicht allzu wirklichkeitsnahen Fall[210] nicht ebenfalls die Straffreiheit versagen zu müssen, sollte deshalb nicht die k.I. als solche verneint, sondern entsprechend den Regeln der Actio libera in causa allein der Schwangeren die Berufung auf sie versagt werden.[211]

Auch das wiederholt genannte Vorgehen, daß man bewußt eine Risikoschwangerschaft eingeht (gedacht in Form einer 40jährigen Frau mit einem statistisch hohen Risiko der Geburt eines mongoloiden Kindes[212]), weil man im Zweifel bis zur 22. Schwangerschaftswoche alles wieder "klarstellen" kann, ist auch unter Zumutbarkeitsgesichtspunkten nicht unzulässig. Auf diesem technisch gangbaren Weg kann man so die Geburt eines genetisch gesunden Kindes geradezu erzwingen, indem man aufeinanderfolgende Schwangerschaften solange abbricht, bis ein nachweislich

---

207 So jedenfalls *Dreher/Tröndle*, § 218 a, Rdn. 15; *Eser* in S/S, § 218 a, Rdn. 23; *Gropp*, S. 216; *Jähnke* in LK, § 218 a, Rdn. 29 und 54; *Koch* in Eser/Koch, S. 127; *Rudolphi* in SK, § 218 a, Rdn. 31.
Hanack, Noll-GS, S. 201, will bei "Vorverschulden" der Frau die k.I. nicht ausschließen.
Anderer Ansicht *Maurach/Schroeder/Maiwald*, BT 1 § 6 III 2d.

208 *Jähnke* in LK, § 218 a, Rdn. 29.

209 Vgl. *Gropp*, S. 216.

210 Fraglich ist, inwieweit sich dieses Problem in der Praxis überhaupt stellen kann, weil die Beweisführung über bloße Vermutungen hinaus nur in den seltenen Fällen einer Selbstbezichtigung gelingen dürfte.

211 Vgl. entsprechend zur medizinisch-sozialen Indikation *Lenckner* in S/S, § 34, Rdn. 42.

212 Das Risiko einer Trisomie steigt mit zunehmendem Alter der Mutter an: 1:2000 bei 20jährigen, 1:900 bei 30jährigen, 1:100 bei 40jährigen und 1:12 bei 49jährigen Müttern, vgl. *Böhm*, Kinderpathologie, S. 10.

man aufeinanderfolgende Schwangerschaften solange abbricht, bis ein nachweislich genetisch gesundes Kind diagnostiziert wird.
Hepp etwa berichtet von einer Schwangeren, bei der - wegen der Diagnose einer Trisomie - im Alter von 41 Jahren der erste, sodann im Alter von 43 Jahren der zweite Ssa vorgenommen wurde, die dann aber schließlich im Alter von 44 Jahren doch noch ein genetisch gesundes Kind zur Welt brachte.[213]
Ein derartiges Vorgehen verbietet das geltende Recht sicher nicht.[214] Denn es ist der Frau nicht verboten, "das Wagnis" der Schwangerschaft "unter den Vorbehalt einer gesetzlichen Korrektur", also den Ssa, zu stellen und diesen Vorbehalt sodann auszuüben.[215]

Insbesondere kann hierin kein "Mißbrauch" oder eine "Umgehung" des Gesetzes gesehen werden, zumal selbst ein "Vorverschulden" der Frau den Ssa nicht auschließen würde. Genausowenig ließe sich in diesen Fällen ein Ssa rechtlich verbieten mit dem Argument, die Frau habe den Ssa hierdurch letztlich "provoziert". Denn die "Provokation" hat zum einen nicht zwingend einen Ssa zur Folge, und zum anderen ist die Unzumutbarkeit von der "Provokation" durchaus unabhängig.

Hier stellt sich schließlich noch die Frage, welchen Einfluß die Möglichkeit einer Heimunterbringung auf die Zumutbarkeit und damit die Zulässigkeit eines Ssa hat und ob von der Frau "die Fortsetzung der Schwangerschaft" für den Fall verlangt werden kann, daß die Heimunterbringung oder sonstige Aufnahme des schwer geschädigten Kindes, etwa in einer anderen Familie, gewährleistet ist. Denn es kann als gewiß gelten, daß durch derartige Hilfen die psychische und physische Anforderung an die Frau gesenkt werden kann.

Gegen eine generelle Verpflichtung der Frau zur "Fortsetzung der Schwangerschaft" in solchen Fällen spricht jedoch zunächst, daß die Schwangere mit einer Adoption ihres kranken oder behinderten Kindes nicht sicher rechnen kann, da adoptionswillige Eltern sich schwer finden lassen dürften. Zudem spricht gegen eine Verpflichtung der Frau zur Fortsetzung der Schwangerschaft, daß die k.I. - anders als etwa die soziale Indikation der Nr. 3 - keine Subsidiaritätsklausel enthält.[216] Daraus

---

213 *Hepp* in Jung/Müller-Dietz, S. 8.

214 Wie immer man auch zu dem ethischen Problem stehen mag, ob der Arzt einer über 40 Jahre alten Frau mit Kinderwunsch in Anbetracht des hohen statistischen Risikos für die Schwangerschaft mit einem mongoloiden Kind überhaupt (noch) zu einer erneuten Schwangerschaft raten kann, wenn nach seiner Einschätzung das Risiko der Beendigung dieser Schwangerschaft mehr oder weniger "gesichert" ist.

215 Vgl. *Hanack*, Noll-GS, S. 201.

216 Vgl. auch *Jähnke* in LK, § 218 a, Rdn. 54.

ist zu schliessen, daß derartige Überlegungen für die anderen Indikationen und speziell die k.I. nicht angestellt werden sollen.[217]

2.6 Zur Tatbestandsvoraussetzung der 22-Wochen-Frist, § 218 a Absatz 3 StGB

2.6.1 Gründe für die Einführung der Frist

Ob man die k.I. überhaupt an eine Frist binden sollte, war bei den Gesetzesberatungen umstritten; ein Teil der im Bundestag eingebrachten Entwürfe sah eine Frist nicht vor, und selbst Ärzte haben sie für unrichtig erachtet. Auch den meisten ausländischen Rechtsordnungen ist sie nicht bekannt,[218] so etwa nicht in Frankreich[219] und auch nicht in Österreich.[220]

Es fragt sich, warum der Ssa wegen k.I. nur bis zur 22. Schwangerschaftswoche zulässig ist, und warum nicht etwa die 25., 26. oder noch spätere Schwangerschaftswochen als Grenze - oder auch gar keine zeitliche Begrenzung - gewählt worden ist.

Der Grund für die Einführung der 22-Wochen-Frist (post conceptionem, dies entspricht der 24. Schwangerschaftswoche post menstruationem) war und ist keine biologische Zäsur.
Die Frist wurde auch nicht mit Rücksicht auf den Arzt, der mit der Tötung der Leibesfrucht befaßt ist, eingeführt.[221] Sie wurde genausowenig gewählt, um auf die Schwangere Rücksicht zu nehmen, die ca. ab dem 5. Monat erstmals Kindsbewegungen verspürt und so bereits Kontakt zum Kind aufgenommen hat.[222]

---

[217] Allgemeine Ansicht, vgl. *Dreher/Tröndle*, § 218 a, Rdn. 17; *Eser* in S/S, § 218 a, Rdn. 27; *Gropp*, S. 216; *Krauß* in Murken, S. 271; *Rudolphi* in SK, § 218 a, Rdn. 34.

[218] Vgl. hierzu *Schrömbgens*, S. 123 ff., 172 ff.

[219] Vgl. *Enders* in Murken, S. 177.

[220] *Hiersche*, MedR 7 (1989), S. 305: " ... reine kindliche Indikation ohne Frist".

[221] Allerdings wird die Hemmung, den Ssa vorzunehmen, immer größer, je näher man an den Zeitpunkt der Geburt herankommt und damit "das Ganze" um so "unangenehmer wird ... ", so *Betke*, Bamb. Symp., S. 16.

[222] Laut *Schroeder-Kurth*, MSchr. Kheilk. 130 (1982), S. 72, sollen es gerade die ersten wahrgenommenen Kindsbewegungen sein, die sich auf die Einstellung der Frau auswirken, und die am häufigsten als Grund gegen die pränatale (Chromosomen)diagnostik und gegen einen Ssa angeführt werden "und dann zum Verzicht" führen.

Auch die zu einem späteren Zeitpunkt gegebene erhöhte gesundheitliche Gefahr für die Frau wurde nicht als Rechtfertigung für die Frist angeführt,[223] da eine strafbewehrte Pflicht, Gefahren der eigenen Gesundheit vorzubeugen und sich entsprechend gesund zu verhalten, unserer Rechtsordnung nicht bekannt ist.

Vielmehr wurde diese Frist gewählt, um zu verhindern, daß bei einem weiteren Hinausschieben der Grenze sich die Geburt von lebenden Kindern häufen würde.[224] Dabei wurde vom Gesetzgeber unterstellt, daß ein Fetus mit seinen rund 600 g, die er um die 22. Schwangerschaftswoche wiegt, unterhalb derjenigen Gewichtsgrenze liegt, die ihm auf Grund seiner Unreife ein Leben außerhalb des Mutterleibes ermöglichen könne.[225] Als limitierender Faktor galt und gilt hierbei insbesondere die Lungenunreife, die weder durch Intubation und Beatmung noch durch sonstige medikamentöse Stimuli zur Ausreifung der sog. Pneumozyten 2 führen soll.[226]

Diese "medizintechnische Rechtfertigung" wird wahrscheinlich eines Tages gänzlich in Frage gestellt werden können, wenn es gelingen sollte, die Grenze der Lebensfähigkeit außerhalb des Uterus weiter zu senken.[227]

Davon abgesehen wurde die Frist vom Gesetzgeber aus praktischen Gründen eingeführt, um die Ausschöpfung der vorhandenen Techniken zur intrauterinen Diagnostik zu ermöglichen: Denn zum einen ist die Fruchtwasserpunktion in der 16. Schwangerschaftswoche im Vergleich zu einer Punktion in früheren Schwangerschaftswochen einfacher, zum anderen ist die "Angehrate" der im Wege der AC gewonnenen fetalen Zellen in einer Zellkultur zu diesem Zeitpunkt erheblich höher, und liegt dann bei etwa 95%.[228] Schließlich besteht so auch noch die Möglichkeit,

---

223 Wenngleich laut *Beller*, medwelt (1985), S. 694, der Ssa nach der 12. Schwangerschaftswoche "mit den gebräuchlichsten Methoden" mit einer 10mal höheren Morbidität belastet sein soll.

224 Das zur Schonung der Schwangeren heutzutage praktizierte "sanfte" Vorgehen des prostaglandininduzierten Ssa schont neben der Frau auch die Frucht. Der Arzt könnte diesem "Problem" begegnen, indem er den Fetus unmittelbar im Mutterleib abtötet, etwa durch Herzpunktion oder Luftembolie durch direkte Luftinsufflation in die Nabelvene.
Wenn auch nicht im Ergebnis, so macht es doch "gefühlsmäßig" einen Unterschied, ob der Fetus "indirekt" oder aber "direkt" getötet wird, weil dem Arzt sein Handeln bewußt vor Augen geführt wird.
Hepp in Jung/Müller-Dietz, S. 10, berichtet von einem Fall einer Zwillingsschwangerschaft, in dem der Arzt die Tötung des geschädigten Zwillings mittels direkten Herzstichs "als psychologisch nicht zumutbar" empfand, was ihn zu dem Schluß kommen ließ, daß er "es" nicht noch einmal tun könne.

225 Vgl. BT-Prot. VII, S. 1580, l. Sp.

226 Vgl. *Hiersche*, Einbecker Workshop, S. 66 f.

227 Vgl. bereits oben S. 13 in Fn. 41.

228 *Beller*, medwelt 36 (1985), S. 693, 694.

die Züchtung der Zellen zu wiederholen, da die Zellkulturen ca. 4 Wochen zum Wachsen benötigen, bis eine genetische Beurteilung möglich ist.

2.6.2 Versäumen der Frist

Zwar stehen die Diagnosemöglichkeiten (Ultraschall, Amniozentese, biochemische Analyse, Chorionzottenbiopsie, Fetalblutuntersuchung (FBS) usw.) der Schwangeren bereits vor Ablauf der Frist zur Verfügung, und entsprechende Untersuchungen sind in vielen Fällen durchführbar.

Gleichwohl besteht keine Gewähr dafür, daß die Schädigung des Kindes *stets* auch "in der Zeit" erkannt wird.

Die Gründe für ein Versäumen der Frist können vielgestaltig sein. Sie können ihre Ursache in der technischen Nachweisbarkeit oder der Schädigung selbst haben. Genausogut kann die Ursache beim Arzt und auch bei der Schwangeren selbst liegen.

2.6.2.1 Ursache der Fristversäumung: Feststellbarkeit der Schädigung

Trotz der verbesserten Diagnostik gibt es Schädigungen, die aus technischen Gründen erst nach Ablauf der 22-Wochen-Frist abgeklärt und erkannt werden können, wie etwa Viruserkrankungen, z.T. auch der Hydrozephalus.[229]

Es gibt auch manche Hauterkrankungen, wie bestimmte Ichthyosen, die vor der 24. Schwangerschaftswoche nicht erfaßbar sind, da die Keratinisierung[230] erst spät in der Fetalzeit beginnt und die entsprechende Differenzierungsstufe der Hautzellen erst nach diesem Zeitpunkt erreicht wird.[231]

2.6.2.2 Ursache der Fristversäumung: der Arzt

Eine Fehlerquelle auf seiten des Arztes kann z.B. die mangelhafte technische Ausstattung sein. Sie kann aber auch in seiner mangelnden Erfahrung bzw. Unkenntnis hinsichtlich der Beurteilung der etwa sonographisch darstellbaren Schädigung liegen.

2.6.2.3 Ursache der Fristversäumung: die Schwangere

Eine Fristversäumung kann auf seiten der Schwangeren z.B. daher rühren, daß sie den Arzt verspätet konsultiert oder anamnestisch "falsche" Angaben macht (etwa die

---

229 Nach *Loch*, Einbecker Workshop, S. 13, ist der Hydrozephalus - je nach Entwicklung - spätestens zwischen der 22. und 37. Schwangerschaftswoche nachweisbar.

230 Keratin: Hornstoff in der obersten Hautschicht.

231 Vgl. hierzu *Anton-Lamprecht/Arnold* in Murken, S. 186, 194, 212.

Frage nach dem ersten Tag der letzten Regel ohne böse Absicht objektiv unrichtig beantwortet oder aber zur genauen Aussage nicht in der Lage ist).

Da andererseits exakte, objektive Methoden zur Bestimmung des wahren Schwangerschaftsalters nicht vorhanden sind, ist man bei der Berechnung des Schwangerschaftsalters auf die Angaben der Schwangeren angewiesen. Daß diese Angaben auch beim besten Willen der Frau immer wieder ungenau und objektiv "falsch" sind, ist jedem Frauenarzt geläufig. Daß diese Angaben - dann allerdings auch absichtlich - um so ungenauer ausfallen können, je abtreibungswilliger die Frau ist, liegt auf der Hand. Dies um so mehr, je bekannter es ist, daß eine exakte Feststellung des Schwangerschaftsalters unmöglich ist.

Ob im Einzelfall die gesetzliche Frist gewahrt worden ist, hängt mithin von mehreren Faktoren ab, wie der Technik, der Erfahrung des Anwenders, der Entwicklung des Kindes und nicht zuletzt dem Krankheitsbild selbst.

Hier bieten sich Problemfelder,[232] wenn aus einem der Gründe die Ausschlußfrist einmal auch nur um einen geringen Zeitraum verfehlt wurde.

Nach dem Gesetz sind diese Fälle scheinbar eindeutig zu lösen: Ausnahmen von der Frist bestehen - auch unter dem zum Leitmotiv erhobenen Zumutbarkeitsgedanken für die Frau - bei konsequenter Anwendung des § 218 a Absatz 3 StGB nicht. Das Ausmaß der zu erwartenden Schädigung und die damit verbundene Lebenserwartung fallen nach diesem Zeitpunkt ebensowenig ins Gewicht wie Zumutbarkeitserwägungen für die Schwangere.

Die Frist gilt also auch in jenen Fällen, in denen selbst eine extrem schwere Schädigung des Kindes erst nach Ablauf der Frist technisch diagnostiziert werden kann oder aus sonstigen Gründen zu "spät" diagnostiziert wird.

Die streng am Wortlaut orientierte Lösung läßt einen Ausweg nicht zu.

Hier stellt sich die Frage nach dem Sinn der Strenge des Gesetzes. Es ist nicht verwunderlich, daß in Literatur und Praxis Versuche unternommen werden, Ausnahmen und Umgehungen von der Frist zu konstruieren.[233]

---

232 Vgl. i.e. dazu unten S. 89 ff.

233 Siehe dazu unten S. 94 ff., 103 ff.

Nach diesem Abriß der allgemeinen Tatbestandsmerkmale des § 218 a Absatz 2, Nr. 1 und Absatz 3 StGB sollen im besonderen Teil die durch die praktische Handhabung erwachsenen Gesetzesmängel dargestellt werden.

3 Besonderer Teil

3.1 Schwachstellen der gesetzlichen Regelung und ihre Folgewirkungen

3.1.1 Zur "Schwere der Schädigung"

3.1.1.1 Technische Entwicklung

1972, als das Gesetz beraten wurde, bestand wenig Veranlassung, "weiter zu denken", weil sich gar nicht überblicken ließ, was die technische Entwicklung im einzelnen alles ermöglichen würde, und sich jene Probleme, wie sie heute bestehen, damals wegen der beschränkten technischen Möglichkeiten faktisch gar nicht stellen konnten. Nach *Beller* standen "damals aber nur einige wenige genetische Erkrankungen" zur Diskussion.[234] *Beller* ist sogar der Ansicht, daß "ursprünglich ... vorwiegend eine eugenische Indikation bei genetischen Aberrationen gemeint war".[235]

Die ganze "Sache" war damals noch im Entwicklungsstadium[236] und konnte mit der Neufassung des § 218 a StGB möglicherweise passabel gelöst werden. Wie beschränkt die diagnostischen Möglichkeiten damals waren, ergibt sich z.B. aus der Tatsache, daß ein Anenzephalus nicht entdeckt werden konnte, während dieser heute problemlos ab ca. der 15. Schwangerschaftswoche erkannt werden kann.[237]

Veränderungen in den äußeren Bedingungen, wie insbesondere Fortschritte der PD,[238] haben so zu Verschiebungen der bisher für klar gehaltenen Grenzen geführt, weil ständig neu und unerwartet vorher nicht erkennbare angeborene oder auch erst später im Leben sich manifestierende genetische Defekte und Störungen auftreten

---

234 *Beller*, medwelt 36 (1985), S. 695.

235 *Beller*, aaO.

236 Vgl. *Bickel*, BT-Protokolle VI, S. 2191.

237 Vgl. *Isemer/Lilie*, DNÄ v. 30.10.1989, S. 2.
Bis zum Jahre 1975 konnte - als weiteres Beispiel - ein Hydrozephalus fast ausnahmslos erst ab der 32. Schwangerschaftswoche diagnostiziert werden, vgl. *Schmidt* et al., Geburtsh. u. Frauenheilk. 45 (1985), S. 520. Heute kann er bereits ab der 17. Schwangerschaftswoche nachgewiesen werden, *Holschneider* et al. in Murken, S. 240.

238 Zur technischen Entwicklung und ihren Möglichkeiten, vgl. oben S. 3 ff.

und immer mehr Schädigungen mit ganz unterschiedlichen, vor allem auch "leichten" Schweregraden diagnostiziert werden können.

Heute kann daher gelten, daß die moderne Medizin mit ihren neuen Methoden und Anwendungsbereichen den Boden der "klassischen" PD weitgehend verlassen hat. Der Wissenschaftliche Beirat der BÄK gelangt zu dem Ergebnis, daß die Möglichkeiten der PD dazu geführt haben, "daß heute Anomalien erkannt werden, die früher nicht erfaßbar waren und häufig auch *keine Indikation* zum Abbruch der Gravidität *sein sollten*".[239]

Daß dadurch das Leben im Mutterleib um ein erhebliches Maß berechenbarer und handhabbarer wird und daß § 218 a Absatz 2, Nr. 1 StGB sich demgegenüber als wenig entwicklungsresistent erweist, ist ein entscheidender Gesichtspunkt.

3.1.1.2 Gesellschaftliche Entwicklung

Neben den Fortschritten diagnostischer Möglichkeiten in der Geburtsmedizin hat auch eine grundsätzliche Neueinstellung zum Ssa in der Gesellschaft den Aufgabenbereich und die Probleme der Ärzte bei der Indikationsstellung wesentlich verändert und erweitert.

Dabei hat eine Überbetonung der Diagnose und ihre (vorschnelle) Identifikation mit der Indikation selbst das Schwergewicht vom rein prognostischen Problem auf die scheinbar klare diagnostische Ebene verlagert - wobei übersehen wurde, daß die Diagnose nur einen Aspekt darstellen kann.

Was in den ersten Stunden des Ssa klar umrissen und leicht schien, hat sich im Laufe der Entwicklung immer mehr "auf die psychischen und sozialen Konfliktsituationen der Schwangeren selbst konzentriert" und das Leben und die Interessen des Kindes immer mehr zurückgedrängt. Unser "Wertsystem ... hat im Bewußtsein der Allgemeinheit eine Wandlung erfahren, die bei der Abwägung der Güter ein vordergründiges Interesse der Schwangeren und der Familie erwirkte".[240] *Hepp* nennt dies eine "neue Ethik",[241] welche einseitig die Interessen der Frau hervorhebt und "erkennbar nicht oder nicht nur auf die Aspekte der Zumutbarkeit bezogen (ist)".[242] Dabei soll laut *Hepp* auch die Definition der Weltgesundheitsorganisation (WHO) von "Gesundheit" ihren Teil dazu beitragen, ein sich fortwährend veränderndes

239 Wissenschaftlicher Beirat der BÄK, abgedruckt in Murken, S. 16, sowie in DÄ 84 (1987), S. 434.

240 *Schroeder-Kurth* in Müller/Olbing, S. 88. Ähnlich *Krone*, Bamb. Symp., S. 8.

241 *Hepp* in Jung/Müller-Dietz, S. 15.

242 So *Hanack*, Noll-GS, S. 199.

Bewußtsein und veränderte geistige Wertvorstellungen zu induzieren.[243] Man richtet sich häufig allein am pragmatisch Machbaren aus und hat so bereits "Anspruchshaltungen" entwickelt.

Eine neue Auffassung vom Leben, das vor allem die Kategorie der Qualität beinhaltet, und ein Bewußtsein, das den Fetus nicht als selbständiges Wesen, den Ssa zugleich nur als medizinischen Eingriff an der Frau versteht, sowie die steigende Tendenz, nur mehr "gesunde", im Sinne von gänzlich "mangelfreie" Kinder zu akzeptieren, stellen heutzutage wesentliche Kriterien der Indikationsstellung dar. Je "mehr" die Medizintechnik vermag, gleichsam eine Garantie für ein "gesundes" Kind anzubieten, um so mehr weckt sie neue Begehrlichkeiten und verstärkt zugleich die Abwehr gegenüber behindertem und geschädigtem Leben, da die "Fehlertoleranz" weiter abnimmt: Vom "Recht auf ein Kind" hat sich so bereits die Vorstellung vom "Recht auf ein *gesundes* Kind" breit gemacht.[244]

Im Rahmen dieses Trends müssen sich Eltern behinderter Kinder "inzwischen wieder fragen (lassen), warum sie "so etwas" nicht rechtzeitig abgetrieben hätten".[245]

Dabei liegt durch die technischen Möglichkeiten die Gefahr nahe, daß im (Frühstadium) der Schwangerschaft genetisch oder sonstwie "minderwertige" Ungeborene von Fetus mit "erwünschten" Eigenschaften selektioniert werden und damit einer - verdeckten - eugenischen Indikation zum Ssa Tür und Tor geöffnet wird.[246]

Wuermeling meint daher etwa, die moderne PD böte eine sich stetig verbessernde Möglichkeit einer "vorgeburtlichen Qualitätskontrolle der künftigen Generation",[247] die, wie *Hiersche/Jähnke* es nennen, "zur Verwerfung von Ausschuß führt".[248]

---

243 *Hepp*, Geburtsh. u. Frauenheilk. 43 (1983), S. 136. Vgl. auch den Entwurf eines Forschungsprogramms der EG zur prädiktiven Medizin, BT-Drucks. 11/3555, S. 5, 6, in dem es heißt, die prädiktive Medizin ziele darauf ab, "Personen vor Krankheiten zu schützen ... und ggf. die Weitergabe der genetischen Disponiertheit an die folgende Generation zu verhindern".

244 Vgl. *Eberbach*, JR 1989, S. 266.

245 *Faerber-Husemann*, Dt. Allg. Sonntagsblatt v. 16.06.1989, S. 16; in der Formulierung ganz ähnlich *Stein*, DNÄ v. 20.06.1989, S. 3.
Behinderte werden von der Gesellschaft in eine Außenseiterrolle gedrängt, wodurch der Druck auf die Eltern verstärkt wird, zum Mittel der Abtreibung zu greifen. Dies reduziert im Lauf der Zeit in der Praxis die Maßstäbe für den Schweregrad der Schädigung, vgl. dazu unten S. 74 f.

246 Vgl. *Rudolphi* in SK, § 218 a, Rdn. 33.

247 *Wuermeling*, MMW 126 (1984), S. 136.

248 *Hiersche/Jähnke*, MDR 1986, S. 1.

Bestätigend beschreibt *v. Loewenich* eine "Reklamationsmentalität" 'der Eltern', die lieber gar kein Kind wollten als ein geschädigtes, "so wie man eine nicht einwandfreie Ware zurückweist",[249] und meint, daß die Versuchung steigen werde, ein "möglicherweise geschädigtes Kind am Überleben zu hindern".[250] Er weist als gerichtlicher Sachverständiger darauf hin, daß wegen verstorbener Fetus kaum prozessiert wird, "häufig jedoch wegen geschädigt überlebender Kinder".[251] Im Gegenteil: Die Klagebereitschaft ist heutzutage größer, wenn ein krankes Kind geboren wird, als wenn ein Fetus zwar gesund, aber tot, auf die Welt kommt. Hart ausgedrückt: "Ein totes (gesundes) Kind ist besser als ein lebendes (krankes), und ein totes Kind - krank oder gesund - klagt nicht".[252]

Ähnliche Sorgen und Bedenken hinsichtlich der Brisanz der k.I. äußert schließlich auch *Hepp*, wenn er ausführt, daß "die in der Gesellschaft vorhandene Bereitschaft zur Rechtfertigung der Tötung ungeborenen Lebens nach intrauteriner Diagnose fetaler S t ö r u n g e n und a l l g e m e i n e r E r k r a n k u n g e n zunimmt ... ".[253] *Hepp* geht sogar soweit zu fragen, ob in Zukunft die Schwangere bei einem bewußten Verzicht auf die technischen Möglichkeiten der Geburtsmedizin gar die Hilfe der Gesellschaft verwirkt.[254]

Offenbar werden zunehmend auch Kinder mit kleinen, leichten Mißbildungen, Schädigungen oder sonstigen kindlichen Fehlentwicklungen - unter Berufung auf die für die Frau (unzumutbar) schwerwiegende Belastung - mittlerweile als "schwerwiegend" angesehen und abgetrieben.[255] Ähnlich hat *Wulf* beobachten können, "daß leichte Behinderungen von der Mutter oft nicht angenommen werden ... ".[256] Nach *Vogel* verleiten die neuen Techniken zur Ablehnung auch nur gering geschädigter Kinder.[257]

---

249 *v. Loewenich*, MedR 3 (1985), S. 33; *ders.*, DNÄ v. 8./9.12.1989, S. 7. Ähnlich auch *Berg*, FAZ v. 6.07.1988, S. 9.

250 *v. Loewenich*, MedR 3 (1985), S. 33.

251 *v. Loewenich*, aaO.

252 *Schroeder-Kurth*, MSchr. Kheilk. 130 (1982), S. 74.

253 *Hepp*, Bamb. Symp., S. 37, 41 und S. 58.

254 *Hepp*, Bamb. Symp., S. 38.

255 Vgl. etwa *Eberbach*, JR 1989, S. 267; *Eibach*, Bamb. Symp., S. 111; *Hiersche*, Tröndle-FS, S. 677, sowie oben auf S. 2 in Fn. 4.

256 *Wulf*, Bamb. Symp., S. 54.

Hiersche meint daher, es gehe in zunehmendem Maße nicht mehr darum, "die Mutter vor einem geschädigten Kind (zu schützen), sondern umgekehrt den *Fetus* vor der anspruchsvollen Mutter".[258]

Noch weitergehend äußert sich *Lenz*: "Wir haben den Eindruck, daß mit der genetischen Indikation Mißbrauch getrieben wird. In relativ kurzer Zeit haben wir mehrere Fälle gesehen, in denen wegen einer ... Gliedmaßenfehlbildung ... " der Ssa vorgenommen wurde. "Wir hören immer wieder, daß eine minimale Strahlenbelastung, ... von der wir wirklich wissen, daß sie für den Embryo eine Lappalie ist, Grund für einen Abbruch war".[259]

Diese Entwicklung mag letztlich dazu führen, daß eines Tages die Abtreibung von Fetus mit "kleinen" Schäden zur Routine wird[260] und dies nach der Interpretation des Gesetzes durch die herrschende Lehre und Praxis ermöglicht wird, weil sie es durch die Dominanz der mütterlichen "Zumutbarkeit" in Kauf nimmt, daß die objektive "Schwere" der Schädigung in den Hintergrund gedrängt wird.[261]

Hepp gelangt daher zu der Auffassung, die k.I. werde zunehmend in eine "mütterliche Indikation" "umgebogen",[262] *Hiersche* meint gar, "daß die Heuchelei aller Beteiligten in diesem Zusammenhang ... groß (ist)".[263]

Welche Auswüchse hier bereits in der Praxis auftreten, belegen die Mitteilungen betroffener Ärzte und Genetiker.

Es stellt nach Ansicht des Verfassers einen Mißbrauch der PD und des Ssa wegen k.I. dar, wenn man der "*Unerwünschtheit*" eines Kindes Krankheitswert im Sinne seiner psychosozialen "Behinderung" beimessen wollte.[264] Die k.I. könnte bei einem derartigen Verständnis alle übrigen Indikationen, insbesondere auch die soziale Indikation, mit abdecken.

---

257 *Vogel*, DNÄ v. 8./9.12.1989, S. 7.

258 *Hiersche*, Tröndle-FS, S. 677.

259 *Lenz*, Bamb. Symp., S. 57.

260 Diesen Trend will *Eberbach*, JR 1989, S. 266, in der Fachpresse bereits ausgemacht haben, in der immer öfter Reihenuntersuchungen Schwangerer u.a. auf Mukoviszidose, Hepatitis A und B, Toxoplasmose sowie auf das Down-Syndrom empfohlen werden sollen.

261 Vgl. zu diesem Punkt bereits oben S. 39 ff.

262 *Hepp* in Murken, S. 299.

263 *Hiersche*, MedR 7 (1989), S. 30, l. Sp.

264 So in der Tat *Amendt*, Gutachten, S. 26.

Auch Bestrebungen, das Ungeborene wegen seines *"falschen" Geschlechts* als "unerwünscht" anzusehen und abzutreiben, sind als Rechtsmißbrauch einzustufen.[265]

Verlieren angesichts derartiger Strömungen die Einschränkungen des § 218 a Absatz 2, Nr. 1 StGB nicht völlig an Bedeutung? Bleibt das Lebensrecht des ungeborenen Kindes in Anbetracht der "großzügigen" Handhabung der k.I. in der Praxis dann nichts anderes als bloße Theorie - obwohl das BVerfG die Indikationen als Ausnahme gedacht hat?

Die h.M. gestattet offenbar die Ausweitung des Ssa wegen k.I. in eine Grauzone unbestimmter und nicht definierter Indikationsstellungen, insbesondere auch ein Ausufern in "leichte" Schädigungen, und ein Abgleiten in das rein Machbare, "ohne daß eine Reflexion über menschliches Schicksal und Entscheidungskonflikt spürbar wird".[266]

Von daher besteht hinreichend Bedarf, einer möglichen Fehlentwicklung zu begegnen, die die Würde des Menschen und das Lebensinteresse des Ungeborenen dem technisch Machbaren unterordnet.

Beller meint, das Gesetz sei "fraglich anwendbar" und mit Spannungen behaftet, "weil der Gesetzgeber grundsätzliche Fragen nicht geklärt hat" und sich stattdessen auf "ethische Minima zurückgezogen" habe.[267]

Aber auch von seiten der Juristen stößt das Gesetz wegen des Fehlens klarer Handlungsvorgaben vereinzelt auf Kritik.

Hanack etwa meint, daß sich die materiellen Voraussetzungen der Indikation infolge ihrer vage gehaltenen Konturierung kaum sinnvoll interpretieren ließen, und spricht daher von einer "Art rechtsfreiem Raum".[268]

Ähnlich sind *Hiersche/Jähnke* der Auffassung, daß die Regelung des Ssa wegen k.I. unter schweren gesetzgeberischen Mängeln leide, insbesondere unter mangelnder

---

265 Vgl. hierzu *Hepp* in Murken, S. 302 m.w.N.
Schroeder-Kurth in Reiter/Theile, S. 104 und 106, teilt mit, daß die genetische Beratungsstelle Heidelberg bei der CVS das Geschlecht des Fetus den Eltern nicht kundgibt. Vgl. auch *Günther*, S. 232, sowie *Wuermeling*, MMW 126 (1984), S. 134. Ein derartiger Mißbrauch ist allerdings dort nicht gegeben, wo die Ermittlung des Geschlechts dazu dient, *geschlechtsgebundene* schwerwiegende Krankheiten zu ermitteln, die sich nicht anders diagnostizieren lassen.

266 *Schroeder-Kurth* in Reiter/Theile, S. 103.

267 *Beller*, medwelt 36 (1985), S. 693.

268 *Hanack*, Noll-GS, S. 201.

inhaltlicher Bestimmtheit,[269] was "schwere Schädigungen" sind, welche eine Fortsetzung der Schwangerschaft unzumutbar machen.

Schmitt versteht den Begriff der "schwerwiegenden Schädigung" als Generalklausel und warnt angesichts des geschichtlichen Hintergrunds vor ihren Gefahren:[270] Denn auch Ziffer 8 zu § 1 Absatz 2 des Erbgesundheitsgesetzes habe eine Generalklausel ("schwere erbliche körperliche Mißbildung") enthalten. "Man" habe damals keine Bedenken gehabt, hierunter auch den angeborenen Klumpfuß und die angeborene Hüftgelenkluxation zu subsumieren[271].

Die Lösung des Problems liegt nicht ausschließlich in der Hand der Schwangeren, sondern auch in der Hand der Gesellschaft. Hier wird sich ergeben, wie ernst es ihr mit dem Schutz des ungeborenen Lebens ist, denn "eine laxe und hedonistische Umwelt wird natürlich die Schwangere leicht auch zur laxen und hedonistischen Wertung verleiten".[272]

Die sich ergebende Möglichkeit zu züchtender Selektion und Auswahl in großem Umfang nach diagnostizierbaren Eigenschaften läßt sich nur verhindern, wenn man an die k.I. und speziell an den Begriff der "schwerwiegenden" Schädigung gewisse, klar umschriebene Anforderungen stellt.[273]

Im Vorgriff auf den eigenen Lösungsvorschlag[274] kann hier festgehalten werden, daß wegen der aufgezeigten rasanten technischen Entwicklung sowie der gesellschaftlichen Bewußtseinsänderung der Ssa wegen k.I. eine stärkere Berücksichtigung der (Lebens)interessen des werdenden Kindes verlangt, die auch in der gesetzlichen Umschreibung der Voraussetzungen zum Ssa ihren Niederschlag finden muß, und daß damit zugleich die Voraussetzungen der Indikation neu überdacht werden müs-

---

269 *Hiersche/Jähnke*, MDR 1986, S. 1. So auch *Hiersche*, MedR 7 (1989), S. 305, r. Sp.

270 *Schmitt*, JZ 1975, S. 356, 358.

271 *Schmitt*, JZ 1975, S. 358.

272 So *Baumann*, Schultz-FS, S. 144.

273 In Widerspruch hierzu steht natürlich die "großzügig" gehandhabte soziale Indikation, weil sie sich als Auffangtatbestand erweisen könnte, zumal derjenige, der die soziale Indikation läßlich definiert, "eigentlich bei nahezu jedem" pränatal diagnostizierten Schadensverdacht die soziale Indikation bejahen wird, vgl. *Stürner*, Jura 1987, S. 79. *Eberbach*, JR 1989, S. 267, meint, daß die wenigen amtlich registrierten Ssae wegen k.I. nicht der Realität entsprächen, "sondern sich für manche derzeit nicht 'abtreibungsgeeignete' Schädigung eine 'soziale' Indikation findet".

274 Siehe unten S. 122 ff., 138 ff.

sen. Eine mütterliche Forderung - mit entsprechender ärztlicher Attestierung -, den Klumpfuß oder die Hüftgelenkluxation als unzumutbar schwerwiegend einzustufen,[275] hält der Verfasser für eine krasse Fehlinterpretation der Entscheidung des BVerfG zum Lebensschutz Ungeborener.[276]

3.1.2 Zur Indikationsfeststellung und ihrer gerichtlichen Nachprüfbarkeit

Durch die weitreichenden Auslegungsmöglichkeiten des Begriffs "schwer wiegt" im juristischen Schrifttum und in der medizinischen Praxis fehlt es an jeglicher präventiv-prophylaktischer Kontrolle der Indikationsfeststellung durch den Staat: Die h.L. räumt dem Arzt bei der Bestimmung der Indikation de facto einen weiten Beurteilungsspielraum ohne nähere Eingrenzung ein.[277] Daraus folgt, daß in vielen Fällen eine allgemeingültige Abwägung zwischen den verfassungsrechtlich geschützten Gütern fehlt.

Während *Kluth* wegen der mangelnden staatlichen Kontrolle der Indikationsstellung[278] die Verfassungsmäßigkeit der Regelung wegen mangelnder Rechtssicherheit und -einheit bezweifelt,[279] ist *Rudolphi* der Auffassung,[280] daß das Fehlen einer präventiven staatlichen Kontrolle der Indikationsstellung jedenfalls durch eine funktionierende *repressive* gerichtliche Kontrolle kompensiert werden könne.

In Anbetracht der geringen Anzahl staatsanwaltlicher Ermittlungs- und gerichtlicher Strafverfahren wegen nichtindizierter Ssae ist allerdings die Existenz einer

---

275 So die Mitteilung von *Hiersche*, Tröndle-FS, S. 677. Ablehnend *Jähnke* in LK, § 218 a, Rdn. 54.

276 Ein anderer, bisher wenig beachteter Aspekt - wenn auch kein eigenes Problem des § 218 a Absatz 2, Nr. 1 StGB -, dem § 218 a StGB nicht gewappnet ist, ist die *Schmerzfähigkeit* der Fetus.
Da durch anatomische Studien gesichert ist, daß Embryos Nervenfasern aufweisen, die den schmerzleitenden Fasern von Erwachsenen entsprechen, ist eine ausreichende und wirksame Schmerzbekämpfung und Betäubung beim Ssa zu fordern, vgl. i.e. *Anand*, DNÄ v. 7.06.1989, S. 5; *Lenard*, DMW 111 (1986), S. 1747; *Popovic*, Der Kinderarzt 17 (1986), S. 1713, 1714; *Schuster*, FAZ v. 26.04.1989, S. N1, sowie FAZ v. 16.08.1989, S. N2; *Stürner*, JZ 1986, S. 125 in Fn.20 m.w.N., sowie *v. Voss*, MSchr. Kheilk. 134 (1986), S. 232, 236.

277 Zur Indikationsfeststellung ist jeder approbierte Arzt befugt; auch die landesrechtlichen Ausführungsbestimmungen sehen keine staatliche Aufsicht vor.

278 Die Indikationsfeststellung ist eine *staatliche* Aufgabe, vgl. BVerfGE 39,50, im einzelnen oben S. 10 f. wiedergegeben.

279 *Kluth*, NJW 1986, S. 2348. Ähnlich auch *Beulke*, FamRZ 1976, S. 601 f.; *Lackner*, NJW 1976, S. 1241; *Schreiber*, FamRZ 1975, S. 672 f.

280 *Rudolphi* in SK, Vorb. § 218, Rdn. 29.

derartigen *effektiven repressiven* Kontrolle und ein hierdurch erzielbarer hinreichender Schutz des werdenden Lebens höchst zweifelhaft: Im Jahre 1978 wurden etwa - sogar auf alle 4 Indikationen bezogen - lediglich 181 Tatverdächtige gemeldet, von denen insgesamt nur 56 verurteilt wurden. Im Jahre 1979 wurde schon gar keine Abtreibung mehr gerichtlich verfolgt.[281]

Schon aus diesem Grund dürften die Erwartungen *Rudolphis* nicht erfüllt sein.

Selbst wenn man aber aus dem geringen gerichtlichen Zahlenmaterial allein keinen Rückschluß auf die Effizienz einer repressiven Kontrolle ziehen können sollte, wäre die hierdurch erreichte Kontrollmöglichkeit nur punktuell und letztlich vom Zufall abhängig. Denn erforderlich ist hierzu überhaupt erst einmal ein "Kläger", etwa der Vater des ungeborenen Kindes, da eine Überprüfung der Indikationsfeststellung "von Amts wegen" nicht erfolgt.[282]

Rudolphis Erwartungen hinsichtlich einer funktionstüchtigen repressiven Kontrolle durch die Gerichte werden gänzlich gedämpft durch die neuere Rechtsprechung des VI. Zivilsenats des BGH.[283] Er hat nämlich die Frage der gerichtlichen Nachprüfbarkeit der ärztlichen Indikationsfeststellung für die soziale Indikation nach § 218 a StGB - vielleicht auch unter dem Einfluß des Zeitgeistes - dahingehend beantwortet, daß diese Feststellung *weitgehend gerichtlicher Kontrolle entzogen* worden und den Ärzten vielmehr ein "gewisser Beurteilungsspielraum" eingeräumt sei. Dieser lasse den Gerichten nur noch die pauschale Möglichkeit offen, die "Vertretbarkeit" der ärztlichen Entscheidung zu überprüfen. Eine ins Detail gehende Nachprüfung sei den Gerichten verwehrt.[284]

---

281 *Wilkitzki/Lauritzen*, S. 107.

282 Für das Verfahren nach der FGG vor dem Vormundschaftsgericht gilt bei nicht indizierten rechtswidrigen Abtreibungen zwar der Amtsermittlungsgrundsatz, vgl. *v. Hippel*, JZ 1986, S. 58. Rechtspraktisch gilt hier dasselbe wie bei staatsanwaltlichen Ermittlungsverfahren, d.h. die kritischen Fälle müssen dem Gericht erst einmal *zur Kenntnis* gebracht werden. Tatsächlich fehlt aber auch hier jede Entscheidung über jugendamtliche und vormundschaftsgerichtliche Fürsorge für ungeborene Kinder, vgl. i.e. hierzu *Stürner*, Jura 1987, S. 80. Inwieweit dies die Folge des Geheimnisschutzes (§ 203 StGB) ist, soll hier einmal dahingestellt bleiben. Daß eine derart vom Zufall abhängige Kontrolle einzelner Fälle das Kontrollproblem nicht lösen kann, liegt auf der Hand.

283 NJW 1985, S. 2752.

284 Eine in die Einzelheiten gehende rechtliche Nachprüfung der Indikationstatbestände des § 218 a StGB hat das AG Celle, MedR 6 (1988), S. 42, bejaht und ist so in eine eigene Prüfung der tatbestandlichen Voraussetzungen des § 218 a StGB eingetreten. Dabei hat es nach Prüfung sowohl der sozialen als auch der medizinischen und eugenischen Indikation die von einem Arzt bejahte Indikation - mangels Vorliegen der in § 218 a StGB aufgezählten Indikationslagen - für rechtsunwirksam befunden.

Wegen der weitgehenden Beschränkung der Schutzmöglichkeiten zugunsten des ungeborenen Kindes sind gegen diese Entscheidung Zweifel angebracht.

Zunächst einmal sprechen gegen die Gewährung eines Beurteilungsspielraumes bei der Auslegung des unbestimmten Rechtsbegriffs "schwerwiegende Schädigung" Gründe der Rechtssicherheit und Rechtsgleichheit. Denn mit der Gewährung eines derartigen gerichtlich unüberprüfbaren Beurteilungsspielraumes, der zudem in der "gängigen Praxis"[285] durch die Einschätzung der Frau maßgeblich beeinflußt wird, würde gleichsam das letzte Hindernis auf dem Weg zum "Ssa nach Wunsch" fallen und damit zugleich die Preisgabe des Lebensschutzes des Ungeborenen einhergehen.

Es wäre nun unerträglich, wenn in den Kliniken nach dem subjektiven Für-richtig-Halten (dem Ermessen) des einzelnen Arztes oder Chefarztes verfahren würde, indem diese ihre persönliche, von den eigenen Wertvorstellungen geprägte Einschätzung bei der Interpretation einzelner Tatbestandsmerkmale an die Stelle "ärztlicher Erkenntnis" setzten. Das hätte zur Folge, daß die Frage der Strafbarkeit allein der individuellen Beurteilung des jeweiligen Arztes überlassen bliebe. Der Arzt würde so über die Strafbarkeit seines Verhaltens selbst entscheiden können. Der Arzt dürfte zudem nach eigenem Ermessen oder sonst willkürlich festgelegten Kriterien eine Art positive Eugenik betreiben.

Ob eine Indikation nach "ärztlicher Erkenntnis" vorliegt, muß danach, wie andere rechtlich relevante ärztliche Handlungen und Entscheidungen auch, der Kontrolle der Gerichte unterliegen. Ein Arzt steht im Rahmen der allgemeinen Therapie oft vor wertenden Entscheidungen, ohne daß ihm deshalb Straf- oder Zivilgerichte einen Beurteilungsspielraum eingeräumt hätten. Sollte der heilende Arzt strengerer und engerer rechtlicher Kontrolle unterliegen als der abtreibende?

Das Gesetz fordert zwar, daß eine Indikation nach "ärztlicher Erkenntnis" gegeben sein muß, woraus der BGH folgert, daß der Gesetzgeber in § 218 a StGB die "ärztliche Erkenntnis" des den Ssa durchführenden Arztes als maßgebliche Beurteilungsquelle bestimmt habe und sich daraus Grenzen für die Nachprüfbarkeit durch die Gerichte ergäben.

Der Wortlaut des § 218 a StGB, der auf die "ärztliche Erkenntnis" abstellt, zwingt aber durchaus nicht zur Auslegung im Sinne eines Beurteilungsspielraumes, er läßt sich vielmehr genausogut als Hinweis auf den tatsächlichen Erkenntnisstand der medizinischen Wissenschaft auslegen, mit der Maßgabe, daß die Entscheidung des

285 Vgl. *Hiersche*, Tröndle-FS, S. 677, und unten S. 86. *Hiersche* meint, daß es kein Wunder sei, wenn der Arzt heute nur noch selten eine bestehende mütterliche Meinung bei abbruchswilliger Patientin beeinflussen könne.

Arztes das Urteil des Richters, der auf eine erhobene Anklage über die Rechtmäßigkeit eines Ssa zu befinden hat, nicht präjudiziert.[286]

Diese Überlegungen sprechen mithin *für eine gerichtliche Nachprüfbarkeit* der Indikationsstellung.

Hinzu kommt noch folgendes: Die Einräumung von Beurteilungsspielräumen stellt eine Ausnahme des in Artikel 19 Absatz 4 GG verankerten Grundsatzes der vollständigen richterlichen Rechtskontrolle dar und führt im Ergebnis zu einer unkontrollierten Verfügungsmacht über Rechte und/oder Interessen Dritter oder auch des Staates.[287] Für das BVerfG stellt deshalb die richterliche Kontrolle ein notwendiges Korrektiv für die Verwendung von unbestimmten Rechtsbegriffen dar.[288] Handlungsspielräume im Bereich von Grundrechtsverwirklichung sind daher nur bei gleichzeitiger richterlicher Kontrolle zulässig, und hier um so mehr, als es um die Existenz eines grundgesetzlich geschützten Höchstwertes geht.[289]

Soweit Begrenzungen der vollständigen richterlichen Kontrolle einmal eingeräumt werden, geschieht dies weder aus Gründen der Komplexität einer Entscheidung noch aus dem Erfordernis von Prognosen; entscheidend für Begrenzungen der Kontrolldichte sind vielmehr Kompetenzfragen und nicht Probleme der Erkenntnis.[290]

Aus § 218 a StGB und seinem Abstellen auf die *ärztliche Erkenntnis* kann somit *keine Ermächtigung für einen Beurteilungsspielraum* gewonnen werden.[291]

Von daher besteht hinreichend Bedarf, einer möglichen Fehlentwicklung zu begegnen, die die Würde des Menschen und das Lebensinteresse des Ungeborenen dem technisch Machbaren unterordnet.

---

286 Vgl. *Arzt/Weber*, Rdn. 383; *Bockelmann*, BT 2, S. 44; *Stürner*, Jura 1987, S. 76.

287 Vgl. BVerfGE 35, 263, (274) = NJW 1973,1491; BVerfGE 51, 304, (312) = NJW 1980, 169.

288 BVerfGE 49, 168, (181 f.) = NJW 1978, 2446.

289 Vgl. BVerwGE 45, 309, (324) = NJW 1975, 70.

290 Vgl. *Kluth*, NJW 1986, S. 2350 m.w.N.

291 Eine verfassungskonforme Interpretation könne "in keinem Fall" zu einem Beurteilungsspielraum führen, meint *Stürner*, Jura 1987, S. 77. Ähnlich auch *Dreher/Tröndle*, § 218 a, Rdn. 13; *Geiger*, Jura 1987, S. 63; *Kluth*, NJW 1986, S. 2350; *Tröndle*, MedR 4 (1986), S. 31.
Anderer Ansicht konsequenterweise *Eser* in S/S, § 218 a, Rdn. 16.

3.1.3 Zur Entscheidungskompetenz ("ärztliche Erkenntnis")

Nach der geltenden Regelung der §§ 218 ff. StGB hängt die Straffreiheit des Ssa im allgemeinen und auch des Ssa wegen kindlicher Schädigungen von der Feststellung einer Indikation nach § 218 a StGB ab.

Die Kompetenz, über das Vorliegen der Indikation zu entscheiden, ist nach dem Gesetzeswortlaut maßgeblich dem den Ssa durchführenden Arzt zugewiesen und übertragen worden. Dies ist Ausfluß der Entscheidung, alle Indikationsfälle unter die medizinische Oberindikation, den Gesichtspunkt des Gesundheitsschutzes der Frau, zu stellen.

Demgemäß beurteilen sich sämtliche Indikationen ausschließlich nach "ärztlicher Erkenntnis".

Entsprechend trifft ein Arzt die schriftliche Feststellung, *ob* die Voraussetzungen der Indikation vorliegen (§ 219 StGB). Dabei ist allerdings der den Ssa vornehmende Arzt inhaltlich nicht an die Indikationsfeststellung des ersten Arztes gebunden. Eine solche Feststellung muß lediglich formal vorliegen.[292] Der den Ssa vornehmende Arzt kann sich demnach für den Ssa entscheiden, auch wenn die Bescheinigung ("Feststellung") das Vorliegen einer Indikation verneint, und umgekehrt.

Vor diesem Hintergrund könnte man denken, daß der Arzt aufgrund seiner fachlichen Kompetenz mehr oder weniger leicht die Indikation stellen könnte.

Die Kompetenzzuweisung an den - mit solchen Fragen regelmäßig befaßten -Arzt bedarf, soweit ausschließlich medizinische Probleme zur Diskussion stehen, wie etwa bei der medizinischen Indikation, im Rahmen der Indikationsfeststellung keiner besonderen Begründung.[293]

---

292. Die Gesetzesformulierung verlangt lediglich eine Bescheinigung darüber, "ob" eine Indikation gegeben ist. Nicht erforderlich ist demnach, daß die Indikation im Einzelfall auch befürwortet wird.

293 Für die Kompetenzzuweisung an den Arzt sprechen verfahrenstechnische Gründe, wie insbesondere die Absage an ein Gutachtergremium als naheliegender Alternative - das nach früherem Recht bindend über die Indikation zu entscheiden hatte. Dieses Verfahren war für die Frau - nicht zuletzt wegen des "behördenähnlichen" Charakters - als eine Art *staatlichen oder amtlichen Verfahrens* belastend und konnte dazu führen, es ihr unmöglich zu machen, das erforderliche Vertrauen zu gewinnen. - Problematisch wird die Zuweisung jedoch dort, wo andere als gesundheitsbezogene Aspekte im Vordergrund stehen, wie beispielsweise bei § 218 a Absatz 2 Satz 2 StGB, dem Fall der kriminologischen Indikation also, bei der sich außer der Bestimmung der in Absatz 3 vorgesehenen Frist keine medizinische Frage stellt.

Bei der k.I. dagegen ist der Ssa *häufig nicht ein rein medizinisches Problem* der Gesundheitsfürsorge für die Schwangere (so der tragende Gesichtspunkt der medizinischen Oberindikation). Der Arzt wird vielmehr allzuhäufig mit anderen als gesundheitsbezogenen Aspekten und Fragen - wie der nach dem Schweregrad der Schädigung und insbesondere der nach der "Sinnhaftigkeit" des späteren Lebens eines behinderten Kindes -konfrontiert, so daß sich hier die ausschließliche Kompetenzzuweisung an den Mediziner bereits aus diesem Grund als fraglich erweist.[294] Zur Beantwortung dieser Fragen ist der Arzt allein nicht befähigt, zumal hinsichtlich des Schweregrades zur Indikationsstellung keine Klarheit besteht.

Hier wird man sich fragen müssen, welchen Gewinn die "ärztliche Erkenntnis" bei den oben beispielhaft genannten Schädigungen mit sich bringen soll.[295]
Der *spezialisierte Arzt* ist zwar zunehmend häufiger in der Lage, die Tatsache einer "Störung" des Fetus - man denke nur an das bereits zitierte Beispiel des Hautödems[296] - exakt zu diagnostizieren. Damit beschränkt sich dann aber auch schon der Vorteil seiner "ärztlichen Erkenntnis". Denn für die Bestimmung der Frage, ob die ermittelte Schädigung nun auch tatsächlich "schwer" im Sinne dieser Indikation wiegt, gibt es für den Arzt keine weiteren Anhaltspunkte.

Die Orientierung an rechtlichen Gesichtspunkten ist für den Arzt naturgemäß schwierig.[297] Dies gilt um so mehr, als hier die Maßstäbe völlig unsicher sind, und sowohl Gesetz, Standesrecht als auch Rechtslehre, in der die verschiedensten Auffassungen zur Interpretation des Tatbestandsmerkmals "schwer wiegt" vertreten werden,[298] dem Arzt *keine hinreichenden Entscheidungshilfen* bieten.

Die Überbürdung der Entscheidungskompetenz bei wenig exakter Handlungsvorgabe stößt auch auf Widerspruch innerhalb der Ärzteschaft, weil den Ärzten die Rolle des Entscheidungsträgers zugewiesen wird, die sie weder abgeben wollen noch können. *Hepp* etwa spricht davon, daß er im Umgang mit der k.I. zum Ssa immer

---

294 Die Frage nach der "Sinnhaftigkeit" ist häufig ein tragender Gesichtspunkt bei der Entscheidung, s. unten S. 108.

295 Vgl. oben S. 53 ff.

296 Siehe dazu oben S. 5.

297 *Geiger*, Jura 1987, S. 63 berichtet, daß eine "bestimmte Abtreibungsklinik in einer deutschen Großstadt" aufgrund juristischer Unkenntnis über 98% aller von ihr durchgeführten Ssae unter die "medizinische" Indikation subsumiere.

298 Vgl. oben S. 39 ff.

"sprach- und hilfloser" werde, je bewußter ihm das gesamte geistige Spektrum dieser Indikation und in ihm sein ärztliches Handeln wird.[299]

Infolge der fortschreitenden technischen Diagnosemöglichkeiten mit immer neuen Fragen und Problemen erwartet die Ärzteschaft vom Gesetzgeber juristische Entscheidungshilfen, an denen es bislang fehlt.[300]

Die Ursache für die sich entwickelnde Situation liegt entscheidend darin, daß der Gesetzgeber in § 218 a Absatz 2, Nr. 1 StGB nicht definiert hat, bei bzw. ab welchem Schweregrad einer Behinderung des Ungeborenen die Schwangerschaft abgebrochen werden darf. Stattdessen beschränkt sich der Gesetzgeber auf den Hinweis auf eine "schwerwiegende Schädigung" des Kindes.

Damit hat er die Ärzteschaft in die Pflicht genommen und den Ärzten die Aufgabe der Auslegung *als ihrer Berufung gemäß* übertragen.

Zwei Äußerungen aus der Praxis seien hier als Extrembeispiele angeführt:
1) einmal der Arzt, der den Ssa im Fall einer diagnostisch gesicherten Schädigung des Kindes "ärztlich, moralisch und weltanschaulich nicht vertreten kann und will";[301]
2) zum anderen der Arzt, der die Versäumnis der Chancen der modernen Geburtshilfe als "verantwortungslos" bezeichnet[302] und die ausnahmslose Durchführung der AC bei allen Schwangeren fordert.

Damit hängt die Indikationsstellung letztlich maßgeblich von dem subjektiven Erfahrungs- und Ausbildungsstand des Arztes ab. An die Stelle möglichst durchsichtiger, konsensfähiger allgemeingültiger Entscheidungskriterien treten so jene "unter der Hand" erstellten, *rein subjektiven Kriterien*, die - ohne breiteren Konsens und ohne hinreichend Rechenschaft ablegen zu müssen - vom jeweiligen Arzt aufgestellt werden. Dies führt zu einer Ethik individueller Verantwortung, in der letztlich jeder tun und lassen kann, was er will. Denn ohne klare Umschreibung kann im Rahmen der "ärztlichen Erkenntnis" letztlich *fast alles unter "schwer wiegt" subsumiert* werden. Wäre die Indikationsstellung - und damit die ärztliche Erkenntnis - auf wenige Zentren begrenzt, wäre intern vielleicht ein relativ allgemeingültiger Konsens und damit eine einheitliche Handhabung der k.I. erreichbar.

---

299 *Hepp*, Bamb. Symp., S. 33.

300 So *Hiersche*, Gynäkologe 15 (1982), S. 72, 77.

301 Zit. nach *Rett*, Geburtsh. u. Frauenheilk. 43 (1983), S. 260.

302 *Dreis/Engel*, medwelt 30 (1982), S. 280; *Eibach*, Bamb. Symp., S. 102; *Rett*, aaO., S. 260.

Jedoch ist bei der gegenwärtigen Lage der Indikationsstellung zu beachten, daß "viele" Indikationen wegen kindlicher Schädigungen "draußen im Hausarztbereich" gestellt werden,[303] und die Erfahrung und Kenntnis der Ärzte über verschiedenartige Behinderungen - soweit es sich nicht um wirkliche Fachleute handelt - sehr spärlich sind und sich auch im Studium auf ätiologische Fragen beschränken: Laut *Prill* sollen "viele Paragraph-218-Berater" nur einen Wochenendkurs besucht haben.[304]

Das Wissen um die jeweilige Schädigung kann sich dann aber kaum auf die Auswirkungen der jeweiligen Behinderung beziehen. Die Probleme sind vielmehr nur aus Lehrbüchern und aus der Ferne bekannt.

Die exklusive Entscheidungskompetenz des Arztes hinsichtlich der Bewertung einer Schädigung als "schwerwiegend" bei gleichzeitigem Untätigbleiben des Gesetzgebers birgt deshalb die Gefahr in sich, daß der Arzt von den Betroffenen unter dem *Vorwand medizinischer Probleme* mit Angelegenheiten befrachtet wird, die ihn schlichtweg überfordern, weil neben rein medizinischen Fragen komplexe ethische, soziale und auch rechtliche Fragen einfließen.

Hepp spricht deshalb von "Anspruchshaltungen" der Eltern, welche auf den beratenden Arzt massive indirekte Zwänge ausübten.[305]

Wie soll sich ein Arzt entscheiden und verhalten in einem Fall, in dem die Eltern nach Feststellung eines nach seiner "ärztlichen Erkenntnis" leichten Defekts des Embryos auf einem Ssa bestehen, obwohl der Arzt der Meinung ist, die Schwere dieser Schädigung des erwarteten Kindes "rechtfertige" einen solchen Schritt nicht?

Zander berichtet, daß es in der Praxis "nicht selten" so aussehe, daß "die Eltern" seinen Versuch, zugunsten des Kindes die Tragweite und Bedeutung der Schädigung noch einmal zu erörtern, empört zurückweisen würden, weil es ihr "gutes Recht" sei, so zu entscheiden, und sie keinerlei Interesse daran hätten, sich mit ihm noch einmal darüber zu unterhalten.[306]

Welchen Schutz vermag hier die "ärztliche Erkenntnis" noch für die Leibesfrucht zu bieten, und wie soll der Handlungsspielraum des Arztes, der sich für das ungeborene Kind einsetzen möchte, aussehen? Dem Arzt wird bei der Beantwortung

303 Vgl. *Seidler*, Bamb. Symp., S. 144.

304 *Prill*, DNÄ v. 27.02.1989, S. 6.

305 *Hepp*, Bamb. Symp., S. 37.

306 *Zander*, Einbecker Workshop, S. 86. Ähnlich auch *Hiersche*, Tröndle-FS, S. 677; *Vogel*, unveröffentlichtes Manuskript, S. 2.

der Frage, ob die jeweilige Krankheit nun auch "schwer wiegt", *faktisch* nichts anderes übrig bleiben, als danach zu verfahren, wie er sie subjektiv einstuft.[307] Dabei wird er jeweils - gesteuert von persönlichen Erfahrungen, weltanschaulichen oder auch konfessionellen Faktoren - die "Schwere" der Schädigung ganz unterschiedlich interpretieren.[308]

Zudem hat aber auch jeder seine eigene Vorstellung über das, was ein Leben als "lebenswert" und das andere als "lebensunwert" erscheinen läßt.[309]

Wozu kann eine fortdauernde Entscheidungsunsicherheit der Ärzte führen?

Zum einen mag sie bewirken, daß sich manche Ärzte hinsichtlich der Feststellung einer k.I. vollständig zurückhalten, weil sie diese ablehnen.[310] Wieder andere mag eine gewisse Resignation über das "Verlassensein" dazu bringen, die k.I. nur sehr restriktiv auszulegen.[311] Es mag auch Extremfälle in die Richtung geben, daß der Arzt meint, die Verantwortung *für* die Frau übernehmen zu müssen, weil er glaubt, die Schwangere könne ihre Konfliktlage und ihre Persönlichkeit selbst gar nicht in vollem Umfang beurteilen.[312]

Die Mehrheit der Ärzte folgt, offenbar aus einem unterschiedlich weitreichenden Verständnis für das Anliegen der Frau heraus, der "Maxime individueller Beliebigkeit" und überläßt im Widerspruch zum BVerfG und nach Auffassung des Verfassers auch der Gesetzeslage[313], die ein objektives Maß an Schwere verlangt, der Frau

---

307 *Hiersche*, Tröndle-FS, S. 677, führt aus, daß der Arzt nur *selten* eine bestehende mütterliche Meinung bei abbruchwilliger Patientin beeinflussen könne.

308 Immer wieder beklagen Ärzte, daß es eine gerechte "Diagnoseleistung" nicht gebe: Heute wird ein Kind mit einer relativ "leichten" Schädigung, etwa einer Lippen-Kiefer-Gaumen-Spalte (LKG), abgetrieben, morgen wird einer Frau mit einer viel schwerwiegenderen Erkrankung des Kindes der Ssa verweigert, weil es keine Richtlinie gibt und ein etwa aus konfessionellen Gründen restriktiv verfahrender Arzt die Indikation nicht bescheinigen will (z.B. bei Lungenhypoplasie).

309 Vgl. zu diesem in der Praxis häufig vorgebrachten Kriterium unten S. 108 f.

310 Vgl. *Hepp*, Geburtsh. u. Frauenheilk. 43 (1983), S. 137.

311 *Hiersche*, Einbecker Workshop, S. 26: "Ich habe in meiner Klinik 12 Schwangerschaftsabbrüche (wegen k.I) pro Jahr. Daraus ersehen Sie meine Einstellung."

312 Vgl. *Schroeder-Kurth*, MSchr. Kheilk. 130 (1982), S. 73; als Beispiel sei *Rett*, Geburtsh. u. Frauenheilk. 43 (1983), S. 262 genannt, der von Schwangerschaften spricht, "die wir aus unserer Erfahrung erhalten konnten, zu denen wir zu raten in der Lage waren".

313 Siehe oben S. 49 ff.

die Entscheidung, ob es sich bei der gefundenen Krankheit um eine "schwerwiegende" handelt.[314]

Daher kommt es zu der von *Lenz* als "gängige Praxis" bezeichneten Situation, in der die Schwangere die Indikation zum Ssa wegen k.I. stellt, und der Berater diese mit seiner Unterschrift rein formal 'absegnet'.[315] *Lenz* nennt dieses Vorgehen eine "gängige Praxis", räumt aber zugleich ein, daß es so nicht sein "sollte".[316] Er führt weiter aus, daß er sich für seine Person nicht damit abfinden könne, die Schwangere entscheiden zu lassen, weil sie "es" ja nicht allein mache, sondern auch die Ärzte ihre "Hand im Spiel" hätten.

Der Arzt kann den damit gehäuft auftretenden Konflikt für sich nicht dadurch zur Seite schieben und übergehen, daß er - entsprechend den gesellschaftlichen Veränderungen - das Hauptgewicht auf die Interessen und die Zumutbarkeit der Schwangeren - und damit weg von den Interessen des Kindes - legt.

Darüber hilft es nicht hinweg, daß der beratende Arzt sein Gewissen damit entlasten könnte, daß seine Tätigkeit für den handelnden Arzt ja keinesfalls bindend ist, oder wenn umgekehrt der den Ssa vornehmende Arzt sich auf den beratenden Arzt beruft und meint, die Verantwortung auf den beratenden Arzt abwälzen zu können. Denn der Arzt als Handelnder muß sich dem Kern des Problems stellen, will er nicht unter Strapazierung seines Gewissens oder mit der Zeit unter gänzlicher "Ausschaltung" seines Gewissens und unter Abgleiten in das rein Machbare bloßer Erfüllungsgehilfe "einer immer heftiger proklamierten Entscheidungsfreiheit" der Frau werden.

Besonderes Gewicht erlangt diese Beobachtung, wenn man bedenkt, daß es sich nicht bloß um solche Krankheiten handelt, unter denen das Kind und damit letztlich auch die Eltern tatsächlich leiden würden, sondern - wie gesagt - auch um "leichte" Schädigungen. Die Diagnose allein kann mithin schon das "Todesurteil" für die Leibesfrucht bedeuten, weil die vorhandene Schädigung gleichsam automatisch als "schwer" bezeichnet wird.

---

314 *Krauß* in Murken, S. 278, hält es für möglich, daß die Ärzte aus Resignation vor dem Gesetz in die "Geborgenheit des ärztlichen Standesrechts" flüchten und damit den "hergebrachten Regeln der Zunft" und nicht der gesetzlichen Regelung folgen. Hierzu ist anzumerken, daß auch das Standesrecht keine Entscheidungshilfen bei der Auslegung des Gesetzes bietet und damit nur der Rückgriff auf den hippokratischen Eid gemeint sein kann.

315 *Lenz*, Bamb. Symp., S. 14 und 29.

316 *ders.*, aaO., S. 29.

Wie sollen andererseits die Frau bzw. Eltern aber auch ausgewogen entscheiden können und nicht bloß nach der Diagnosestellung: "Mit dem Kind stimmt etwas nicht"? Zu denken ist hier etwa an das mongoloide Kind, das bei pränatalem Nachweis fast ausnahmslos allein nach der Diagnosestellung abgetrieben wird,[317] ohne daß hier groß und lange nach der Rechtfertigung des Ssa gefragt wird.[318]

Die Ursache dafür dürfte darin liegen, daß geradezu "panische" Ängste vor einem Kind mit Down-Syndrom (Trisomie 21) bestehen, das von den Frauen unverhältnismäßig schwerwiegend und überhöht gewichtet werde, wofür "ohne Zweifel" eine breite, aber wenig differenzierte Information über alle Medien mitverantwortlich sein dürfte.[319] Hierdurch werde geradezu Stimmung gegen mongoloide Kinder gemacht und ihre Abtreibung propagiert.[320]

Dieser Automatismus, dem manche Eltern verfallen, bei dem nicht viel Aufsehen über das dahinterstehende menschliche Schicksal gemacht wird, mag seine Ursache in der Betonung des diagnostischen Prinzips haben, d.h. der intensiven Anbindung des Ssa an die wissenschaftliche Aussage. Allein schon der Gebrauch der irreführenden Begriffe "genetische" oder "eugenische" Indikation impliziert das Vorliegen einer wissenschaftlichen Begründung des Ssa und weckt so die falsche Vorstellung, als sei der Ssa bereits wissenschaftlich geboten - während ja lediglich die Diagnose wissenschaftlich begründbar ist, nicht aber die Entscheidung, diesen Schaden als "schwer" zu werten und die Leibesfrucht wegen der Diagnose zu töten.[321] Vielleicht fördert so die wissenschaftliche Diagnosestellung die Einstellung der Eltern, von der eigenen Verantwortung dem Kind gegenüber entlastet zu werden und "routinemäßig" dahingehend zu entscheiden, daß bei Vorliegen einer Schädigung laut wissenschaftlicher Diagnostik ein Ssa geradezu "geboten" ist.
Allein das Faktum des Genetikers - wenngleich als solches völlig wertfrei vermittelt - "zwingt" so die Frau möglicherweise in manchen Fällen zum Ssa nach dem Motto,

---

317 *Seidler*, ZStW 97 (1985), S. 79, in Fn. 24.

318 Vgl. *Lenz*, Bamb. Symp., S. 14; *Schroeder-Kurth* in Reiter/Theile, S. 101.

319 Vgl. *Schroeder-Kurth* in Reiter/Theile, S. 101.

320 Die Notwendigkeit einer umfassenden Aufklärung wird bestärkt durch einen Leserbrief in der FAZ v. 9.06.1987, S. 23, der die Tötung eines mongoloiden Kindes kurz nach der Geburt durch seinen Vater wie folgt kommentiert: "Die Tatsache, daß der Vater des toten Jungen vor dessen Behinderung anscheinend mehr Angst hatte als vor den Folgen seiner Tat, zeigt, wie falsch das Bild der Gesellschaft von der Krankheit 'Mongoloismus' - dem Prototyp der Fälle eugenischer Indikation - ist."

321 Vgl. *Lenz*, Bamb. Symp., S. 11.

hier liegt eine "genetische Anomalie" vor, "vom Spezialisten bescheinigt" - "also weg damit".[322]

Das Interesse der Ärzte, von der Verantwortung für die Entscheidung weitgehend entlastet zu werden, ist nach den beispielhaft genannten Stimmen verständlich. In Anbetracht der sich durch die PD ständig neu stellenden Probleme und Fragen genügt es offensichtlich nicht, von seiten des Gesetzgebers als Selektionsvorgabe eine "schwerwiegende" Schädigung zu fordern, ohne dem mit der Indikationsstellung kraft seiner "ärztlichen Erkenntnis" in die Pflicht genommenen Anwender zugleich greifbare Kriterien ihres konkreten Inhalts zu geben.

Die Konsequenz, die sich aus einer solchen ständigen Überforderung des vermeintlichen ärztlichen Fachwissens ergibt, ist die Forderung nach einer klaren gesetzlichen Umschreibung dessen, was schwerwiegende Gründe sind.

3.1.4 Zur Frist

3.1.4.1 Allgemeine Erwägungen

Besonders problembehaftet erscheint schließlich auch die 22-Wochen-Frist, deren starre, keine Ausnahmen zulassende Regelung in einem eigentümlichem Gegensatz zur ansonsten so vage gehaltenen Formulierung der materiellen Abbruchsvoraussetzungen steht.

Die Frist steht zunächst schon im Widerspruch zum Leitgedanken der k.I., dem Abstellen auf die Zumutbarkeit für die Schwangere, und führt zu nicht nachvollziehbaren Ergebnissen. Denn an der "Zumutung" ändert sich ja allein durch den Fristablauf nichts: Die Frau wird dieselbe Schädigung ihres Kindes nach Fristablauf nicht plötzlich anders beurteilen als vorher. Wenn die Ratio dieser Indikation ausschließlich in der Rücksichtnahme auf das Schicksal der Frau zu sehen ist, entbehrt die Frist eines inneren Grundes: Denn bei der Rücksichtnahme auf das Schicksal der Frau spielt das Alter der Leibesfrucht keine Rolle, da durch die Frist die Gefahr, daß ein geschädigtes Kind zur Welt kommt, weder verringert noch vergrößert werden kann. Die Notsituation kann man nicht einfach durch Einführung einer Frist beseitigen. Für die Frau ist und bleibt das Leben mit dem behinderten Kind nicht erträglich, ohne daß Fristen daran etwas ändern könnten. Bei der Rücksichtnahme auf die Frau spielt das Alter des Fetus keine Rolle.

---

322 So *Lenz*, Bamb. Symp., S. 14.

Dennoch hat der Gesetzgeber eine zeitliche Grenze eingefügt, die alle weiteren Zumutbarkeitserwägungen abschneidet.[323]

Die Absolutheit der gesetzlich fixierten Frist wird aber auch dort fragwürdig, wo eine Schwangerschaft in einem frühen Stadium nur deshalb abgebrochen wird bzw. werden muß, um die Frist zu wahren, weil man keine Zeit mehr hatte, etwa das Ergebnis einer AC abzuwarten (oder auch technisch nicht zu einer frühzeitigeren Diagnose in der Lage war), und sich dann im Nachhinein herausstellt, daß das abgetriebene Kind entgegen der Voraussage der Ärzte gar nicht oder aber nur geringfügig geschädigt war.

Womöglich fördert so die Frist auch den bereits beschriebenen Automatismus,[324] sich allein anhand der Diagnosestellung für den Ssa zu entscheiden.

Bezeichnenderweise veranschlagen - bei der "Altersindikation" - die Frauen die Wahrscheinlichkeit eines pathologischen Befundes weitaus geringer als die, daß das Kind "normal" ist. Die Mitteilung eines - unerwarteten, verdrängten (?) - pathologischen Befundes "stellt meist ein unerwartetes Ereignis dar, das wie ein Blitz aus heiterem Himmel auf die Familie hereinbricht".[325]

Wenn durch dieses Nicht-wahr-haben-Wollen die Zeitspanne zwischen Ergebnis und Ssa so kurz geworden ist,[326] können die Probleme "nur sehr oberflächlich und unbefriedigend", damit letzten Endes auch nur "unwissenschaftlich" behandelt werden, da angesichts der Frist die Entscheidung für oder gegen den Ssa in Zeitnot gefällt werden muß. Weil die Entscheidung unter Zeitdruck oder Zugzwang gefällt werden muß, wird sie oft in einer "Art Panikstimmung getroffen und richtet sich dann *immer* gegen das Leben des Kindes."[327]

Beispielhaft sei hierzu folgender Fall geschildert: Ein Arzt hält es für möglich, daß ein Fetus einen Mikrozephalus hat, ist sich dieser Diagnose aber nicht ganz sicher, da lediglich Abweichungen des kindlichen Kopfes von der Norm in Millimetergröße vorliegen,[328] und diese Schwankung durchaus auch auf der Meßungenauigkeit bzw.

---

323 Daß gleichwohl in der Praxis *Ausnahmen von der Frist* erwogen werden, s. unten S. 94 ff., 103 ff., verwundert nicht, da die starre Regelung offenbar in der Praxis Hilfskonstruktionen unabweislich erscheinen läßt.

324 Vgl. S. 87 f.

325 *Endres* in Murken, S. 293.

326 Da die AC in der 16./17. Schwangerschaftswoche vorgenommen wird, liegt der Befund, bei 3-4 wöchiger Angehdauer, ca. in der 20. Schwangerschaftswoche vor.

327 Vgl. *Schroeder-Kurth* in Müller/Olbing, S. 90.

Toleranzgrenze des Ultraschallgerätes beruhen kann. Hier wäre zur Sicherung der Verdachtsdiagnose eine längerfristige Beobachtung und Kontrolle des Wachstums des kindlichen Kopfes erforderlich.

Wie soll sich ein Arzt hier angesichts der gesetzlichen Frist verhalten? Würden die Eltern nicht zu einem späteren Zeitpunkt, insbesondere also ohne Zeitdruck bei dem Wissen, daß die prognostizierte Schädigung tatsächlich nur eine sehr geringe Fehlbildung darstellt, das Kind akzeptieren, während sie es jetzt aus Zweifel eher abtreiben?

Die Frist treibt so womöglich eine Frau in den "vorsorglichen" Abbruch der vielleicht gesunden Schwangerschaft, weil sie im unklaren über die Entwicklung oder Ausprägung des Defekts ist, dessen Vorhandensein und Ausmaß etwa aus zeitlichen Gründen nicht ausreichend abgeklärt wurde bzw. werden konnte.

Der Verzicht auf eine Fristsetzung könnte so durchaus zur Rettung von Leben führen.[329]

Dabei muß man sich allerdings im klaren sein, daß dann u. U. ein Ssa auch eine Woche vor dem Geburtstermin möglich wäre und sich damit materiell kaum von einer Tötung des Kindes nach der Geburt unterscheiden würde.

Darüber hinaus stellt sich die Frage nach der inneren Rechtfertigung der Frist in jenen Fällen, in denen Kinder mit den denkbar schwersten Schäden auf die Welt gekommen sind und dann einem Behandlungsverzicht (Bhv) unterzogen werden dürften.[330] Offensichtlich negiert die Frist hier den Zusammenhang zwischen den Abbruchsvoraussetzungen auf der einen Seite und den Voraussetzungen des Bhv auf der anderen Seite: Unterstellt man den Fall eines absolut todgeweihten Fetus, so darf dieser innerhalb der 22-Wochen-Frist "ohne weiteres" abgetrieben werden. Ebenso besteht nach der Geburt eines derart stark geschädigten Kindes keine Lebenserhaltungs*pflicht*, das Kind darf vielmehr einem Bhv unterzogen werden.

---

328 *Loch*, Einbecker Workshop, S. 26: "Der Kopf hätte 6 mm wachsen müssen, ist aber nur 4 mm gewachsen."

329 *Wilkitzki* in Wilkitzki/Lauritzen, S. 53, will die Frist positiv in dem Sinne verstehen, daß sie es ermögliche, "alle medizinisch-wissenschaftlichen Methoden" zu nutzen und dadurch gerade verhindere, daß eine Schwangerschaft auf Verdacht hin "abgebrochen" werden müßte. Nur scheinen hier Zweifel an seiner Sachkunde berechtigt.
Für die gegenteilige Auffassung sei hier die Untersuchungsmethode zur Ermittlung der Fanconi-Anämie genannt, die laut *Schroeder-Kurth*, MSchr. Kheilk. 130 (1982), S. 72; *dies.* in Müller/Olbing, S. 92: " ... erst in der 22. oder gar 24. rechnerischen Schwangerschaftswoche zu einem Ergebnis führen kann."

330 Vgl. zum Bhv unten S. 122 ff. Nach wohl überwiegender Meinung ist dieser in engen Grenzen zulässig.

Im Hinblick darauf, daß die Frist in § 218 a Absatz 2, Nr. 1 StGB verschiedentlich als Indiz dafür angeführt wird, daß durch ihre Beschränkung auf 22 Wochen unmißverständlich zum Ausdruck gebracht werde, daß Schäden der Leibesfrucht ausschließlich in diesem zeitlichen Rahmen berücksichtigt werden könnten und eine zu einem späteren Zeitpunkt beabsichtigte "Früheuthanasie" etwa in Form des Bhv aus Respekt vor dem kranken Leben gerade ausgeschlossen werden solle,[331] ist die Fristenregelung unehrlich. Denn hierdurch wird vordergründig "ein gutes Gewissen (erkauft)", wobei jedoch durch dieses Verständnis nur ein Aspekt eines an sich einheitlichen Vorgangs gewürdigt wird.[332] Der andere Aspekt, nämlich die mit der "Früheuthanasie" in Form des Bhv untrennbar verbundene (verpönte) Entscheidung über die "Vernichtung von lebensunwertem Leben" (mag man das Wort "Vernichtung" für ein bloß passives Geschehen beim Bhv auch für zu streng halten), wird jedoch verpönt, mißachtet, verschleiert und verdrängt, wenngleich es der heutige Stand der Medizintechnik für *Hanack* unabweisbar macht, auch diesen Aspekt zu beachten und auf ihn einzugehen.[333]

Es ist daher kein Grund dafür ersichtlich, daß die Schwangere ein Kind, das sie bis zur 22. Schwangerschaftswoche abtreiben und nach der Geburt sterben lassen müßte, in dem verbliebenen Zeitraum zwischen der 22. Schwangerschaftswoche und der Geburt nur deshalb austragen muß, weil eine letztlich beliebig gezogene, strikte Fristgrenze überschritten wurde. Dies würde die Frau dazu zwingen, die Leibesfrucht zur Welt zu bringen, um das Kind sodann sterben zu sehen, weil das Rechtsgut "menschliches Leben" in einem derartigen Fall unter keinen Umständen erhalten werden kann.

Das gesetzgeberische Motiv, beim indizierten Ssa die Geburt lebensfähiger Kinder durch die Frist zu verhindern, geht jedenfalls bei solchen Krankheitsfällen ins Leere, in denen eine reelle Lebenserwartung für das geschädigte Kind "mit Sicherheit" nicht existiert.[334]

Eine weitere Mißstimmigkeit ist darin zu sehen, daß diese so rigide Fristgrenze lediglich für aktives Tun gelten soll - wohingegen ein Umgehen der Fristgrenze durch

---

331 So etwa *Hanack*, Gynäkologe 15 (1982), S. 100; *Kaufmann*, JZ 1982, S. 487.

332 Vgl. *Hanack*, Noll-GS, S. 207.

333 *Hanack*, Noll-GS, S. 206 f.

334 Nach *Hanack*, Noll-GS, S. 202, zeigt die Grenze "den Kompromißcharakter der Vorschrift und ist in gewissem Umfang fast unlogisch".

Unterlassen, etwa dem Nichteinsatz einer Tokolyse, auch nach dem Fristablauf straflos bleiben soll.[335]

Blieben der Frau sämtliche legalen Wege zum Ssa allein wegen Fristversäumnis verschlossen und würde sie das Kind gleichwohl abtreiben, würde sie sich der Gefahr einer Bestrafung - Freiheitsstrafe bis zu 1 Jahr! - aussetzen.

Es fragt sich aber, was dann eigentlich bestraft würde. Doch lediglich das Überschreiten der Frist. Das Kriterium für die Strafwürdigkeit und den strafrechtlichen Vorwurf wäre dann ja nicht mehr der Angriff auf das ungeborene Kind - dieses ist ja bereits im Grunde wegen seiner Behinderung und deren Auswirkung auf die Mutter aus dem Kreis der schützenswerten Güter ausgeschieden und durch Ablauf der Frist ja nicht wieder in den Kreis der schützenswerten Güter aufgenommen - sondern Kriterium ist lediglich ein bestimmter, allerdings falscher Zeitpunkt, zu dem der Angriff erfolgt.

Mit welcher Berechtigung soll aber ein Eingriff, der z.B. eine Woche früher durchgeführt straflos gewesen wäre, eine Woche später durchgeführt, kriminelles Unrecht werden?

Dies kann um so weniger nachvollzogen werden, als zum einen niemand in der Lage ist, eine exakte Bestimmung des Schwangerschaftsalters vorzunehmen und zum anderen eine realistische Lebenserwartung des Kindes unter keinen Umständen gegeben ist. Der "Wert" oder aber die Qualität des menschlichen heranreifenden Lebens ändert sich durch den Fristablauf jedenfalls (so kurzfristig) nicht.

Gegen die Frist spricht schließlich auch von praktischer Seite, daß nur einmal eine Zellkultur angelegt werden kann und bei Versagen oder ihrem unbedachtem Zerstören die "Chance" wegen der 4-Wochen-Angehfrist vertan ist.

Schließlich spricht auch ein gesetzessystematisches Argument gegen die Frist. Denn auch in Absatz 1 Nr. 2, bei der medizinischen (Ober)indikation selbst, ist keine Zeitgrenze vorgesehen. Eine Differenzierung zwischen beiden Indikationen ist aber nicht nachvollziehbar, da es sich - nach der Konstruktion - im Grunde genommen um den gleichen Konfliktfall handelt, da die k.I. keinen eigenen Tatbestand, sondern nur eine besondere Ausformung der medizinischen Indikation behandelt.

Die Starre der Frist belastet daher aus den genannten allgemeinen Erwägungen in sicher nicht nur geringem Maße die Glaubwürdigkeit des Gesetzes.[336]

---

335 Vgl. unten S. 105 f.

336 So auch *Ehrhardt*, DÄ 71 (1974), S. 1695, 1698.

Es ist *Hanack* beizupflichten, wenn er meint, daß es nicht nur unter Zumutbarkeitsgesichtspunkten ans Widersprüchliche grenzt, wenn das Gesetz, das sich vor Fristablauf durch seine Formulierung so großzügig zeigt, nach Fristablauf so streng und rigide ist.[337]

Angesichts der soeben aufgezeigten Widersprüchlichkeiten dieser schwer einsehbaren Fristsetzung ist es nicht überraschend, daß in der Praxis neben Ausnahmen[338] nach weiteren "Abhilfemöglichkeiten"[339] zur Umgehung der Frist gesucht wird und diese vielleicht gar praktiziert werden.

3.1.4.2 Ausnahmen von der Frist

Beim Anenzephalus: Trotz der starren gesetzlichen Regelung wird der Ssa wegen k.I. in der Praxis auch nach Fristablauf vorgenommen, und zwar beim Anenzephalus.[340]

Beim Anenzephalus handelt es sich um eine Anlagestörung, bei der durch einen Defekt des Neuralrohrverschlusses das Groß-, Zwischen- und Mittelhirn fehlt bzw. gar nicht angelegt ist, während Rückenmark und Stammhirn entwickelt sind; von seinem Hirnschädel sind nur noch angedeutete Fragmente vorhanden. Da der Hirnstamm funktionstüchtig ist, kommen solche Kinder zwar "lebend" mit Atmungs-, Herz- und Kreislauffunktion zur Welt, vermögen aber außerhalb des Mutterleibs nicht zu existieren.

Bei schweren Mißbildungen "sterben" sie bereits sehr früh nach der Geburt. Bei kombinierten Mißbildungen, insbesondere bei gleichzeitigem Vorliegen einer Meningomyelozele, verstirbt das Kind meist an den Folgen einer erworbenen Infektion. Der Anenzephalus kann über einen Zeitraum von Stunden, auch über Tage bis Wochen, außerhalb des Mutterleibs existieren, wobei als extreme Überlebenszeit 3,5 Jahre nachgewiesen sind.[341]

---

337 *Hanack*, Noll-GS, S. 203, 204.

338 Dazu sogleich unter 3.1.4.2, S. 94.

339 Dazu unten S. 103 ff.

340 Vgl. nur *Beller*, medwelt 36 (1985), S. 696 m.w.N., sowie *Isemer/Lilie*, DNÄ v. 30.10.1989, S. 2.
Insofern ist die Meinung von *Hiersche/Jähnke*, MDR 1986, S. 4, nicht zutreffend, daß "Ausnahmen von der Frist auf dem Boden des geltenden Rechts bisher auch nicht erwogen" worden seien.

341 Vgl. *Isemer/Lilie*, MedR 6 (1988), S. 66 ff.

Jähnke befürwortet in diesem Fall eine Ausnahme von der Frist und führt gleich 4 Kriterien an, mit denen er dies begründet:[342] Danach soll der Anenzephalus wegen der massiven Mißbildungen seines Gehirns

--"außerhalb des Mutterleibs nicht existieren" können,

--weiterhin soll er wegen Fehlens der Hirnentwicklung niemals "gelebt" haben,

--mithin gar keine "Leibesfrucht" darstellen, und schließlich soll es sich bei ihm um eine

--nur "scheinbar bestehende Schwangerschaft" handeln.

Ähnlich greift auch *Hanack* auf den 3. und 4. Punkt *Jähnkes* zurück und fragt sich, ob beim Anenzephalus überhaupt "werdendes Leben" im Sinne des von § 218 StGB geschützten Rechtsguts vorliegt und was darüber hinaus denn "eigentlich eine Schwangerschaft ausmacht".[343]

Auch *Beller/Quakernack* meinen, daß der Anenzephalus - als Großhirnloser - gar nicht erst "gelebt" habe und schon im Uterus tot sei.[344] Er "stirbt" endgültig mit der Abkapselung vom Mutterleib, weil sodann die bisher vorhandenen Austauschvorgänge mit der Mutter abgebrochen werden.

Da der Anenzephalus kein Hirn hat, soll es sich um einen klinisch Toten im Mutterleib mit erhaltenen Lebensfunktionen handeln,[345] der allerdings "nicht gestorben ist, sondern nie gelebt hat".[346]

Er unterfällt nach diesem Verständnis mithin nicht dem Schutzzweck des § 218 StGB.[347]

Die vorgetragenen Argumente vermögen keine Rechtfertigung zur Ausnahme von der Frist zu geben, wie die folgende Auseinandersetzung erweisen wird.

Leben "außerhalb des Mutterleibs". Das von *Jähnke* eingeführte Kriterium des "Überlebens außerhalb des Mutterleibs" - das laut *Beller* auch in der Praxis

---

342 *Jähnke* in LK, § 218, Rdn. 4.

343 *Hanack*, Noll-GS, S. 204. Zustimmend im Hinblick auf das Fehlen einer "Leibesfrucht" auch *Koch* in Eser/Koch, S. 124 in Fn. 236.

344 *Beller/Quakernack*, Geburtsh. u. Frauenheilk. 40 (1980), S. 142, 143.

345 Vgl. *Beller*, medwelt 36 (1985), S. 695; *Beller/Quakernack*, Geburtsh. u. Frauenheilk. 40 (1980), S. 142, 143; *Dreher/Tröndle*, § 218, Rdn. 3.; *Lackner*, § 218, Anm. 2a.

346 *Beller*, medwelt 36 (1985), S. 693, 695.

347 So jedenfalls *Beller/Quakernack*, Geburtsh. u. Frauenheilk. 40 (1980), S. 142, 143; *Hanack*, Noll-GS, S. 204; *Hiersche*, MedR 2 (1984), S. 216; *Jähnke*, Einbecker Workshop, S. 103; *ders.* in LK, § 218, Rdn. 4.

aufgegriffen wird[348] - müßte konsequenterweise zu einer Ausdehnung der Ausnahme auf vergleichbar extreme Fälle führen, in denen ebenfalls mit dem Leben nicht zu vereinbarende Mißbildungen vorliegen und die Kinder innerhalb eines mehr oder weniger kurzen Zeitraums nach der Geburt sterben werden (zu nennen wäre hier wohl das Potter-Syndrom, das Steißbeinteratom[349], Trisomie 13 und 18, der thanatophore Zwerg[350] und die Exenzephalie[351] oder auch ein extremer Mikrozephalus[352]).

Denn mit welcher Begründung sollten diese Fälle anders behandelt werden als der Anenzephalus, da ihre Prognose doch vergleichbar hoffnungslos ist?

Derartige Überlegungen, auch mit *anderen schwersten* Schädigungen versehene Kinder, die an "mit dem Leben absolut nicht (zu) vereinbarenden Mißbildungen" leiden,[353] von der Frist der k.I. auszunehmen, sollen laut *Hiersche* "in der Ärzteschaft schon eine gewisse Rolle"[354] spielen. Dabei will *Hepp* zumindest das Potter-Syndrom sowie das Steißbeinteratom neben dem Anenzephalus als weitere Ausnahmen anerkennen.[355]

Schramm/Gloning/Brusis meinen ähnlich, daß nur bei absolut infauster Prognose "nicht überlebensfähiger Fehlbildungen" die Interruptio auch nach vollendeter 22. Schwangerschaftswoche erfolgen könne.[356]

---

348 *Beller*, medwelt 36 (1985), S. 695.

349 Tumoren und zystische Veränderungen, die sich in das kleine Becken vorwölben und damit eine atypische Reifung der Organe in diesem Bereich nach sich ziehen. Funktionelle Zusammenhänge spielen hier die prognostisch entscheidende Rolle, vgl. *Loch*, Einbecker Workshop, S. 12.

350 Störung der Knochenbildung, die u.a. die Anlage eines regelrechten Brustkorbs ausschließt und wegen der nicht ausreichenden Lungenfunktion rasch zum Tod des Kindes führt.

351 Entwicklungsstörung des Schädels und des Gehirns. Aus Defekten der Schädelkapsel ragen Hirnabschnitte frei oder mit Haut bedeckt hervor.

352 Häufigkeit von 1:3500; der Kopf wächst im Verhältnis zum Thoraxdurchmesser nicht ausreichend heran, *Loch*, Einbecker Workshop, S. 9. Bei sonst unauffälligen Organen und Entwicklungen kommt es im Laufe der Entwicklung zur Ausbildung einer Idiotie.

353 Vgl. *Hanack*, Noll-GS, S. 204; auch *Loch*, Einbecker Workshop, S. 15.

354 *Hiersche*, MedR 2 (1984), S. 216. Ähnlich auch *Beller*, medwelt 36 (1985), S. 696.

355 *Hepp* in Jung/Müller-Dietz, S. 9.

356 *Schramm/Gloning/Brusis* in Murken, S. 34.

Die im Abstellen auf eine Lebensfähigkeit ex utero liegende Gefahr ist offensichtlich: Die Ausnahme von der Frist droht auszuufern, weil sie zu unbestimmt und damit unkontrollierbar ist.

Daher kann für eine Durchbrechung der rigiden Fristgrenze nicht auf die Fähigkeit zum eigenständigen Leben "außerhalb des Mutterleibs" abgestellt werden. Für die Zulässigkeit eines Ssa zu einem späteren Zeitpunkt als der 22. Schwangerschaftswoche auf die Lebensfähigkeit abzustellen, ist abzulehnen.

"Fehlende Leibesfrucht" und "Scheinbare Schwangerschaft". Ebenso geht die Begründung fehl, es handele sich beim Anenzephalus weder um eine "Leibesfrucht" noch um eine "Schwangerschaft". Eine "Leibesfrucht" ist - im Gegensatz zur sog. Blasenmole - dann gegeben, wenn sowohl Plazenta als auch Embryo nachweisbar angelegt sind. Ebenso ist "Schwangerschaft" ein Zustand der Frau, in dem ein befruchtetes Ei heranwächst.

Beide Kriterien werden vom Anenzephalus erfüllt.

Welche Konsequenz dieser Denkansatz beinhaltet, wird dann deutlich, wenn tatsächlich einmal ein Anenzephalus ausgetragen wird und durch die Geburt aus der angeblich nicht bestehenden "Leibesfrucht" bzw. der nur "scheinbaren Schwangerschaft" ein Kind mit Zeichen des Lebens hervorgeht.[357]

Anenzephalus als Hirntoter. Schließlich ist aber auch die letzte These nicht zutreffend, daß der Anenzephalus als Großhirnloser gar nicht gelebt habe.

Zu ihrer Schlußfolgerung gelangen die genannten Autoren unter Berufung auf die Definition des Hirntodes des Wissenschaftlichen Beirates der Bundesärztekammer.[358] Danach liegt der Hirntod, der nach allgemeiner Ansicht maßgeblich für den Todeseintritt ist, dann vor, wenn die Gesamtfunktion des Gehirns - auch bei noch erhaltener Kreislauffunktion im übrigen - v o l l s t ä n d i g und irreversibel zusammengebrochen ist, weil dann das dem Menschen Eigene endgültig verloren ist.
Nach dieser Definition der BÄK[359] reicht der *teilweise* Ausfall des Gehirns, etwa nur des Großhirns, für die Definition des Hirntodes nicht aus. Erforderlich ist vielmehr der Ausfall des gesamten Gehirns, also auch des Stammhirns.[360]

---

357 Zur berechtigten Kritik vgl. *Hiersche*, MedR 2 (1984), S. 215, 216, sowie *Isemer/Lilie*, MedR 6 (1988), S. 70; *dies.*, DNÄ v. 26.10.1989, S. 2, folgern daraus, der Anenzephalus sei ein lebendes "Wesen".

358 Abgedruckt in JZ 1983, S. 593 ff.

Sieht man sich dazu die Reaktionen des geborenen Anenzephalus an, kommen erhebliche Zweifel an der Aussage, er sei "hirntot": Denn dieser kann - zumindest eine begrenzte Zeit lang - aus eigener Kraft atmen, weil in der Regel das hierzu benötigte Rückenmark und Stammhirn angelegt und entwickelt sind.[361]

Ebenso sind Herz- und Kreislauffunktion nachweisbar,[362] auch Saug- und Schluckreflexe bis hin zu einer Art von Wimmern wurden beschrieben.

Danach ist die Schlußfolgerung der o.g. Autoren unter Beachtung der "Kriterien des Hirntodes" nicht exakt,[363] wenngleich sie von der Intention her, die Frau nicht zur Austragung einer "sinnlosen" Schwangerschaft zu zwingen, vernünftig und zur Vermeidung widersinniger Ergebnisse geeignet ist.

Es stellt sich hier in der Tat die in der Einleitung[364] bereits angerissene Frage, ob in diesem Fall die Anwendung der Frist nicht völlig an der Realität vorbeigeht. Warum soll für diese extreme Schädigung ohne jede Überlebenschance die Frist überhaupt noch gelten? Das Rechtsgut "menschliches Leben" kann doch unter keinen Umständen erhalten werden.

Auf die genannten Erwägungen läßt sich die Durchbrechung der Frist nach allem aber nicht stützen. Abgesehen von diesen rein umschreibungsbedingten Problemen dürfte noch folgende Überlegung gegen die Anwendbarkeit der Hirntoddefinition sprechen: Da die Funktionsfähigkeit des Gehirns vor der Geburt überhaupt nicht festgestellt werden kann, widerspricht der gynäkologische Ansatz den Vorschriften der BÄK zur Hirntoddiagnostik.

Es läßt sich allerdings die Frage stellen, ob - jedenfalls *speziell der Anenzephalus* - im Rahmen des § 218 a Absatz 3 StGB grundsätzlich anders zu beurteilen ist und auf ihn z.B. die Kriterien der BÄK gar nicht Anwendung finden sollen; denn möglicherweise werden von diesen Kriterien nur jene Menschen erfaßt, bei denen zunächst einmal ein vollständig intaktes Gehirn *vorhanden* war, dieses aber im Nach-

359 Ähnlich auch die Definition der WHO, abgedruckt bei MedR 6 (1988), S. 66, 67.

360 Vgl. *Dreher/Tröndle*, Vor. § 211, Rdn. 2; *Kaufmann*, JZ 1982, S. 486.

361 Vgl. *Isemer/Lilie*, MedR 6 (1988), S. 66, 67; *dies.*, DNÄ v. 13./14.10.1989, S. 2.

362 *Isemer/Lilie*, MedR 6 (1988), S. 67.

363 So auch *Ewerbeck*, Einbecker Workshop, S. 128; *v. Loewenich*, Einbecker Workshop, S. 150; *Spann*, Einbecker Workshop, S. 130.

364 Siehe oben S. 6.

hinein geschädigt worden ist, während beim Anenzephalus von Anfang an kein Großhirn bestand und eine Entwicklung und Differenzierung von Beginn an nicht möglich ist.

Von daher mag zumindest der Anenzephalus eine *Sonderstellung* innehaben mit der Folge, daß für ihn die Kriterien des Hirntodes gar nicht anwendbar sind.[365]

Bei "lebensunfähigen" Fetus: Abgesehen vom Spezialfall des Anenzephalus wollen *Hiersche/Jähnke* ein Überschreiten der Frist ganz allgemein bei jenen Schädigungen und Mißbildungen zulassen, die mit einem postpartalen Leben unvereinbar sind. Hierunter verstehen sie "todkranke Fetus", "Fetus ohne Lebenserwartung" bzw. eine "lebensunfähige Frucht".[366]

Durch die starre Fristenregelung sei eine nicht beabsichtigte, "planwidrige Unvollständigkeit", d.h. eine Lücke des Gesetzes, geschaffen worden, die im Rahmen der Auslegung geschlossen werden dürfe. Ausgangspunkt ist die Überlegung, daß die Frist des § 218 a Absatz 3 StGB den Schutz *lebensfähiger* Fetus sicherstellen wolle. Das Problem der fehlenden Lebenserwartung habe sich damals - allein schon wegen der beschränkten technischen Möglichkeiten - faktisch gar nicht gestellt.[367]

Im Rahmen ihrer Untersuchung gelangen *Hiersche/Jähnke* zu dem Schluß, daß der Gesetzgeber mit der starren 22-Wochen-Frist einige regelungsbedürftige Sachverhalte "in Wahrheit nicht sinnvoll erfaßt" habe, da ihm an der Erhaltung lebensunfähiger Fetus nicht gelegen sei. Von daher würden "lebensunfähige" Kinder vom Zweck der Frist gar nicht mitumfaßt.[368]

Vom Sinn und Zweck der Frist her - Verhinderung behinderter, lebensfähiger Kinder - sei die Austragung und Erhaltung *lebensunfähiger Kinder* jedenfalls nicht gedeckt, so daß im Wege der teleologischen Reduktion die 22-Wochen-Frist bei derartig schwerstgeschädigten Kindern überschritten werden dürfte.

---

365 Damit soll eine Frau aber nicht gezwungen werden, einen Anenzephalus in der Zeitspanne zwischen der 22. Schwangerschaftswoche und der Geburt auszutragen. Zur Lösung dieses Problems vgl. unten S. 153 ff.

366 *Hiersche/Jähnke*, MDR 1986, S. 1 ff. Ihnen folgend *Eberbach*, JR 1989, S. 268, l. Sp.; *Eser* in S/S, § 218 a, Rdn. 31; *Gössel*, BT 1, § 10 Rdn. 28; *Maurach/Schroeder/Maiwald*, BT 1, § 6 III 2 c bb.

367 Im Jahre 1972 war die PD noch nicht so weit entwickelt, einen Anenzephalus "rechtzeitig" zu entdecken, vgl. *Isemer/Lilie*, DNÄ v. 30.10.1989, S. 2.

368 Vgl. *Hiersche/Jähnke*, MDR 1986, S. 4.

Wenngleich *Hiersche/Jähnke* in diesen Fällen ein Überschreiten der Frist grundsätzlich für zulässig erachten, soll die Frist - auch bei "lebensunfähigen" Fetus - dennoch bei Bestand bleiben, wenn ein "Verschulden der Schwangeren an der Versäumung der Frist" vorliegt.[369] Diese Einschränkung leiten sie aus dem die k.I. tragenden Aspekt der (Un)zumutbarkeit für die Schwangere her. Diejenige Frau, die lediglich "fahrlässig" die Frist versäumt hat, soll nicht "bestraft" werden, dafür aber jene, die sich "einer rechtzeitigen Feststellung der Fruchtschädigung widersetzt" hat.

Kritik: bezüglich der Merkmale "lebensunfähige Frucht", "todkranke Fetus" und "Fetus ohne Lebenserwartung". Das von *Hiersche/Jähnke* aufgestellte Kriterium der "Lebensunfähigkeit" bedingt - ähnlich der "Lebensfähigkeit ex utero" - zunächst einmal eine sehr weitreichende Fristeinschränkung, denn zum einen existiert keine autorisierte Definition, und auch sie geben selbst keine nähere Umschreibung dieses Begriffs ab.

Wie vieldeutig und auslegungsfähig der scheinbar so griffige Begriff der *"lebensunfähigen Frucht"* ist, belegen die von *Loch* aufgezählten Krankheiten, die er als Beispiele für "Mißbildungen, die nicht mit dem Leben zu vereinbaren sind"[370], einstuft: Dort werden neben dem Zyklopenauge (S.10)[371] und dem Prune-belly-Syndrom (S.14)[372] der Mikrozephalus (S.9f.)[373], bei dem "bei sonst unauffälligen Organen und Entwicklungen" die Entwicklung später zur Idiotie führt,[374] sowie die Osteogenesis imperfecta congenitalis (S.16)[375] genannt, bei der es bereits im Mutterleib zu Knochenbrüchen kommt.

---

369 *Hiersche/Jähnke*, MDR 1986, S. 5, r. Sp.

370 *Loch*, Einbecker Workshop, S. 8.

371 Form der Exenzephalozele, bei der es zu Gehirnausstülpungen kommt. Mit dem späteren Leben ist diese Kopfmißbildung nicht vereinbar.

372 Aufgetriebenes Abdomen mit Verdrängung der Leber und Lungen; Bauchdecken sind kaum angelegt. Die Kinder werden nicht älter als 1 Jahr.

373 Hier wächst der Kopf im Verhältnis zum Thoraxdurchmesser nicht ausreichend heran, *Loch*, Einbecker Workshop, S. 9. Bei sonst unauffälligen Organen und Entwicklungen kommt es im Laufe der Entwicklung zur Ausbildung einer Idiotie.

374 *Loch*, aaO., S. 10. Steht die Idiotie also der Lebensfähigkeit nach *Loch* entgegen?

375 Sog. Glasknochenkrankheit. Bereits während der frühen Fetalzeit kommt es *bei Kindsbewegungen* gegen die Gebärmutterwand zu Knochenbrüchen. Daraus resultiert der Zwergwuchs, *Loch*, Einbecker Workshop, S. 13.

Erstaunlich ist, daß *Loch* den Mikrozephalus zu den "lebensunfähigen" Leibesfrüchten zählt. *Gloning* andererseits stuft den Hydrozephalus als "nicht lebensfähig" ein.[376]

Aus dieser Auflistung ergibt sich unschwer, daß *Loch* "Leben" offenbar wertend verstanden wissen will und mehr als ein bloß biologisches Leben voraussetzt, nämlich auch kognitive Fähigkeiten.

Möglicherweise würden *Hiersche/Jähnke* unter "lebensunfähigen" Fetus zumindest das Potter-Syndrom, die Lungenhypoplasie, die Linksherzhypoplasie sowie das Steißbeinteratom fassen. Es fragt sich, ob es darüber hinaus nicht noch andere Schädigungen gibt, bei denen es naheliegt, die Kinder als "nicht lebensfähig" zu bezeichnen.

Das wären zumindest wohl noch jene Neugeborenen, die - wie *Hiersche/Jähnke* es nennen - "außerhalb des Mutterleibs" nicht existieren können.[377]

Interessant wäre es zu erfahren, wie *Hiersche/Jähnke* etwa einen Hydrozephalus "bewerten" würden. Hier müßte doch zumindest eine Unterscheidung danach getroffen werden, ob der Hydrozephalus bereits früh in der Schwangerschaft entsteht (und diagnostiziert wird) oder ob er sich erst in der 2. Schwangerschaftshälfte entwickelt. Denn zumindest die letztgenannten Kinder sind sehr wohl "lebensfähig", während Kinder mit einem sich frühzeitig entwickelnden Hydrozephalus "bereits häufig intrauterin" absterben.[378]

Hiersche/Jähnke hätten schließlich erläutern sollen, was sie generell unter "Leben" verstehen, denn der von ihnen gebrauchte Begriff der "Lebensfähigkeit" wirft eine Reihe von Fragen auf, die der Beantwortung bedürfen. Ist hierfür - wie offenbar von *Loch* vorausgesetzt - die intakte Hirntätigkeit zu verlangen, und wenn ja, in welchem Umfang müßte diese gegeben sein, so daß ein Leben *im rein biologisch-naturwissenschaftlichen Sinn* ohne geistige Funktionen ihre Voraussetzung des "Lebens" nicht erfüllen würde?

Setzt "Leben" die Fähigkeit zum Leben in Gemeinschaft voraus? Sollte dies nach *Hiersche/Jähnke* zu fordern sein, wäre als nächstes zu klären, ob dazu die Fähigkeit zur Kommunikation oder Interaktion Voraussetzung ist. Offen ist weiterhin, wie diese Begriffe dann ihrerseits wieder zu interpretieren sind. Ist hierzu etwa die Herstellung eines bewußten Bezugs zur Umwelt zu verlangen, der wenigstens aus der einfachen

---

376 *Gloning*, DNÄ v. 1.03.1989, S. 5.

377 Vgl. die Parallele oben S. 95 f.

378 *Loch*, Einbecker Workshop, S. 9.

Aufnahme von Informationen und aus einfachem Ausdruck von Emotionen und individuellen Bedürfnissen besteht? Müßte zumindest das Sprechen beherrscht werden? Oder das Hören?
Wie stark müßte die Fähigkeit eingeschränkt sein? Reichten bloße "Störungen" aus, oder wäre der totale Verlust zu fordern? Ist bei der Frage nach der "Lebensunfähigkeit" die inhaltliche "Qualität" menschlichen Lebens zu berücksichtigen oder zu vernachlässigen?

Zudem wäre zu klären, was sie unter Lebens-"Erwartung" bei Krankheiten, die mit einer kurzen Lebensdauer verbunden sind, verstehen. Wo kann unter zeitlichen Gesichtspunkten die Grenze liegen? Ist zu fordern, daß die Mißbildung zum sofortigen Tod nach der Geburt führt? Dies ist um so schwieriger zu beurteilen, da die Krankheitsverläufe sich zeitlich kaum je exakt prognostizieren lassen.
Wie soll in jenen Problemfällen verfahren werden, die zwar mit großem Leiden verbunden sind, die aber nicht den sofortigen postpartalen Tod des Kindes bedeuten? Sind diese Kinder also "lebensfähig"?
Bis zu welcher Zeitspanne mag ein Kind, das wegen seiner Gebrechen nur eine beschränkte Lebenserwartung hat, als dem Tode geweihtes bzw. "lebensunfähiges" Kind gelten?

Auf all diese Fragen geben *Hiersche/Jähnke* keine Antwort.[379]

Allein schon aus diesen Gründen kann der Vorschlag von *Hiersche/Jähnke*, im Rahmen einer Analogie die Lücke der Frist bei sog. "lebensunfähigen" Fetus zu durchbrechen, nicht überzeugen. Denn ohne nähere inhaltliche Umschreibung würde im Ergebnis dem einzelnen Anwender überlassen bleiben, durch entsprechende Auslegung den Lebensschutz - je nach Wertverständnis - zu relativieren.

Kritik: bezüglich der "schuldhaften Fristversäumnis". Aber auch der von *Hiersche/Jähnke* vorgeschlagene Fortbestand der Frist - selbst bei "lebensunfähigen Fetus" - für den Fall, daß die Schwangere "willentlich den Ablauf der Frist herbeigeführt" hat, ist - auch vor dem Hintergrund der Zumutbarkeit - wenig verständlich, weil eine "Verwirkung" des "Rechts auf Ssa" zumindest bei schuldhafter Herbeiführung der Schädigung nicht eintreten soll.[380]

---

379 Die gleiche Kritik gilt für ihr Kriterium des "todkranken Fetus".

380 Vgl. oben S. 64. Die "Bestrafung" der Frau gründet sich wohl auf die Umgehung oder den Mißbrauch des "Rechts auf Ssa" - auf diesen Punkt gehen *Hiersche/Jähnke* aber nicht näher ein.

Abgesehen davon erhebt sich die Frage nach dem Sinn dieser Bestrafung, wenn davon auch die etwa wegen des Fehlgeburtsrisikos einer AC zögernde oder ängstliche Frau[381], die sich ja ebenfalls "widersetzt" und so den Fristablauf willentlich herbeiführt, betroffen wird.

Das Merkmal des "Widersetzens" stellt mithin eine Bestrafung der Frau dar, ohne Unterscheidung nach den die Frau bewegenden Gründen.

Es gibt Fälle, in denen die Frau eine Schädigung des Kindes vorsätzlich herbeigeführt hat (Medikamentenabusus), ohne deswegen das "Recht auf Ssa" zu verwirken.[382] Verglichen mit diesem Fall wäre es unbillig, eine Frau, welche sich der Untersuchung im Hinblick auf das mit einer invasiven Methode verbundene Risiko einer Fehlgeburt, also aus einer ängstlichen Haltung heraus, "widersetzt", schlechter zu stellen und bei ihr auf den Fortbestand der Frist beharren zu wollen.

Daher wären die sich aus Angst "widersetzende" Frau und jene, die aus sonstigen Gründen die Frist hat verstreichen lassen, gleich zu behandeln bzw. eine Erläuterung der genauen Widersetzensgründe zu fordern.

Nach allem vermag der Ansatz von *Hiersche/Jähnke* nicht in allen Details vollständig zu befriedigen.

3.1.4.3 Sonstige Erwägungen zur Überwindung bzw. Umgehung der 22-Wochen-Frist: *Umgehung der Frist* (im Ggs. zu Ausnahmen von der Frist)

Rückgriff auf die mütterliche Indikation. Zur *Umgehung der Frist* könnte man weiterhin durch einen "Kunstgriff" auf die mütterlich-medizinische Indikation zurückgreifen, für die keine Frist gilt. *Beller* spricht mit Blick auf diese Möglichkeit von der Fähigkeit, "daß sich Indikationen verwandeln lassen".[383]

Indirekt räumt selbst der Gesetzgeber diese Möglichkeit ein, indem er ausführt: " ... in den *gravierendsten* Fällen wird ohnehin auch die körperliche oder psychische Gesundheit der Mutter in schwerwiegender Weise tangiert sein ... ", was nichts anderes heißt, als daß damit die Voraussetzungen der *medizinischen Indikation* gegeben sein werden.[384]

---

381 Vgl. zum Fehlgeburtsrisiko der AC oben, S. 36.

382 Siehe oben S. 64 f.

383 *Beller*, medwelt 36 (1985), S. 693, 694.

384 BT-Drucks., 7/1981, S. 16.

So verständlich ein derartiges Vorgehen "im Interesse" der Mutter bei schweren Schädigungen des Kindes nach Fristablauf auch sein mag, so unbefriedigend ist es zugleich. Denn es verleitet die Betroffenen geradezu zur Gesetzesumgehung. Mit einem wohlwollenden "Mogeln" hat dieses Verhalten nichts mehr zu tun, denn hinter diesem Faktum steht nichts anderes, als daß man die Augen vor der Wirklichkeit verschließen und der Diskussion der Fristenproblematik möglichst aus dem Weg gehen will.

Abgesehen davon, daß auch dieser "Kunstgriff" kein "Allheilmittel" darstellt, weil die Fälle der k.I. in der ärztlichen Praxis nur zum Teil durch Anwendung der *medizinischen Indikation* "abgefangen" werden können,[385] ist ein Rückgriff auf die mütterliche Indikation auch unter rechtssystematischen Gründen strenggenommen nicht möglich und unzulässig, wenn man mit der überwiegenden Meinung davon ausgeht, daß die k.I. einen Sonderfall der medizinischen Oberindikation darstellt.

Ein Rückgriff von der speziellen auf die generelle Norm nach Ablauf der 22-Wochen-Frist verbietet sich dann nämlich im Hinblick auf den Vorrang des spezielleren Gesetzes. Wenn die k.I. die Unterindikation ist, entspräche es der Intention des Gesetzgebers, die generelle Norm des § 218 a Absatz 1 StGB durch die spezielle Norm des § 218 a Absatz 2, Nr. 1 StGB zu beschränken mit der notwendigen Folge, daß ein Rückgriff auf die generelle Norm nach Ablauf der 22-Wochen-Frist nicht mehr möglich wäre.

Falsche Terminberechnung. Die Frist kann schließlich dadurch umgangen werden, daß man bei der Ermittlung des Schwangerschaftsalters den für die Mutter "günstigsten" Termin zugrundelegt etwa in jenen Fällen, in denen zeitliche Abweichungen zwischen Anamnese ("erster Tag der letzten Regel") und Biometriedaten (ultrasonographische Vermessung des Fetus und Vergleich mit Standardkurven) bestehen. Man kann so zunächst einige Tage Zeit "gewinnen".

In diesem Zusammenhang sei noch einmal auf die mangelnde Objektivierbarkeit hinsichtlich der Bestimmung des genauen Schwangerschaftsalters hingewiesen.[386] Sie käme in gewissen zeitlichen Grenzen der Frau "zugute". *Schramm/Gloning/Brusis* führen aus, daß bis zur 18. Schwangerschaftswoche die Genauigkeit der Bestimmung eines unbekannten Gestationsalters mittels Ultraschall bei einer Abweichung von $\pm$ 7 Tagen liegt, die Bandbreite mit wachsender Schwangerschaftsdauer zunehme und so in der 35. Schwangerschaftswoche etwa schon bei $\pm$ 19 Tagen liegen soll.[387]

385 Vgl. *Hanack*, Noll-GS, S. 203 in Fn. 22. Er scheint damit auf die o.g. "*gravierendsten* Fälle" anzuspielen.

386 Vgl. oben S. 69.

Präpartales Untätigbleiben des Arztes, Verzicht auf Wehenhemmung. Die Frist kann auch dadurch umgangen werden, daß der Arzt bei frühzeitigem Einsetzen der Wehen nach Ablauf der 22. Schwangerschaftswoche - in Kenntnis einer bestimmten Schädigung des Fetus - untätig bleibt und auf die Einleitung einer schwangerschaftserhaltenden Therapie bewußt verzichtet.

Der Arzt kann sich dann nicht der Unterlassungstäterschaft strafbar machen, wenn er es auch nach Ablauf der 22-Wochen-Frist unterläßt, den Abgang des Fetus zu verhindern,[388] sei dies nun in der Form von "Versäumnissen hinsichtlich der Erhaltung der Schwangerschaft" oder auch der "pflichtwidrigen Nichthinderung des - aus natürlichen Gründen drohenden - Fruchttodes ... ".[389] Dieses Verhalten ist nur dann strafbewehrt, wenn der Arzt gerade mit dem Ziel des Todes der Leibesfrucht untätig geblieben ist oder diese Folge ernstlich für möglich gehalten und billigend in Kauf[390] genommen hat: Denn sowohl das fahrlässige *positive Tun* als auch die fahrlässige *Nichtvornahme* der gebotenen Erfolgsabwendung sind tatbestandlos und mithin straflos.[391]

Daher macht sich ein Arzt, der den natürlichen Abgang der Leibesfrucht nicht verhindert, nicht wegen Unterlassens strafbar, weil dies nur unter der - kaum einmal nachweisbaren - *vorsätzlichen* Verwirklichung möglich wäre.
Von ärztlicher Seite befürworten *Schramm/Gloning/Brusis* bei Fehlbildungen mit infauster Prognose nach Ablauf der 22. Schwangerschaftswoche auf schwangerschaftserhaltende, etwa wehenhemmende Mittel zu verzichten,[392] um die Belastung der Schwangeren durch die Tokolyse "aus kindlicher Indikation" zu vermeiden, wobei sie einen intrauterinen "Fruchttod" bewußt in Kauf nehmen. Ebenso will *Brusis* bei einer "Mißbildung, die nicht mit dem extrauterinen Leben vereinbar ist", auf eine schwangerschaftserhaltende Therapie verzichten.[393]

---

387 *Schramm/Gloning/Brusis* in Murken, S. 30.

388 Vgl. *Hiersche/Jähnke*, MDR 1986, S. 1, 4, sowie *Lüttger*, NStZ 1983, S. 484 m.w.N.

389 So OLG Karlsruhe, MDR 1984, S. 686.

390 Zu diesen Mindestanforderungen (bedingt) vorsätzlichen Handelns, vgl. BGHSt. 7, 563.

391 Vgl. OLG Karlsruhe, MDR 1984, S. 687; l. Sp. *Lüttger*, NStZ 1983, S. 484. Fahrlässige pränatale Versäumnisse eines Garanten können allenfalls mittelbar unter den Voraussetzungen einer Körperverletzung der Schwangeren erfaßt werden.

392 *Schramm/Gloning/Brusis* in Murken, S. 34.

393 *Brusis* in Murken, S. 53.

Enders schildert aus der Praxis den Fall einer Schwangeren, bei der in der 28. Schwangerschaftswoche ein Hydrops fetalis[394] festgestellt wurde und bei der - nachdem man durch die Entnahme fetalen Blutes die Diagnose einer Zytomegalieinfektion[395] gesichert hatte - die Tokolyse beendet wurde, was zur Folge hatte, daß es zur umgehenden Geburt des Kindes kam, das kurz nach der Geburt verstarb.[396]

Verzicht auf den medizinisch gebotenen Kaiserschnitt. Zumindest vom Ergebnis her gesehen, d.h. Exitus der Leibesfrucht, wäre eine Fristumgehung im Einzelfall dadurch möglich, daß sich die Eltern - im Falle einer Fristversäumung - nach umfassender Aufklärung durch den Arzt darüber, daß das geschädigte Kind eine Entbindung auf natürlichem Wege und ohne Kaiserschnitt nicht überleben würde (z.B. ein exzessiver Hydrozephalus), gegen einen das Leben des ungeborenen Kindes schonenden Kaiserschnitt entscheiden und einer sog. spontanen Entbindung den Vorzug geben, in der Erwartung, das behinderte Kind möge den - belastenden - normalen Geburtsvorgang nicht überleben. Auf diese Weise könnte unter der Geburt auf operative Maßnahmen verzichtet und eine hierdurch bedingte Entlastung des Fetus vermieden werden.

Zur Anschauung sei *Gloning* zitiert, der ausführt, daß im Mittelpunkt seiner Überlegungen für das geburtshilfliche Management die *prognostischen* Kriterien für den Fetus stünden.[397]

Je nach prognostischer Einschätzung sei zu klären, ob "im Interesse des Fetus" (!) eine Sectio (sog. Kaiserschnitt) vorgenommen oder *vermieden* werden sollte. Speziell im Falle eines Hydrozephalus mit ausgeprägter Ventrikulomegalie[398] sei - "lediglich wenn keine multiplen Anomalien vorlägen" - eine Punktion der Ventrikel vorzunehmen, um auf diese Weise den Kopfumfang derart zu verkleinern, daß er entweder den Geburtskanal problemlos passieren kann oder "bei der Sectio keine großen Probleme im Schnittbereich bereitet". Zu fragen ist, wie er in anders gelagerten Fällen mit multiplen Anomalien verfahren würde, bei denen die von ihm genannten Voraussetzungen für eine Punktion nicht vorliegen.

---

394 Hydrops = Vermehrte Flüssigkeitsansammlung im Gewebe ("Ödem").

395 Virusinfektion, die mit Mikrozephalus, Neigung zu Hirnblutungen, intrazerebralen Verkalkungen, Leber und Milzvergrößerung, Pneumonie usw. einhergehen kann.

396 *Enders* in Murken, S. 179.

397 *Gloning*, DNÄ v. 1.03.1989, S. 5.

398 Exzessive Erweiterung der Hirnkammern (Ventrikel).

Auch *Brusis* spricht sich dafür aus, bei Mißbildungen, "die nicht mit dem extrauterinen Leben vereinbar" sind, unter der Geburt auf "alle" operativen Maßnahmen "aus kindlicher Indikation" zu verzichten.[399]

Ähnlich meinen *Schmidt* et al., daß die Sectio nicht vorgenommen werden sollte, wenn bei einem Hydrozephalus der Kopfumfang 50 cm überschritten hat oder wenn die Hirnmanteldicke unter 1 cm liegt, "da in diesen Fällen die Prognose schlecht ist".[400]

Schramm/Gloning/Brusis sprechen sich dafür aus, vom Risiko eines operativen geburtshilflichen Eingriffs, wiederum "aus kindlicher Indikation" bei Fehlbildungen mit infauster Prognose, abzusehen, wobei sie den Exitus des Kindes unter der Geburt bewußt in Kauf nehmen.[401] Speziell für den Fall des Hydrozephalus vertreten sie die Ansicht, daß der Kaiserschnitt allein "isolierten Fällen" vorzubehalten sei.[402]

Verweigert eine derart aufgeklärte Frau ihre Zustimmung zur Sectio, darf der Arzt einen Kaiserschnitt gegen ihren Willen nicht vornehmen, selbst wenn er ihn im Interesse des Kindes für erforderlich und nach dem Zustand der Mutter für vertretbar hält. Denn ein zwangsweiser Kaiserschnitt ist nach unserem Recht nicht zulässig, da der Eingriff - zumindest nach der Rechtsprechung - eine "Körperverletzung" der Frau darstellt und die Frau grundsätzlich in die Verletzung ihres Körpers einwilligen muß - mag hinter ihrer Weigerung auch die Verfügung über das Leben des Kindes stehen.[403]

Die vorgenannten Fälle sprechen zumindest für eine Durchbrechung der Frist, wenn nicht gar für ihre Verlängerung oder gänzliche Abschaffung.[404]

---

399 *Brusis* in Murken, S. 53.

400 *Schmidt* et al., Geburtsh. u. Frauenheilk. 45 (1985), S. 521, l. Sp.

401 *Schramm/Gloning/Brusis* in Murken, S. 37.

402 Wie vor.

403 Hier wäre ggf. das VormG nach § 1666 Absatz 1 BGB anzurufen.

404 Eine Verlängerung der Frist sah auch der Minderheitsvorschlag zu § 106 AE vor, der die Frist auf das Ende des 6. Schwangerschaftsmonats festsetzen wollte. Vgl. zum eigenen Lösungsvorschlag unten S. 122 ff., 153 ff.

3.1.5 Zur Unzumutbarkeit

Da das Gesetz lediglich etwas über Art und Herkunft der Notlage aussagt, die Motive der Frau sich im übrigen aber rechtlich nicht erforschen lassen, kann sich die Frau in der Praxis von Überlegungen leiten lassen, die nicht in ihrer Person und ihrer Konstitution liegen, sondern sich allein gegen ein behindertes Kind richten.

Folglich wird die gesetzgeberische Intention in der Praxis laut *Lenz* oft verdrängt und stattdessen das vermeintliche Interesse des Kindes vorgeschoben.[405] So werde "häufig" argumentiert, daß das Leben für das kranke Kind "nicht zumutbar sei ... ". *Rüpke* meint ebenfalls, daß die ärztliche Praxis belege, daß bei der Zumutbarkeitsfrage "oft" andere Gesichtspunkte als die vom Gesetzgeber intendierten maßgeblich seien, nämlich die Orientierung am "erbärmlichen Schicksal des geschädigten Kindes".[406]
Der gleichen Ansicht ist auch *Hanack*, der ausführt, daß die Ausrichtung der k.I. am weitläufigen Prinzip der Zumutbarkeit "regelmäßig" oder "nur zu oft" dazu führt, daß die vom Gesetz nicht gewollte Entscheidung über den Lebenswert in den Vordergrund gerückt werde.[407] Noch weitergehend meint *Hepp*, man solle sich darüber bewußt sein, "daß bei *jeder* Kindesindikation immer auch ein Urteil über den Lebenswert von krankem Leben, hier des kranken Kindes, gefällt wird ... ".[408]

Nach diesen Äußerungen wird man schwerlich bestreiten können, daß sich heutzutage die Motive der Schwangeren für einen Ssa wegen k.I. oftmals längst in den nachgeburtlichen Bereich hineinbewegen und daß die Frauen bei ihrer Entscheidung die Frage nach dem späteren Schicksal des Kindes, also seinem "lebenswerten Leben", stellen und ihre Entscheidung maßgeblich von dieser Überlegung leiten lassen. Das heißt, daß damit die k.I. in dem o.g.[409] engen, vom Gesetzgeber gedachten Sinne "praktisch kaum zu handhaben" ist.[410]

Das Gesetz kann die Entscheidung über den Lebenswert des Kindes unter der gewählten Konzeption auch gar nicht verhindern. Es muß diese Entscheidung vielmehr "der Schwangeren, ihrem Berater und ihrem sonstigen Umfeld praktisch

---

405 *Lenz*, Bamb. Symp., S. 11.

406 *Rüpke*, aaO., S. 49.

407 *Hanack*, Noll-GS, S. 198.

408 *Hepp*, Bamb. Symp., S. 59.

409 Siehe oben S. 62 ff.

410 *Hanack*, MedR 3 (1985), S. 33, 35.

frei(geben)"[411], wobei dann auch gesellschaftliche "Anforderungen" an ein annehmbares, tragbares, "gesundes", folglich so etwas wie einem "lebenswerten" Leben, eine Rolle spielen.

Der Rückgriff auf jene Gesichtspunkte, die der Gesetzgeber hier ausdrücklich verwirft,[412] macht die von der Frau zum Ssa erteilte Einwilligung nicht etwa sittenwidrig und damit wirkungslos.[413]

Im Vergleich zu den anderen bereits genannten Schwachstellen des Gesetzes (Schwere der Schädigung; Entscheidungskompetenz; Frist) hebt sich dieses Auseinanderklaffen von Gesetzesvorgabe und faktischer Auswirkung vielleicht noch am wenigsten ab.
Hanack raisoniert hier über einen "notwendigen Schönheitsfehler", den das Strafrecht in einem so sensiblen Bereich möglicherweise noch hinnehmen könne, schränkt aber selbst ein, daß "das wohl so einfach nicht (ist), zumal der Bruch auch die weiteren Ungereimtheiten verschärft, die mit der Regelung des geltenden Rechts verbunden sind".[414] Denn dieses Auseinanderklaffen von gesetzgeberischer Vorgabe und Realität mag einen negativen Einfluß auf die Einstellung des Bürgers zum Recht im allgemeinen und einen negativen Einfluß gegenüber behindertem Leben im besonderen haben, wenn nämlich der Gesetzgeber etwas postuliert (Verpönen der Unwertentscheidung), an das sich der Bürger nicht zu halten braucht.

Ein Widerspruch ergibt sich schließlich auch aus der Verknüpfung von Zumutbarkeitsgedanken und der Tatsache, daß trotz des Ssa ein lebendes Kind zur Welt kommt.[415]
Diese Vorgabe (Tötung nur im Mutterleib, nicht aber außerhalb des Mutterleibs) ist im Hinblick auf den tragenden Gedanken der k.I. nicht konsequent: Denn an der zulässigen Zumutbarkeitsentscheidung für die Frau ändert sich ja durch die Geburt des geschädigten Kindes nichts.
Im Grunde genommen beginnt mit der Geburt erst die Problematik, denn ab diesem Zeitpunkt nehmen die Probleme für sie erstmals *konkrete* Formen an: Im

411 *Hanack*, Noll-GS, S. 201.

412 So jedenfalls die Protokolle. Man wird sich allerdings zu fragen haben, ob der Gesetzgeber durch die gewählte Konstruktion und die Einbeziehung der Zumutbarkeit derartige Erwägungen nicht *bewußt* in Kauf genommen hat.

413 Vgl. *Krauß* in Murken, S. 276 m.w.N. Ähnlich auch *Hanack*, Noll-GS, S. 200.

414 *Hanack*, Noll-GS, S. 199.

415 Vgl. hierzu i.e. die Ausführungen auf S. 16 ff.

Hinblick auf die Ratio der Vorschrift kommt man an der Tatsache nicht vorbei, daß die Belastung der Mutter nach der Geburt des Kindes auf keinen Fall geringer, sondern eher größer wird. Konsequenterweise müßte die Zumutbarkeit der Frau über den Zeitpunkt der Geburt hinauswirken, so daß beim ungewollt lebend geborenen Fetus auf den Einsatz lebenserhaltender Mittel verzichtet werden müßte.

Zwar spricht § 218 a StGB nur davon, daß von der Frau "die Fortsetzung der Schwangerschaft" nicht verlangt werden kann, während das weitere Leben der Frau mit dem geschädigten Kind nicht ausdrücklich angesprochen ist.

Ein Verständnis der Zumutbarkeitsformel, ausschließlich auf die "Fortsetzung der Schwangerschaft" bezogen, wäre jedoch ein zu formaler Standpunkt, denn letztlich beinhaltet die Frage der Zumutbarkeit neben dem Aspekt über die "Fortsetzung der Schwangerschaft" hinaus die gesamte zukünftige Lebenssituation der Frau, die mit dem geschädigten Kind zu leben hätte.

Ein anderer Kritikpunkt ergibt sich aus dem Blickwinkel des Fetus: Wer definiert und vertritt seine "Interessen" gegenüber der Mutter? Hier beginnt in der Praxis - wie *Hepp* es nennt - die zweite Dimension des Problems,[416] die durch die einseitige Überbetonung der Zumutbarkeit für die Frau in den Hintergrund gedrängt werde.[417]

3.2 Zusammenfassende Bewertung

Die sich hier aufdrängenden Probleme erwachsen aus der materiellrechtlichen Begrenzung der k.I., speziell der Beurteilung und inhaltlichen Ausfüllung des unbestimmten Rechtsbegriffes der "schwerwiegenden" Schädigung, nicht aber aus der kriminalpolitischen Überlegung als solcher, durch die §§ 218 ff. StGB die Frau aus dem Untergrund der Kurpfuscher zu holen und dem Arzt die rechtlichen Möglichkeiten zum Ssa zu geben.

Wie dringlich es wäre, von seiten des Gesetzgebers sich noch einmal mit der k.I. zu befassen und auf die Probleme, die sich im Laufe der Zeit ergeben haben, einzugehen, ergibt sich deutlich aus den "Sonderwegen" und "Kunstgriffen", die die Praxis hier geht.

---

416 *Hepp* in Murken, S. 300.

417 "Würde nach dem Gesetz auch zu prüfen sein, ob dem Kind die Tötung zumutbar sei, fiele die Indikationslösung wie ein Kartenhaus in sich zusammen,", meint *Esser*, Arztrecht 16 (1981), S. 260 ff., (296).

Alle bislang aufgezeigten Probleme vermag die geltende Konzeption des § 218 a Absatz 2, Nr.1 StGB nicht befriedigend zu lösen. Vielmehr führt sie in starkem Maße zu einer Art rechtsfreiem Raum und läßt gesellschaftliche Entwicklungen zu, die sich primär an den Interessen der Frau ausrichten. Wie im Einzelfall entschieden wird, bleibt letztlich dem einzelnen Arzt oder der Frau überlassen. Ihnen wird damit die Verantwortung für das Kind und die Lösung der mannigfachen Konflikte, die durch die vage Formulierung des Gesetzes noch verschärft werden, aufgebürdet.

4 Lösungsvorschläge zu den markantesten Problempunkten

4.1 Zur "schwerwiegenden" Schädigung

4.1.1 In der Literatur

Wer auf juristischer Seite bei der Auslegung des Tatbestandsmerkmals "schwer wiegt" eine objektive Grenzziehung für nicht notwendig erachtet, weil allein die Belastung der Frau - ohne Berücksichtigung eines objektiven Maßes an Schwere der Krankheit - ausschlaggebend sein soll, wird in sämtlichen der oben aufgezählten Fälle[418] einen Ssa eben mit Rücksicht auf die Schwangere zulassen. Denn wenn sie nicht "belastbar" ist, kann auch eine objektiv gesehen "leichte" Behinderung des Kindes für sie so schwer erscheinen, daß ein Ssa aus k.I. befürwortet werden kann. Das aber hat zur Folge, daß auch eine LKG, ein Albino[419] und andere "leichte" Fälle der Krankheitengruppe 2.4.5.1 im Einzelfall durchaus zum Ssa berechtigen. So hält *Krauß* es für vertretbar, ausnahmsweise auch im Falle des Zwergwuchses oder auch eines Klumpfußes den Ssa zuzulassen.[420]

Wer hingegen, wie *Dreher/Tröndle*, *Gropp*, *Jähnke*, und *Schrömbgens*, ein gewisses Mindestmaß an Schädigungsschwere verlangt, wird hier im Einzelfall - unter Berufung auf die jeweilige Definition bzw. Einschätzung - einen Ssa verbieten wollen (mehr kann er ja nicht).

4.1.1.1 Der Vorschlag von *Gropp*

Gropp, der sich für eine Untergrenze ausspricht, begnügt sich mit der Auflistung einiger weniger Krankheitsbilder, bei deren Vorliegen nach seiner Einschätzung die Austragung der Schwangerschaft "grundsätzlich als zumutbar" erachtet werden "sollte".

---

418 Siehe oben S. 53 ff.

419 Mensch mit fehlender Farbstoffbildung (Melanin). Infolge der optischen Unvollkommenheit findet sich regelmäßig Lichtscheu, Schwachsichtigkeit u.ä.

420 *Krauß* in Murken, S. 271. Vgl. auch den Hinweis von *Hiersche*, Tröndle-FS, S. 677. Strikt ablehnend etwa *Jähnke*, § 218 a, Rdn. 54.

Als Beispiele werden u.a. der Klumpfuß, die Hüftgelenkluxation sowie die LKG genannt.[421] In diesen Fällen hält er einen Ssa aus k.I. für unzulässig.

Verallgemeinerungsfähige Kriterien und Umschreibungen, nach denen die Zuordnung anderer als der genannten Schädigungen möglich wäre, werden von ihm aber nicht entwickelt.[422]

4.1.1.2 Der Vorschlag von *Dreher/Tröndle*

Dreher/Tröndle argumentieren, ähnlich wie *Gropp*, ohne Angabe von Gründen und ohne die Möglichkeit einer Anwendung auf andere als die von ihnen genannten Krankheiten, zudem mit noch vageren Formulierungen: "Gewisse Schädigungen wiegen nicht schwer, wie manche Chromosomenstörungen, oder lassen sich operativ korrigieren, wie zum Beispiel die Lippen-Kiefer-Gaumen-Spalte." "Problematisch" sollen nach ihrer Ansicht die Taubstummheit, der angeborene Klumpfuß sowie die Hüftgelenkluxation sein.[423]

Nach welchen Kriterien hier eine Grenze allgemein gezogen werden soll, legen auch sie nicht dar. Sie beschränken sich vielmehr auf die exemplarisch aufgezählten Schädigungen.

Gegen beide Lösungsansätze spricht die begrenzte Anwendungsmöglichkeit allein auf die exemplarisch genannten Fälle und das Fehlen einer generalisierenden Umschreibung dessen, was "schwerwiegende" Krankheiten von "leichten" unterscheiden soll.

4.1.1.3 Der Vorschlag von *Schrömbgens*

Schrömbgens wünscht sich zur Lösung, daß der Gesetzgeber "durch Regelbeispiele innerhalb des Gesetzes Hinweise" gibt, oder aber die Verwendung einer Formel, "die ein erhöhtes Maß an körperlicher oder geistiger Krankheitsbelastung" beinhaltet.[424] Lösungsansätze dafür, wie diese Formel im einzelnen auszufüllen sein soll, gibt *Schrömbgens* selber aber nicht. Statt dessen wünscht er sich Richtlinien, die "durch Fachleute der Medizin und Genetik erstellt werden" sollen.

Schrömbgens macht es sich hier zu leicht, wenn er das definitorische Problem gänzlich auf die Mediziner abschiebt, wenngleich doch zwischen Juristen und Medizinern eine enge Zusammenarbeit bei der Interpretation vonnöten wäre. Sein

---

421 *Gropp*, S. 215 ff.

422 Im übrigen geht *Gropp* auf den Streit zwischen der "subjektiven", d.h. schwangerenorientierten und der "objektiven", d.h. schadenorientierten Sicht nicht ein.

423 *Dreher/Tröndle*, § 218 a, Rdn. 15.

424 *Schrömbgens*, S. 212 ff., 226.

Wunsch, bereits 1976 geäußert, hat die Praxis bis heute nicht beeinflußt und ist bislang nicht aufgegriffen worden.

Andere wiederum bemühen sich - losgelöst von der Aufzählung einzelner Krankheitsbilder - um die Erstellung verallgemeinerungsfähiger Kriterien, die die generelle Einordnung einer Schädigung als "schwerwiegend" ermöglichen soll. Dabei wollen sie auf bestimmte Zustände des ungeborenen Kindes als entscheidenden, z.T. alleinigen Maßstab abstellen.

4.1.1.4 Der Vorschlag von *Naujoks*

Bereits *Naujoks* wollte darauf abstellen, inwieweit das Kind einmal in der Lage sein werde, ein geistig und körperlich selbständiges Leben zu führen und für die Familie nicht zu einer dauernden Quelle schwerer Sorge psychischer und finanzieller Art zu werden.[425]

4.1.1.5 Der Vorschlag von *Jähnke*

Ähnliche Überlegungen finden sich bei *Jähnke*. Auch er stellt den Grad der Schädigung in den Vordergrund, hinter dem "sonstige für die Belastungsfähigkeit der Frau wesentliche Umstände" zurückzutreten haben.[426]

Er schlägt vor, die Grenze danach zu bestimmen, "ob der künftige Mensch einmal zu selbständiger physischer Existenz in der Lage sein wird".[427] Diesem Kriterium entsprechen laut *Jähnke* jene Kinder nicht, "die dauernde Pflegefälle bleiben oder trotz medizinischer Bemühungen niemals die Entwicklungsstufe eines etwa 10jährigen Kindes erreichen werden". Diese Fälle machen nach seiner Einschätzung "schwerwiegende" Fälle aus.

Nicht ausreichend soll aber sein, daß das Kind nur *gewisser* ständiger Betreuung bedürfen wird.

Unter Anwendung dieser Formel gelangt *Jähnke* zu dem Ergebnis, daß beispielweise Klumpfuß und Hüftgelenkluxation "eindeutig" aus dem Kreis der schwerwiegenden Fälle auszuscheiden haben.[428]

---

425 *Naujoks* in Winter/Naujoks, S. 159.

426 *Jähnke* in LK, § 218 a, Rdn. 53.

427 Dieser Aspekt wird auch von *Hiersche/Jähnke*, MDR 1986, S. 1 f., aufgegriffen. Sie beschränken sich für die dortige Abhandlung auf eine - wie sie es nennen - "grobe Differenzierung". Durch diese von ihnen selbst getroffene Beschränkung erübrigt sich hier mangels Vollständigkeit eine eingehende Stellungnahme dazu.

428 *Jähnke* in LK, § 218 a, Rdn. 54.

Im folgenden soll, wenngleich es dabei zu Überschneidungen in einzelnen Punkten kommt, jedes Kriterium für sich betrachtet werden, d.h. sowohl *Jähnkes* Grunddefinition der "selbständigen physischen Existenz" als auch die sie erläuternden Umschreibungen.

Zum Kriterium: "zu selbständiger physischer Existenz" in der Lage sein. Bei dem Kriterium "zu selbständiger physischer Existenz in der Lage sein" drängt sich zunächst die Frage auf, wann die von *Jähnke* verlangte Selbständigkeit gegeben bzw. nicht mehr gegeben sein soll.

Zu "selbständiger physischer Existenz" wird der künftige Mensch wohl dann noch in der Lage sein, wenn er die notwendigen täglichen Verrichtungen allein erledigen und sich in vertrauter Umgebung selbständig zurechtfinden kann. Klare Entscheidungen für oder gegen den Ssa lassen sich mit dieser Definition sicherlich in den Krankheitsfällen der Gruppe 2.4.5.1[429] treffen.

Problematischer hingegen wird es in der Gruppe 2.4.5.3, d.h. in den Fällen begrenzter Lebenserwartung für das Kind. Mangels ausdrücklicher Erwähnung würden von *Jähnkes* Definition allenfalls jene Krankheiten erfaßt, die lediglich eine kurze Lebensspanne für das Kind mit sich bringen, wie etwa die Ahornsirupkrankheit (Tod ungefähr im Vorschulalter) vielleicht auch noch Krankheiten, die nach ca. 5-10 Lebensjahren zum Tode des Kindes führen, wie die Fanconi-Anämie und die Zystinose. Denn insoweit kann man noch vertreten, daß diese Kinder nicht zu "selbständiger physischer Existenz" in der Lage sein werden, da sie einer ständigen Betreuung bedürfen (Ahornsirupkrankheit), oder aber das Kriterium "Entwicklungsstufe eines etwa 10jährigen Kindes" nicht erreichen würden (Fanconi-Anämie).

Nicht mehr von seiner Definition erfaßt werden aber solche Krankheiten, die zwar eine eingeschränkte, aber immerhin längerfristige Überlebenschance mit sich bringen, wie etwa die Mukoviszidose (Tod ungefähr um das 20. Lebensjahr), die progressive Duchenne-Muskeldystrophie (Tod ungefähr Ende des 2. Lebensjahrzehnts), die Huntington-Chorea (Eintritt im mittleren Lebensalter) oder andere Krankheiten, in denen sich der Defekt mit seinen Folgen erst im höheren Lebensalter manifestieren wird. Hier wird sowohl das Kriterium der "selbständigen physischen Existenz" als auch das der "Entwicklungsstufe eines etwa 10jährigen" erreicht, und damit müßte der Ssa nach *Jähnke* in jenen Fällen verboten sein.

Bei diesem Ergebnis wird man sich dann aber zu fragen haben, wieso die voraussichtliche Lebensdauer überhaupt so maßgeblich sein kann, daß bei ungefähr 10-

---

429 Vgl. oben S. 54 f.

15 Lebensjahren die "Grenze" zwischen zulässigem und unzulässigem Ssa gezogen werden können soll. Warum etwa ist dann bei der Huntington-Chorea anders zu entscheiden als bei der Fanconi-Anämie, bei der das Kind nur 6-8 Jahre alt werden kann? Mit welchem Argument ließe sich - speziell im Hinblick auf die Zumutbarkeit für die Mutter - ein kürzeres Leben als "sinnlos" bezeichnen? Hierzu wäre eine klärende Äußerung Jähnkes wünschenswert gewesen.

Jähnkes Definition läßt weitere Fragen offen, da das Abstellen auf die "selbständige physische Existenz" zu wenig bestimmt ist: Liegt für *Jähnke* z.B. ein "schwerwiegender" Fall vor, wenn das Kind voraussichtlich zwar motorisch zu bestimmten Verrichtungen des täglichen Lebens in der Lage sein wird, aber nicht (mehr) dazu, ihre Notwendigkeit zu erkennen oder sinnvoll zu koordinieren?

In welchem Maß und Umfang muß zudem die "Selbständigkeit" vorliegen? In welchem Umfang muß - anders gefragt - die (Un)fähigkeit zur eigenständigen Verrichtung vorliegen? Daß der künftige Mensch "gewisser ständiger Betreuung" bedarf, soll der Annahme einer "selbständigen physischen Existenz" ja nicht entgegenstehen.

Würde es dann also für die Verneinung einer "selbständigen physischen Existenz" ausreichen, wenn das Kind in nur *einer* der zur Ausführung der Verrichtungen des täglichen Lebens erforderlichen Fähigkeiten (vollständig) unselbständig ist, etwa dazu, Nahrung zu sich zu nehmen, um ihm die Möglichkeit zur Führung einer selbständigen physischen Existenz abzusprechen? Oder verlangt *Jähnke*, daß gleich mehrere dieser Fähigkeiten eingeschränkt sein müssen?
Sollte letzteres der Fall sein (wofür die Intention *Jähnkes* spricht): Sind alle benötigten Befähigungen zur Ausführung einer Verrichtung untereinander gleichwertig oder weisen sie ihrerseits ein unterschiedliches Gewicht auf, so daß etwa zwischen Motorik und Kommunikationsfähigkeit[430] eine verschiedenartige Wertigkeit besteht? Welche Bedeutung hätte dies für *Jähnkes* Kriterium? Welchen Einfluß hat es auf die "Selbständigkeit", wenn zwischendurch eine vorübergehende Verschlechterung oder auch Besserung des Befindens zu erwarten ist?
Dies bedarf wiederum der Auslegung, da *Jähnke* sich diesbezüglich nicht näher äußert.

Keine Antwort vermag *Jähnkes* Definition schließlich zu geben, wenn eine bestimmte Lebensdauer des Kindes von Schmerzen und Plagen "überwuchert" sein wird. Wendet man seine Definition konsequent an, müßte man hier einen "schwerwiegenden" Fall verneinen, da es unter keines seiner Definitionselemente fällt.

---

430 Vorausgesetzt, *Jähnke* setzt sie zur selbständigen physischen Existenz überhaupt voraus.

Zum Kriterium: "dauernde Pflegefälle bleiben". Die "selbständige physische Existenz" erläutert *Jähnke* in der Form, daß das Kind keinen "dauernden Pflegefall" darstellen darf, da dieser Umstand nach seiner Ansicht die Kräfte der Frau überfordern würde.
Dabei wird man unter einem "dauernden Pflegefall" einen regelmäßig wiederkehrenden Zustand zu verstehen haben, bei dem der Betroffene nicht ohne betreuende Pflege auskommen kann. Eine vorübergehende Besserung dürfte dem Merkmal der "dauernden" Pflege nicht entgegen stehen.

Trotz dieser Umschreibung bleibt die Frage offen, ob hierunter jene Fälle fallen, in denen der künftige Mensch nur in einigen Lebenssituationen hilfsbedürftig ist, im übrigen aber einige der täglichen Verrichtungen selbständig und allein vornehmen kann.
Ungeklärt ist auch, ob mit "Pflege" nur eine personenbezogene Pflege gemeint ist oder ob etwa auch die hauswirtschaftliche Versorgung hierzu zählt.
Weiter ist fraglich, ob es für *Jähnke* einen Unterschied macht, ob das Kind auf die (gesteigerte) apparative Medizin einer Intensivstation angewiesen sein wird oder aber (nur) auf die "normale" Medizin und dann auch nur zeitweilig (Dialysepatient, Diabetiker).
Wie hoch und intensiv müssen zudem die Pflegeanstrengungen der Mutter ausfallen? *Jähnke* beantwortet auch nicht die Frage, ob ein "dauernder Pflegefall" auch dann anzunehmen wäre, wenn eine zeitweise Krankenhausunterbringung oder eine Unterstützung durch Dritte (z.B. Gemeindeschwester) notwendig bzw. gewährleistet wäre.

Als Folge der Umschreibung des Merkmals "selbständige physische Existenz" stellt sich hier wie dort die Frage, in welchem Umfang und Maß und bei welcher Fähigkeit das Kind abhängig sein darf, und wie sich Hilfe im Einzelfall auswirken soll.

Zu klären wäre, wie *Jähnke* ein "Rollstuhlkind" bei Spina bifida[431] oder einer progressiven Muskelerkrankung einordnen würde, bei dem das Merkmal eines "dauernden Pflegefalls" in gewissem Umfang gegeben ist. Denn bei letzterer Erkrankung kann sich das Kind nur noch mit Mühe aus dem Sitzen aufrichten, braucht Hilfe bei der Körperpflege und beim Anziehen und ist in seiner Gehfähigkeit beeinträch-

---

431 Umschriebene Mißbildung des Rückenmarks infolge der unterbrochenen Kontinuität der (schützenden) Wirbelkörper mit der möglichen Folge schwerster Lähmungen im Bereich der Muskulatur, meist verbunden mit Gehstörungen, außerdem Inkontinenz, also einer Störung der Schließmuskelfunktion an Harnblase und Enddarm. Bei der offenen Spina bifida liegt das Rückenmark frei.

tigt, so daß es bei längeren Wegstrecken auf den Rollstuhl angewiesen ist. Blinde oder taube Kinder dürften wohl keinen "dauernden Pflegefall" für *Jähnke* darstellen.

Zum Kriterium: "Entwicklungsstufe eines etwa 10jährigen". Generell ist zum Kriterium "Entwicklungsstufe eines etwa 10jährigen" anzumerken, daß sich die geistige Entwicklung von Kind zu Kind individuell verschieden gestaltet.

Im Einzelfall wird es daher sicherlich 6- oder 8jährige Kinder geben, die bereits die geistige Entwicklungsstufe eines etwa 10jährigen erreicht haben, und umgekehrt den Fall, daß 10jährige noch nicht altersentsprechend entwickelt sind.

Jähnke will mit dieser Umschreibung aber sicherlich die durchschnittlichen *geistigen* Fähigkeiten eines etwa 10jährigen verstanden wissen und nicht die physischen.[432]

Dieses Kriterium ist aber m.E. nicht zwingend als gesondertes Kriterium aufzuführen, da eine "selbständige physische Existenz" (denk)notwendig mehr als nur die rein motorische Befähigung zur Verrichtung verlangt. Sie beinhaltet daneben nämlich auch eine geistige Komponente im Sinne von Erkennen der Notwendigkeit und sinnvoller Koordination der Verrichtungen.

Zu der eben dargestellten Kritik an der Definition *Jähnkes* kommt noch folgende allgemeine Kritik hinzu: *Jähnke* läßt sich bei seiner Grenzziehung - wie er selber sagt - maßgeblich von dem Grad der Schädigung leiten, hinter dem sonstige für die Belastungsfähigkeit der Frau wesentliche Umstände zurückzutreten haben.[433] Gleichwohl will er die "Reaktion der Angehörigen auf die Geburt eines geschädigten Kindes im Maßstab des Schweregrades berücksichtigt" haben, das Vorhandensein eines weiteren geschädigten Kindes bei der Entscheidung über den Ssa hingegen "besonders würdigen, sofern bereits 2 Kinder mit derselben Mißbildung leben".

Hier wird *Jähnke* inkonsequent: Zum einen berücksichtigt er abweichend von seiner Grunddefinition bei der Ermittlung des Schweregrades doch besondere Umstände, zum anderen will er den Umstand, daß schon 2 Kinder mit derselben Mißbildung leben, "besonders würdigen". Aus dieser Tatsache läßt sich folgern, daß *Jähnke*

---

432 Wenngleich *Jähnke* in seiner Grunddefinition auf die *physische* Existenz abstellt, dürfte das Kriterium der "Entwicklungsstufe eines etwa 10jährigen" nicht als seine "Grenze" für Fälle eingeschränkter Lebenserwartung - s. allgemein hierzu oben Gruppe 2.4.5.3, S. 54 ff. - aufzufassen sein. Hierfür spricht, daß *Jähnke* zusammen mit *Hiersche* in MDR 1986, S. 2, darauf abstellt, daß das Kind "aus der Hand" gegeben werden kann, was sicher erst in einem höheren Lebensalter anzunehmen ist.

433 *Jähnke* in LK, aaO., Rdn. 54.

die Berücksichtigung "sonstiger gewichtiger Umstände" durch seine Definition der "selbständigen physischen Existenz" nicht sämtlich miterfaßt hat.

Das Abstellen überwiegend auf den Schädigungsgrad erweist sich vor dem Hintergrund der die k.I. tragenden Erwägung des Gesetzgebers,[434] den Ssa im Hinblick auf die unzumutbaren Belastungen der Mutter in schweren Fällen zu gestatten, als problematisch, weil sich dieses Kriterium möglicherweise als zu eng erweist. Denn stellt man die Schwere der kindlichen Schädigung so maßgeblich in den Vordergrund, können andere, aber gleichwohl für die Belastung der Frau generell wesentliche Umstände aus dem sozialen und privaten Umfeld, wie etwa bereits vorhandene geschädigte Kinder, konsequenterweise nicht berücksichtigt werden.

Jähnke, der dieses Problem erkannt hat, will deshalb ausnahmsweise speziell das Vorhandensein 2 weiterer geschädigter Kinder in Abkehr von seiner oben dargestellten Grunddefinition - wie er es nennt - "besonders würdigen". Dabei ist allerdings nicht erklärlich, warum *Jähnke* diese Ausnahme vom Vorhandensein gerade 2 Kinder abhängig machen will, die zudem ausgerechnet *diesselbe* Schädigung aufweisen müssen. Warum werden nicht auch *andere* pflegebedürftige Angehörige genauso berücksichtigt?
Zusätzliche, für die Frau vielleicht aber ebenfalls gewichtige Umstände lassen sich von dieser Definition der "selbständigen physischen Existenz" dann aber erst recht nicht erfassen. Dazu gehört etwa, daß nur 1 Kind mit genau derselben Schädigung vorhanden ist, oder aber mehrere Kinder, jedoch mit verschiedenen Schädigungen oder aber, daß die Frau für einen anderen (kranken) Angehörigen zu sorgen hat.
Den Umstand, daß die Schwangere selbst körperlich (stark) behindert ist, und dieses Faktum mit einer kindlichen Schädigung eines "an sich" leichten Schweregrades zusammentrifft, kann *Jähnke* ebensowenig berücksichtigen.

Daß *Jähnke* im Einzelfall in eine "besondere Würdigung" eintreten will, bedeutet letztlich nichts anderes, als daß er, in Abkehr von seiner Grunddefinition, bei deren Zugrundelegen er zum Ergebnis einer "an sich" nicht schwerwiegenden Schädigung gelangen müßte, nach jener "besonderen Würdigung" doch noch zu dem gegenteiligen Ergebnis kommen kann, d.h. dem Vorliegen einer "schweren" Schädigung. Konsequenterweise müßte bei Vorliegen einer nach seiner Definition nicht mehr "schwerwiegenden" Schädigung der Ssa generell verboten sein. Unverständlich bleibt, warum eine Schädigung mit "an sich" leichtem Schweregrad nicht ebenso durch andere gewichtige Umstände - als gerade die Existenz weiterer geschädigter Kinder - zur "schwerwiegenden" Schädigung werden kann. Denn auch "sonstige Umstände"

---

434 Vgl. oben S. 62 f.

mögen durchaus einmal gewichtig sein und sollten in einer verallgemeinernden Definition berücksichtigt werden.

Offenbar getragen von der Überlegung, im Einzelfall atypischen, subjektiv gravierenden Einzelfällen im Interesse der Frau doch einmal Rechnung tragen zu können, relativiert *Jähnke* damit seine eigene Definition. Zumindest diesen Fall weiterer geschädigter Kinder hat er somit mit seiner Grunddefinition nicht erfaßt, denn sonst wäre eine "besondere Würdigung"[435] nicht (mehr) erforderlich.

Zusammenfassend kann festgehalten werden, daß die von *Jähnke* selbst vorgenommene Relativierung der eigenen Formel diese so letztlich wenig praktikabel macht. Denn in der Praxis werden gewiß auch andere Faktoren als nur das Vorhandensein weiterer geschädigter Kinder (wie gesundheitliche, psychische oder finanzielle Faktoren) den "Schweregrad" der Schädigung beeinflussen, die ebenfalls Berücksichtigung verdienten.

Man kann hier nicht anführen, daß *Jähnke* die Berücksichtigung jener "sonstigen gewichtigen Umstände" durch seine (wie sich gezeigt hat weite) Grunddefinition der "selbständigen physischen Existenz" sämtlich mit erfaßt habe.[436] Dagegen sprechen gleich mehrere Argumente:

1) *Jähnke* selbst stellt maßgeblich auf den Schädigungsgrad ab, hinter dem sonstige Umstände zurückzutreten hätten.

2) Wenn diese anderen Umstände gleichwohl in seiner Definition Berücksichtigung gefunden haben sollten, fragt es sich, warum nur das Vorhandensein weiterer geschädigter Kinder als einziger Umstand von der Grunddefinition nicht erfaßt sein soll und warum *nur* eben jener der "besonderen Würdigung" bedarf.

Eine umfassende Definition sollte auch diesen Umstand berücksichtigt haben, so daß auf eine "besondere Würdigung" im Fall bereits vorhandener geschädigter Kinder nicht zurückgegriffen zu werden brauchte.

3) Dagegen, daß *Jähnke* (sämtliche) "sonstigen gewichtigen Umstände" erfassen kann, spricht ferner noch, daß er die Selbständigkeit der physischen Existenz "weit" verstanden wissen will. Dadurch muß er zugleich den Kreis der sonstigen belastenden Faktoren notwendigerweise einengen: Denn er kann nicht gleichzeitig nach beiden Seiten "weit" sein, d.h. einmal im Interesse der Schwangeren möglichst *alle* Faktoren berücksichtigen und andererseits im Interesse des Ungeborenen möglichst *wenig* Schädigungen als schwerwiegend anerkennen. Daß *Jähnke* den Begriff der

---

435 Ob noch zusätzliche Aspekte berücksichtigt werden, sagt er nicht. Daß *Jähnke* dies m.E. nicht macht, ergibt sich aus den sogleich folgenden Ausführungen, S. 120 f.

436 Ob überhaupt andere und wenn ja welche sonstigen Umstände *Jähnke* in die Schweredefinition einfließen läßt, und welche ggf. nicht, sagt *Jähnke* selbst nicht.

Selbständigkeit der physischen Existenz "weit" faßt, belegt seine Erläuterung. Danach soll selbst eine gewisse ständige Betreuung die "Selbständigkeit" des Kindes nicht ausschließen. *Jähnke* hält damit die mit jener Betreuung verbundenen zusätzlichen Belastungen für die Frau, die ihr durch die besonderen Pflegeanforderungen des Kindes erwachsen, für noch zumutbar.

Jähnke ist somit zu einer "zweispurigen" Lösung gezwungen: Während er im "Normalfall" von einer "schwerwiegenden" Schädigung ausgeht, muß er beim Vorhandensein weiterer geschädigter Kinder *zumindest* dieses Faktum nachträglich verarbeiten und - unter Abkehr von seiner Definition - anders entscheiden.

Obiger Zwiespalt kann vermieden werden, wenn man bei der Definition des Tatbestandsmerkmals "schwerwiegend" von vornherein auf möglichst viele "sonstige", in ihrer Auswirkung gewichtige Fälle abhebt, ohne damit aber zugleich einer Einzelfallentscheidung im Sinne der schwangerenorientierten Sicht entsprechen zu wollen. Dieses Ziel läßt sich erreichen, indem man - entgegen *Jähnke* - außer dem Schädigungsgrad auch jene "anderen für die Belastungsfähigkeit der Frau wesentlichen Umstände" einfließen läßt, statt sie bei der Definition außer acht zu lassen.

Auf diese Weise läßt sich die Einheitlichkeit bzw. "Einspurigkeit" der Definition und damit der Lösung bewahren, ohne im einen Fall eine "schwere" Schädigung zu bejahen und sie im anderen, ähnlich gelagerten Fall, nach "besonderer Würdigung", verneinen zu müssen.

Nach allem erweist sich auch *Jähnkes* Formel als nicht in allen Details vollständig befriedigend. Dadurch, daß *Jähnke* bei der Umschreibung der Indikation so maßgeblich auf den Schädigungsgrad abstellt, entscheidet er sich für ein zu enges normatives "Korsett",[437] das zudem gewisse Fallgestaltungen, wie etwa eine begrenzte Lebensspanne oder aber Leiden und Plagen des Kindes nicht erfaßt, im übrigen den Begriff der Selbständigkeit weit faßt, um möglichst viele Fälle vom Ssa ausnehmen zu können.

4.1.1.6 Ergebnis

Sämtliche der aufgezeigten, in der Literatur vertretenen Lösungsvorschläge vermögen mithin nicht, die beschriebenen Ausuferungen des Ssa in der Praxis zu unterbinden. Dies liegt z. T. schon daran, daß handhabbare, generalisierbare Kriterien überhaupt nicht gegeben werden. *Jähnke* bemüht sich zwar um die wissenschaftliche Klärung einer Definition im Interesse der Rechtssicherheit - die selbst noch Fragen offen läßt -; er postuliert aber keine ausdrückliche gesetzliche Klarstellung, sondern

---

437 Hinter der Schwere des Schadens treten sonstige für die Belastungsfähigkeit wesentliche Umstände zurück.

begnügt sich mit seiner - bedingt brauchbaren - Definition ungeachtet dessen, daß sich die medizinische Praxis nicht an sie hält.

Es ist daher der Versuch zu unternehmen, das Tatbestandsmerkmal "schwer wiegt" nach anderen, weitergehenden, sachlich-objektivierbaren Kriterien zu umschreiben, wobei die genannten Kritikpunkte zu beachten sind und zudem den Ansprüchen des werdenden Lebens Rechnung zu tragen ist.

4.1.2 Eigene Lösungsvorschläge

Man könnte vorab allerdings der Ansicht sein, daß sich in einer pluralistischen Gesellschaft derart vielschichtige Probleme und eine Vielfalt der möglichen Varianten der Lebenswirklichkeit ergäben, wie Erfahrung, Weltanschauung, Erziehung, Nöte, Zwänge, Ängste, Haltung der Umwelt (soziales Milieu) und Gesellschaft (Isolation und Ablehnung), Struktur und Stabilität der Ehe, der Familie (Geschwister), der materiellen Sicherheit, Solidarität der Nachbarn, Integrationsprobleme, heilpädagogische Betreuungsmöglichkeiten und dergleichen mehr, so daß es nicht möglich sei, das Merkmal der (zumutbaren) Schwere im Rahmen der kindlichen Indikation zu "typisieren", und so daß ein durchgängiger Wertkonsens und damit eine allgemeingültige Konkretisierung der "schwerwiegenden" Schädigung nicht zu erreichen sei.[438]

Nach diesem Verständnis würde das Bemühen, eine inhaltlich genauere *gesetzliche* Umschreibung zu erstellen, gleichsam eine Allgemeingültigkeit schaffen, die es in der Realität gar nicht gäbe. Von daher müsse man, so könnte man meinen, mit einem Nebeneinander einer Vielzahl ethischer Anschauungen und Verhaltensweisen leben, "einem Kompromiß zwischen Gesetz, ärztlicher Verantwortung, menschlichem Verständnis und Glaubensbindung",[439] ohne aber in der Lage zu sein, einen gemeinsamen, verallgemeinerungsfähigen Nenner zu finden.

Gegen derartige Einwände sprechen jedoch folgende Überlegungen:

Indem der Gesetzgeber nun einmal die Forderung aufgestellt hat, daß nur bei "schwerwiegenden" Schädigungen mit Rücksicht auf die Frau ein Ssa wegen k.I. zugelassen werden kann,[440] muß es insoweit eine Grenzziehung zwischen "schwer-

---

438 Interessanterweise gehen die o.g. Vertreter der "objektiven", schadenorientierten Sichtweise über diesen Punkt hinweg, wenngleich sich diese Überlegung auch und gerade für sie stellen sollte.

439 So etwa *Rett*, Bamb. Symp., S. 135.

wiegenden" und "leichten" Schädigungen geben. Wenn das richtig ist, muß es aber auch Fälle geben - es fällt schwer, sie zu formulieren -, bei denen trotz der Diagnose einer Schädigung des Kindes derartige "außerordentliche Umstände" im Sinne des BVerfG und die geforderte außergewöhnliche Belastung der Frau *nicht* vorliegen.
Der Einwand des Wertepluralismus beträfe also nicht den Versuch einer Grenzziehung als solchen, als vielmehr die gesetzliche Regelung selbst, die eine derartige Grenze vorsieht und verlangt.
Zudem ist zu bedenken, daß ja gerade wegen pluraler Wertvorstellungen der Ruf nach verbindlichen Bewertungsmaßstäben laut wird.

Bei allem Wertepluralismus und aller Meinungsvielfalt erscheint es deshalb geboten, sich auf einige gemeinsame Prinzipien - gedacht als kleinsten gemeinsamen Nenner - zu verständigen und dort die Grenzen des Ssa wegen k.I. abzustecken. Dabei muß das Recht sich darauf beschränken, zum Schutz gesellschaftlich anerkannter ethischer Werte nur diejenigen Verhaltensweisen zu fordern, deren zwangsweise Durchsetzung auch von durchschnittlich schwachen Menschen noch ertragen werden kann. Sittliche "Höchstleistungen" kann das Recht insofern nicht erzwingen.

Hierbei wird man zunächst im Hinblick auf die Art der Schädigung des Kindes eine Differenzierung treffen müssen, daneben aber auch sonstige für die Belastungsfähigkeit wesentliche Faktoren zu berücksichtigen haben, wie etwa die damit verbundene psychische Belastung der Eltern und dergleichen mehr.[441]

4.1.2.1 Gleichbehandlung des Ssa mit dem sog. Behandlungsverzicht bei schwergeschädigten Neugeborenen (Bhv)

Um zu einer möglicherweise akzeptableren Lösung zu gelangen als die genannten Autoren, könnte man zunächst daran denken, bei der Bestimmung des Tatbestandsmerkmals "schwerwiegende" Schädigung[442] auf die Voraussetzungen des sog. Bhv zurückzugreifen, denn der Bhv bei Neugeborenen befaßt sich ebenfalls mit "schweren"[443] Schädigungen, bei denen lebensrettende Maßnahmen nicht unter allen Umständen ergriffen werden müssen, sondern sogar unterlassen werden dürfen.

---

440 So auch das BVerfGE 39, 1, 48.

441 Vgl. i.e. unten S. 142 ff.

442 Gesucht wird dabei eine Definition, die in brauchbarer Weise die Grenze der "leichten" Fälle - Gruppe 2.4.5.4, S. 54 ff., 60 ff. - erfaßt.

443 Das Hauptthema des 1.Einbecker Workshops der Deutschen Gesellschaft für Medizinrecht vom 27. bis 29. Juni 1986 lautete "Sterbehilfe bei schwergeschädigten Neugeborenen", vgl. *Zander*, Einbecker Workshop, S. 64.

Beim Bhv könnte deshalb *möglicherweise* ein brauchbares Definitionskriterium für das Tatbestandsmerkmal "schwerwiegende" Schädigung im Sinne des § 218 a Absatz 2, Nr. 1 StGB gefunden werden, das es ermöglicht, auch die Fälle der Gruppe 2.5.4.4 hinreichend zu berücksichtigen.

Man könnte daran denken, daß immer, aber auch ausschließlich dann, wenn beim Neugeborenen auf eine Lebensverlängerung "um jeden Preis" verzichtet werden darf, auch ein Ssa beim Ungeborenen vorgenommen werden darf.

Die *Vorteile* einer derartigen Gleichbehandlung wären nicht von der Hand zu weisen: Es würde eine konsequente und in sich schlüssige Linie verfolgt, indem pränatales menschliches Leben mit postnatalem gleichgesetzt wäre und damit beide Problemkreise einheitlich behandelt würden.
Zudem gäbe es so einen allgemeinen Konsens hinsichtlich derjenigen Krankheiten, die, weil sie später zum Bhv berechtigen, bereits vorher im Mutterleib einen Ssa wegen k.I. erlauben. Durch diese Grenzziehung würden weiterhin die *Interessen* des Kindes - auf die beim Bhv verschiedentlich in entscheidendem Maße abgestellt wird - hinreichend berücksichtigt.[444]
Die Zusammenhänge mit dem Bhv würden klar, die vorgegebene 22-Wochen-Frist könnte in jenen Fällen neu überdacht werden.[445]

Der Ssa wäre dann gleichsam als zeitlich vorgelagerte Grenze der Behandlungspflicht bei schwergeschädigten Neugeborenen aufzufassen.

Um in die Prüfung einsteigen zu können, stellt sich zunächst die Frage, inwieweit eine Einschränkung der grundsätzlichen Pflicht zur Rettung schwergeschädigter Neugeborener rechtlich zulässig ist. Sodann bedarf es der Klärung, nach welchen Kriterien und Maßstäben eine Grenzziehung beim Bhv erfolgen kann. Erst danach kann die Prüfung erfolgen, ob diese Grundsätze zum Bhv auch auf den Ssa übertragen werden können.

Rechtliche Zulässigkeit des Bhv. Wenn auch mit dieser oder jener Einschränkung und Vorbehalten, geht die Meinungsvielfalt in der Rechtswissenschaft und Medizin in der Grundtendenz dahin, einer ärztlichen Behandlungspflicht bei schwergeschädigten Neugeborenen "um jeden Preis" zu entsagen und irgendwo eine Grenze anzuerkennen.

---

444 Siehe unten S. 127, Ziffern 4 u.6.

445 Vgl. unten S. 153 ff.

Praktizierter Bhv. Wie oft in der täglichen ärztlichen Praxis tatsächlich derart verfahren wird, daß ein schwer geschädigtes Kind "weggelegt" wird,[446] bleibt unerschlossen, allein schon deshalb, weil ein derartiger Fall (von den Beteiligten) kaum bekannt gemacht wird. Daß das Unterlassen notwendiger ärztlicher Behandlung in der Wirklichkeit dennoch "bereits praktiziert wird oder praktiziert werden muß, ist kaum zu bestreiten".[447]
Man kann auch von seriösen Medizinern hören, daß es jedenfalls bei hochgradig geschädigten Neugeborenen "weithin üblich sei, auf lebensrettende bzw. -fördernde Maßnahmen zu verzichten und das Kind sterben zu lassen".[448]

Literatur. Was dabei im juristischen (und medizinischen) Schrifttum zur Umschreibung der Grenzen des Bhv an Ansätzen unternommen wurde, ist durchweg noch tastend und in der Umschreibung unsicher:[449] Dennoch nimmt diese Einstellung derartigen Überlegungen nicht ihre prinzipielle Berechtigung.
Denn auch hier rückt - wie ähnlich beim Ssa wegen k.I. - erst durch den Fortschritt der medizinischen Technik die Frage nach den Grenzen ärztlicher Behandlungspflicht in den Mittelpunkt, weil jene Grenzen, die "früher" als unüberwindbares, naturgegebenes Faktum akzeptiert werden mußten, heute durch die medizinisch-technischen Möglichkeiten in Grenzen korrigierbar sind.

---

446 So die Formulierung von *Schmitt*, Klug-FS, S. 330, sowie *Spann*, Einbecker Workshop.
Kaufmann, JZ 1982, S. 484, spricht vom "*Liegenlassen*"; *Seidler*, Einbecker Workshop, S. 88, davon, daß das Kind "*in den Eimer getan*" wird. *Gründel*, MedR 3 (1985), S. 6, spricht davon, das Kind "*einfach einschlafen*" zu lassen.

447 So *Hanack*, Gynäkologe 15 (1982), S. 100. Vgl. auch *Eser* in AME, S. 142; *Ewerbeck*, Einbecker Workshop, S. 18; *Heifetz/Mangel*, S. 47 ff.; *Köttgen*, Der Kinderarzt 9 (1978), S. 1126; *v. Loewenich*, MSchr. Kheilk. 130 (1982), S. 357; *Regenbrecht*, MMW 115 (1973), S. 601.
Ebenso ist *Kaufmann*, JZ 1982, S. 481, der Überzeugung, daß "die Dunkelziffer sehr hoch ist".

448 Vgl. *Hanack*, Gynäkologe 15 (1982), S. 100, Fn. 28. Er nennt eine Zahl von 300-400 kurz nach der Geburt getöteten Kindern.
Ebenfalls Beispielsfälle nennen *Hiersche*, Einbecker Workshop, S. 1 ff.; *Laufs*, Jahrbücher, S. 8 ff.; *Schmitt*, Klug-FS, S. 329, sowie *Zander*, Einbecker Workshop, S. 25.

449 *Jähnke*, Einbecker Workshop, S. 99, und ähnlich auch *Ulsenheimer*, Einbecker Workshop, S. 111, sprechen von einer "überschaubaren Spezialliteratur", wenngleich man sich zunehmend mit diesem Thema befaßt.
Auch der Gesetzgeber hat zu diesem Problem noch nicht Stellung genommen. Laut *Eser*, JZ 1986, S. 793, wird diese Problematik, nicht zuletzt wegen einer zeitgeschichtlich bedingten Sensibilität, "immer wieder ausgeklammert", und auch im AE-Arbeitskreis zum 56. DJT 1986 "gab es durchaus Stimmen, die diesen Problemkreis überhaupt nicht angesprochen sehen wollten".

Soweit der Bhv bei schwergeschädigten Neugeborenen in der Literatur überhaupt angesprochen wird, ist die heikelste Frage die, wie weit die Pflicht des Arztes zur Lebenserhaltung bzw. -verlängerung reichen soll und wo genau die Grenze zu ziehen ist.

Die h.M. derjenigen, die sich mit dem Bhv befaßt haben, trägt im Ergebnis keine Bedenken, hier eine Begrenzung der Lebenserhaltungspflicht anzunehmen.[450] Die Begründung läuft dabei - unbeschadet des jeweiligen konstruktiven Ansatzes[451] - meist auf die Ansicht hinaus, daß das Leben des neugeborenen, schwergeschädigten Kindes nicht unter allen Umständen und mit allen Mitteln bewahrt werden müßte. Man steht überwiegend auf dem Standpunkt, daß nicht stets verlangt werden könne, daß auch im extremsten Falle die äußersten Prozeduren angewendet werden müßten, um das Kind "durchzubringen". Die durch die Medizintechnik ermöglichten Behandlungsansätze samt der dazugehörigen Probleme geböten es vielmehr, neue Maßstäbe der ärztlichen Behandlungspflicht zu umreißen. Eine Begrenzung der ärztlichen Lebenserhaltungspflicht sei jedenfalls dort anzunehmen, wo der Arzt mit diesem Handeln überhaupt erst die eigentlichen Voraussetzungen für die Existenz des Schwergeschädigten schafft, ihn also gleichsam "wider die Natur" "produziert".[452]

An Beiträgen von Juristen, Medizinern und Ethikern, die sich im einzelnen mit diesem Problem eingehender befaßt und sich für die Anerkennung eines Bhv in engen Grenzen ausgesprochen haben, fehlt es nicht.[453]

---

450 Literaturangaben s. S. 126 f. in Fn. 453.

451 Siehe hierzu S. 126 f.

452 *Hanack*, Gynäkologe 15 (1982), S. 101.
Soweit ersichtlich, sind nur *Betke*, MSchr. Kheilk. 130 (1982), S. 357, und *Bockelmann*, Strafrecht des Arztes, 1968, S. 114, 125, ablehnender Ansicht.
Zu einer Zeit, als der Arzt lediglich vermochte, den Kranken bzw. dessen Körperfunktionen zu *entlasten*, in der Hoffnung, der Körper werde aus eigener Kraft wieder gesunden, war ihre Ansicht zutreffend. Denn daß bei derartig entlastenden Maßnahmen, die darauf abzielten, die Chancen des angegriffenen Körpers zu bessern, ein Unterlassen nicht in Frage kam, liegt auf der Hand.
Heutzutage jedoch geht es beim Bhv nicht um solche *entlastenden* Maßnahmen, sondern vielmehr darum, daß ganze Organe durch die Technik *ersetzt* werden können und z.B. ein Hirntoter durch die Technik am "Leben" erhalten werden kann.

453 Juristen:
Engisch, S. 43, 44; *Eser* in AME, S. 143; *ders.* in Grenzen, S. 90, 91; *ders.*, JZ 1986, S. 793; *ders.* in S/S, Vorb. § 211, Rdn. 32 a; *Hanack*, Gynäkologe 15 (1982), S. 101; *ders.* in Noll-GS, S. 206; *ders.*, MedR 3 (1985), S. 33 ff., 36; *Hiersche/Jähnke*, MDR 1986, S. 1, 2; *Jähnke*, Einbecker Workshop, S. 103; *Kaufmann*, JZ 1982, S. 485 f.; *Laufs*, Weißauer-FS, S. 95; *Maurach/Schroeder/Maiwald*, BT 1, § 1 V 4; *Schmitt*, Klug-FS, S. 333, 335, offenbar unter Abstandnahme von seiner in JZ 1979, S. 464, vertretenen gegenteiligen, d.h. ablehnenden Auffassung; *ders.*, MDR 1986, S. 621; *Weißauer*, Geburtsh. u. Frauenheilk. 43 (1983), S. 195.

So sehr man sich über die grundsätzliche Notwendigkeit einer Begrenzung der Behandlungspflicht auch weitgehend einig ist, so schwer tut man sich mit der rechtlichen Begründung.

Dabei beschränkt sich die juristische Problemstellung darauf, inwieweit die Garantenpflicht beim Unterlassungsdelikt eingeschränkt werden kann.

Zur Begrenzung der Garantenpflicht beim Bhv werden folgende Meinungen vertreten:

1) Unmöglichkeit der Lebenserhaltung,[454]

2) Unmöglichkeit im Hinblick auf das "Wesen des ärztlichen Handelns",[455]

3) Unzumutbarkeit für den A r z t,[456]

4) Unzumutbarkeit (des Weiterlebens in diesem Zustand) für das K i n d,[457]

5) Unzumutbarkeit für die E l t e r n,[458]

6) Unzumutbarkeit für Kind u n d Eltern,[459]

Mediziner:
Brodehl in Müller/Olbing, S. 211, 218 f.; *Ewerbeck*, DÄ 81 (1984), S. 2489; *ders.*, Einbecker Workshop, S. 128; *ders.* in Müller/Olbing, S. 166; *Hövels* in Müller/Olbing, S. 168; *Köttgen*, Der Kinderarzt 9 (1978), S. 1129; *v. Loewenich*, MSchr. Kheilk. 130 (1982), S. 357; *ders.*, MedR 3 (1985), S. 31; *Mildenberger* in Müller/Olbing, S. 209; *Opderbecke*, MedR 3 (1985), S. 29; *Regenbrecht*, MMW 115 (1973), S. 603.

Ethiker:
Böckle in Müller/Olbing, S. 23; *Gründel*, MedR 3 (1985), S. 6; *ders.*, Einbecker Workshop, S. 74.

454 Etwa *Hanack*, MedR 3 (1985), S. 36.

455 *Jähnke*, Einbecker Workshop, S. 103 - vgl. auch Ziff. 10 auf S. 128.

456 *Eser* in Grenzen, S. 86; *ders.* in S/S, Vor. § 211, Rdn. 29; *Hanack*, Gynäkologe 15 (1982), S. 100.

457 *Brodehl* in Müller/Olbing, S. 211, 218; *Hanack*, MedR 3 (1985), S. 35, 38; *Kaufmann*, JZ 1982, S. 485; *v. Loewenich*, MSchr. Kheilk. 130 (1982), S. 358; *ders.* in Müller/Olbing, S. 199; *ders.*, MedR 3 (1985), S. 33.

458 *Schmitt*, Klug-FS, S. 335.

459 *Olbing/Schreiber* in Müller/Olbing, S. 193.

7) Unzumutbarkeit für die G e s e l l s c h a f t,[460]

8) Unzumutbarkeit a l l g e m e i n,[461]

9) Schutzzweck der Norm,[462]

10) immanente Grenzen der ärztlichen Behandlungspflicht,[463]

11) Menschenwürde,[464]

12) Berufung auf das "ärztliche Gewissen" oder sonstige "Gewissensgründe" als Fall der Unzumutbarkeit.[465]

Es folgen die begrenzenden Kriterien und die inhaltliche Bestimmung des Bhv.

Grenzziehung anhand allgemeingehaltener Formulierungen. Soweit die Beantwortung der Frage nach den Grenzen des Bhv anhand allgemeingehaltener Formeln, nicht aber anhand von verallgemeinerungsfähigen Fallgruppen erfolgt, ist sie für die hier angestellte Überlegung nicht weiter hilfreich: Denn sämtliche Umschreibungen sind ihrerseits wieder so ungenau und auslegungsbedürftig,[466] daß sie nicht geeignet sind,

---

460 *v. Loewenich*, MedR 3 (1985), S. 31; *ders.* in Müller/Olbing, S. 196.

461 *Engisch*, S. 44: Unzumutbarkeit als "regulatives Rechtsprinzip".

462 *Jähnke* in LK, Vor. § 211, Rdn. 17.

463 *Böckle* in Müller/Olbing, S. 23; *Eser* in AME, S. 133; *Gründel*, Einbecker Workshop, S. 79: " ... endet der Heilauftrag des Arztes"; *Opderbecke*, MedR 3 (1985), S. 25; *Weißauer*, Geburtsh. u. Frauenheilk. 43 (1983), S. 195.

464 *Eser* in Grenzen, S. 88, verstanden als "die Herabwürdigung des Patienten zum bloßen Objekt"; *Ewerbeck*, DÄ 81 (1984), S. 2489; *ders.* in Müller/Olbing, S. 166; *ders.*, Einbecker Workshop, S. 21.

465 So *Laufs* in Heidelberger Jahrbücher, S. 11, 12 - dazu die berechtigte Kritik von *Jähnke*, Einbecker Workshop, S. 102, 103.

466 Genannt werden Umschreibungen wie etwa "infauste" (=aussichtslose) Prognose einer Erkrankung, die nach ärztlicher Einschätzung zum Tode führt und keine Chance auf Besserung zuläßt, so etwa *Holschneider*, Einbecker Workshop, S. 71, sowie *v. Loewenich*, MedR 3 (1985), S. 33.
Ferner u.a. Umschreibungen wie sinnlose, aussichtslose, zwecklose, außergewöhnliche, ineffektive Therapie, so etwa *Böckle* in Müller/Olbing, S. 22 f.; *Gründel*, Einbecker Workshop, S. 79; *Hövels* in Müller/Olbing, S. 168; *Kaufmann*, JZ 1982, S. 485; *Olbing* in Müller/Olbing, S. 222.

dem Bhv - und wie hier vorausgesetzt, damit letztlich dem § 218 a Absatz 2, Nr. 1 StGB - klare Konturen zu geben.
Für die Bestimmung der "schwerwiegenden" Schädigung in § 218 a Absatz 2, Nr. 1 StGB sind diese Umschreibungen daher nicht brauchbar.

Grenzziehung anhand von Fallgruppen. Andere Autoren wiederum bemühen sich, allgemeine Kriterien und Fallgruppen aufzustellen, um die Behandlungspflicht zu begrenzen.

Gründel etwa gebraucht dabei aber ebenfalls mehrere allgemeingehaltene Formeln, wie "schwere" und "leichtere" Schäden.[467]
Jähnke differenziert zwischen jenen Fällen, in denen die Kinder in existentieller Abhängigkeit vom Arzt leben, und solchen Fällen, in denen das Leben unaufhaltsam verlischt, sowie letzlich jenen Fällen, in denen es "infolge von Hirnschädigungen ausgeschlossen erscheint, daß das Kind je zu Bewußtsein kommen wird".[468]
Ähnliche Fallgruppen enthalten die Empfehlung der Deutschen Gesellschaft für Medizinrecht (DGMR)[469] sowie die Gruppen von *v. Loewenich*[470].

Auch diese Versuche vermögen für die vorliegende Differenzierung keine griffige Handhabe zu bieten.

Die Vorschläge von *Hanack*, der sich - soweit erkennbar - bislang am detailliertesten zum Bhv geäußert hat, sollen hier in voller Länge wiedergegeben werden.[471]
Er will den Bhv anerkennen in Fällen

1) der Unmöglichkeit, das Kind am Leben zu erhalten;
2) in denen die Behandlung dem Kind schwerste Qualen bereiten würde, aber den beginnenden Sterbeprozeß nicht auszuschließen vermag, sondern nur verzögert;
3) in denen der Eingriff mit Sicherheit dahinvegetierende Wesen ohne höhere Gehirnfunktion hinterlassen würde;

---

467 *Gründel*, Einbecker Workshop, S. 78 ff. Ähnliche Formeln finden sich bei *Ewerbeck* in Müller/Olbing, S. 165.

468 *Jähnke*, Einbecker Workshop, S. 100, 101, 108.

469 DGMR, Einbecker Workshop, S. 183 ff.

470 *v. Loewenich* in Müller/Olbing, S. 200 f.

471 *Hanack*, MedR 3 (1985), S. 33 ff.

4) in denen das Kind niemals die Fähigkeit zur Wahrnehmung und damit zu einem kommunikativen Leben erlangen wird;
5) in denen das Kind eine begrenzte Spanne leben könnte, welche aber von "Plagen überwuchert" wäre (also ein Leben mit schweren Leiden, Beeinträchtigungen, dauernden Schmerzen), wobei es für *Hanack* keinen Unterschied macht, "ob die Spanne Leben Monate oder Jahre dauert";
6) in denen dem Neugeborenen eine gewisse Entwicklung ohne große oder allzu große "Plagen" bevorstünde, dann aber sicher zu erwarten wäre, daß das Kind "in qualvoller Weise stirbt";
7) in denen das Neugeborene "auf Dauer" und ohne das Maß an "Plagen" leben könnte, aber nur mit Behinderungen, unter denen es "nach den allgemeinen Maßstäben ärztlicher Einsicht auch leiden" würde, wobei die Grenzziehung "schon evidenter" sein muß als nur im Falle eines Rollstuhlkindes.

Kein Bhv soll dagegen erlaubt sein, wenn das Kind unter seiner Behinderung nicht "leiden" würde, wie dies etwa beim mongoloiden Kind der Fall ist.

Anwendung der Bhv-Grundsätze auf den Ssa. Wendet man hier die *Hanacksche* Lösung einmal kritiklos auf den Ssa an, in der Hoffnung, mit ihrer Hilfe eine besser handhabbare Regelung zur Bestimmung der "schwerwiegenden" Schädigung im Sinne des § 218 a Absatz 2, Nr. 1 StGB zu finden, so bietet seine Lösung gleich mehrere Vorteile.

Die oben beispielhaft genannten Krankheiten der Gruppen 2.5.4.1 und 2.5.4.2[472] ließen sich zwanglos auf die von *Hanack* gebildeten Fallgruppen wie folgt verteilen: In seine Gruppe 1) würden sicher einzugliedern sein:
- schwere inoperable Mißbildungen, etwa des Herzens,
- Trisomie 13 und 18,
- Anenzephalus,
- Zyklopenauge,
um nur einige wenige zu nennen.

Ebenso ließen sich beispielsweise in seine Gruppe 5) folgende Krankheiten einbeziehen:
- Steißbeinteratom,
- schwerste Ventilationsstörungen,
- Potter-Syndrom,

---

472 Siehe oben S. 54 ff.

- je nach Ausprägung wohl auch ein Hydrozephalus, sowie
- Schädigungen der Gruppe 2.5.4.3[473].

Sämtliche der geprüften Schädigungen begründeten - wie in der Einleitung vorausgesetzt - insoweit den Ssa.

Der theoretisch gangbare Weg, sich zur Ausfüllung der "schwerwiegenden" Schädigung beim Ssa wegen k.I. die Grenzziehung des Bhv zu eigen zu machen, wäre dann gegeben, wenn nun auch umgekehrt alle Fälle des Ssa zugleich Fälle des Bhv wären. Dabei stößt man allerdings auf divergierende Ergebnisse: Denn *Hanack* verneint etwa beim mongoloiden Kind ausdrücklich die Anwendbarkeit seiner Voraussetzungen zum Bhv: Nach *Hanack* ist das mongoloide Kind kein medizinisches Problem, sondern allein ein sozialpolitisches.[474]

Das mongoloide Neugeborene müßte nach *Hanack* folglich (und auch zu Recht) behandelt werden; es dürfte auf keinen Fall dem Bhv unterzogen werden. Diese korrekte Schlußfolgerung *Hanacks* beruht sicherlich mit auf der Überlegung, daß es sich bei Mongoloiden relativ oft um organisch gesunde Kinder handelt, die kaum durch ein "bloßes" Unterlassen getötet werden könnten, sondern nur durch aktive Maßnahmen, die zu Recht als absolut unzulässig angesehen werden.

Überträgt man diese Gedanken zum Bhv - wie in der Prämisse vorausgesetzt -auf den Ssa, so hieße dies, daß im Fall der Diagnose eines mongoloiden Fetus eine Trisomie 21 nicht als "schwerwiegend" einzustufen und ein Ssa mithin unzulässig wäre.

Für die Übertragung der Bhv-Grundsätze auf den Ssa und damit die Unzulässigkeit eines Ssa bei mongoloiden Fetus könnten zwar die Erfahrungsberichte und Beobachtungen einiger Eltern und Berater sprechen. *Lenz* spricht davon, daß mongoloide Kinder meist fröhliche, zutrauliche, anhängliche Wesen sind, "die jedem, der sich mit ihnen näher abgibt, ans Herz wachsen ... ".[475]
Ähnlich ist *Ewerbeck* der Auffassung, daß gerade diese Kinder trotz ihrer geistigen Behinderung "subjektiv fröhliche und selbstzufriedene Kinder sind".[476]

---

473 S. 56 ff.

474 *Hanack*, aaO., S. 38, in Fn. 40.

475 *Lenz*, Bamb. Symp., S. 13, 15.

476 *Ewerbeck*, Einbecker Workshop, S. 19.

Köttgen berichtet, daß sich nach seiner Beobachtung mongoloide Kinder sehr gut in die Familie integriert hätten, weshalb Eltern und Geschwister sich ein Leben ohne das kranke Kind meist nicht mehr vorstellen könnten.[477]

Wenngleich diese Kinder danach in den ersten Jahren somit viel Freude bringen, weil sie fröhlich und zugänglich sind und weil sie sozial besonders positiv eingestellt sind, werden mongoloide Fetus in der Praxis fast ausnahmslos abgetrieben.[478] Daraus folgert *Köbsell*, daß Kindern mit Trisomie 21 "in der Gesellschaft das Lebensrecht abgesprochen" werde.[479]
Die "Behebung" einer Trisomie 21 im Wege des Ssa wird in gewisser Weise sogar durch den Gesetzgeber selbst propagiert, nämlich durch die Mutterschaftsrichtlinien[480] und das in ihnen enthaltene Angebot zur routinemäßigen AC bei Frauen ab 35 Jahren[481]. Die Zielvorstellung, die darin zum Ausdruck kommt, ist, fetale Veränderungen und speziell den Mongoloismus, dessen Häufigkeit ab dem 35. Lebensjahr der Schwangeren sprunghaft ansteigt,[482] aufzuspüren und daraus die erforderlichen weiteren "therapeutischen" Schritte einzuleiten, die jedoch im wesentlichen in der Tötung der Leibesfrucht liegen.

Es wäre als *Minimallösung* vertretbar, die anerkannten Grenzen des Bhv zur Bestimmung der Schwere des Ssa heranzuziehen und beide Regelungsbereiche völlig gleich zu stellen. Gleichwohl wäre es, nicht zuletzt auch wegen der Praxis, für die Frau wohl unzumutbar,[483] den Ssa bei der Diagnose eines mongoloiden Kindes analog dem Bhv für unzulässig zu erklären.

---

477 *Köttgen*, Der Kinderarzt 9 (1978), S. 1126.

478 *Hepp*, Bamb. Symp., S. 62; *Köttgen*, Der Kinderarzt 9 (1978), S. 1126: "...gilt heute allgemein als Indikation"; *Schroeder-Kurth* in Reiter/Theile, S. 101; *Seidler*, ZStW 97 (1985), S. 79 in Fn. 24.

479 Vgl. *Köbsell*, DNÄ v.26./27.02.1988, S. 6.

480 Seit der Neufassung der Mutterschafts-Richtlinien - veröffentlicht in der Beilage 4/80 zum Bundesanzeiger Nr. 22 vom 1.2.1980 - wird in der Bundesrepublik Deutschland ein Ultraschallscreening aller Schwangeren durchgeführt, wobei 2 routinemäßige Ultraschalluntersuchungen, eine in der 16. - 22. Schwangerschaftswoche, eine in der 32. - 36. Schwangerschaftswoche, durchgeführt werden.

481 Bereits im Jahre 1972 äußerte sich - bei der öffentlichen Anhörung von Sachverständigen - *Bickel* in dem Sinne, bei "späten" Schwangerschaften die Amniozentese durchzuführen, um den Frauen "das Leid eines möglichen mongoloiden Kindes zu ersparen", BT-Prot. VI, S. 2192.

482 Vgl. die Zahlen oben S. 64, in Fn. 212, sowie *Schroeder-Kurth* in Reiter/Theile, S. 102.

483 Man kann hier nicht moralisieren, sondern muß als Faktum akzeptieren, daß der Ssa beim mongoloiden Kind "vorwiegend aus psychosozialen und nicht aus

Hier zeigt sich die Tragweite der unterschiedlichen Zuordnungssubjekte, beim Bhv das Kind, beim Ssa die Schwangere, und die daraus resultierende mangelnde Vergleichbarkeit: Denn § 218 a Absatz 2, Nr. 1 StGB stellt in erster Linie auf die *Zumutbarkeit* der Frau im Hinblick auf ihre körperliche und seelische Belastung durch das geschädigte Kind ab,[484] während sich demgegenüber die Lebenserhaltungspflicht nach der Geburt nicht (mehr) nach dem bestimmt, was für die Mutter zumutbar ist, sondern danach, ob das *Leben* des Neugeborenen - in Abhängigkeit vom Ausmaß der Schädigung - *erhalten* werden kann.

Bereits oben bei der Auseinandersetzung mit *Jähnkes* Definition wurde dargelegt, daß das alleinige Abstellen auf die Schädigung die Konfliktlage nicht ausreichend erfassen kann und zu "eng" ist, weil es die Belastungen der Frau zu wenig berücksichtigt.[485]

Zudem läßt sich den geschilderten Definitionsbemühungen entnehmen, daß dem Bhv überwiegend solche schwer geschädigten Kinder unterliegen, deren partielle Lebensfähigkeit erst durch die technischen Möglichkeiten zur Diskussion gestellt worden ist. Damit handelt es sich bei den Grenzen des Bhv lediglich um besonders gravierende Fälle, die der Gruppe 2.5.4.1[486] zuzuordnen wären. Andere Fälle als jene der Gruppe 2.5.4.1 entsprechend dem Bhv vom Ssa auszunehmen, würde im Ergebnis aber von der Frau ethische Höchstleistungen abverlangen.
Hier geht es aber gerade darum, eine Definition zu finden, die insbesondere auch den Fällen der Gruppe 2.5.4.4 gerecht wird.

Die Übertragung der Grundsätze des Bhv auf den Ssa bietet daher kein praxisnahes, handhabbares Ergebnis.

Ergebnis. Die Übertragung der Grundsätze des Bhv auf den Ssa zur Ausfüllung des Tatbestandsmerkmals "schwerwiegende" Schädigung ist aus den genannten Gründen nicht möglich. Der Gedanke der einheitlichen Behandlung von Bhv und § 218 a Absatz 2, Nr. 1 StGB wäre zwar sicher konsequent. Vielleicht liegt aber gerade in seiner Kompromißlosigkeit seine entscheidende Schwäche, weil damit zu sehr nach systemreinen Lösungen gesucht würde, obwohl der Konflikt dieses System schlichtweg überfordert.

---

genetischen oder kindlichen Gründen erfolgt", meint *Schroeder-Kurth* in Reiter/Theile, S. 91.

484 Siehe bereits oben S. 62 ff.

485 S. 114 ff.

486 S. 54 f.

Man wird zwar sagen können, daß eine "schwerwiegende" Schädigung immer dann gegeben sein wird, wenn der Schaden es erlauben würde, nach der Geburt vom Einsatz außergewöhnlicher ("künstlicher") lebensverlängernder Maßnahmen abzusehen. Dagegen wird man aber nicht umgekehrt vertreten können, die schwere Schädigung im Sinne des § 218 a Absatz 2, Nr. 1 StGB auch ausschließlich in solchen Fällen anzuerkennen.

Damit ist festzuhalten, daß keine Wechselseitigkeit und damit keine Korrelation zwischen der "Schwere" der Schädigung beim Bhv und beim Ssa besteht. Die "Schwere" der Schädigung muß - u.a. wegen der unterschiedlichen Zuordnungssubjekte - beim Ssa weiter gefaßt werden können, während die Voraussetzungen des Bhv enger zu ziehen sind.

Die Grenzen des Bhv, selbst in ihrer "weitesten" Ausformung durch *Hanack* -mag dahinstehen, ob sie korrekt sind oder nicht -, sind zur Bestimmung der Grenze bei der Festlegung der "Schwere" der Schädigung in § 218 a Absatz 2, Nr. 1 StGB nicht geeignet.

4.1.2.2 Indikationenkatalog zur Bestimmung der "Schwere" der Schädigung

Zur Konkretisierung der "schwerwiegenden" Schädigung ließe sich als nächstes an die Aufstellung eines möglichst detaillierten Katalogs von Krankheitsbildern denken, der die "schweren" Mißbildungen aufzählt und sie von den weniger gravierenden, "leichten" Krankheiten, die nicht zum Ssa berechtigen, abgrenzt.[487]

Baitsch, der sich grundsätzlich für einen solchen Katalog ausspricht - weil so "unser Problem an die Stelle zurückgegeben (wird), welche die Normen setzen soll", also an den Gesetzgeber -, meint, ein Katalog sei praxisfern, weil es nicht anginge, wenn der Arzt die Indikation gleichsam automatisch in der Weise stellen würde, daß er die Entscheidung im Sinne von "hier nach dieser Ziffer ja, hier nach dieser Ziffer nein" treffen müßte.[488] Denn damit könnte der Eindruck aufkommen, daß bei bestimmten Befunden, wie z.B. der Trisomie 21, der Ssa die einzige, sich automatisch ergebende Lösung des Problems sei.

---

487 Zur Existenz einer derartigen Auflistung etwa im türkischen StGB, vgl. *Schrömbgens*, S. 225. Auch das Erbgesundheitsgesetz aus dem Jahre 1933 bestimmte enumerativ gewisse Erbkrankheiten, auch wenn die Zielsetzung eine gänzlich andere war, vgl. dazu *Krauß* in Murken, S. 270, sowie *Schmitt*, oben S. 77.

488 *Baitsch*, Bamb. Symp., S. 31.

Zudem ist fraglich, ob überhaupt alle Krankheiten erschöpfend in einem Katalog aufgeführt werden könnten. Daran zweifelt etwa *Schroeder-Kurth*, die meint, jeder derartige Katalog sei bei seiner Publikation bereits durch neu beschriebene Möglichkeiten der Diagnostik und damit durch eine stete Neuentdeckung und Ausdifferenzierung von Krankheiten und Syndromen, wie z.B. die Immunschwäche Aids, wieder unvollständig. Nach *Schroeder-Kurth* enthält die umfangreichste Zusammenstellung, 1983 von *Charrow* und *Nadler* aufgestellt, "nur" 86 Erbkrankheiten.[489] Nach der oben zitierten Fundstelle aus dem Jahr 1988 sind heute aber bereits 165 Erbkrankheiten pränatal diagnostizierbar.[490]

Der Auffassung von *Schroeder-Kurth* ist zuzustimmen, da ein umfassender Katalog sich selbst durch eine Art Ergänzungslieferung in brauchbarer Weise wahrscheinlich nicht aktualisieren ließe und zudem zu einer Schablonisierung des Ssa führen würde.

Ein Indikationenkatalog dürfte danach wohl nicht weiterhelfen. Er würde vielmehr in Zweifelsfällen, z.B. bei neuentdeckten Schädigungen, die noch nicht in den Katalog aufgenommen wurden, für Härten sorgen, weil nur jene im Katalog aufgeführten Schädigungen zum Ssa berechtigen würden.

Ein solcher Katalog könnte im übrigen auch dazu führen, daß der Ssa zu einem allgemeinen Laborservice umfunktioniert würde, der von jedem Arzt "verordnet" werden könnte, und so der bereits angesprochene Automatismus beim Ssa zur Regel würde. Über den Ssa würde womöglich gedankenlos per Katalog entschieden werden, ohne überhaupt noch die Berechtigung des Ssa im Einzelfall zu hinterfragen.

Aber auch die Alternative, einen möglichst umfassenden Katalog aufzustellen und als salvatorische Klausel einen unbenannten Fall ("ähnlich schwerwiegend") zu postulieren, scheint - abgesehen von der möglichen Gefahr eines Automatismus - nicht gangbar zu sein, weil die Umschreibung dieses unbenannten Falles letztlich sehr weitläufig gefaßt sein müßte, um jeden erdenklichen Eventualfall zu erfassen. Dann kann auf einen Katalog aber ganz verzichtet und stattdessen gleich der Versuch unternommen werden, aus den (potentiellen) Katalogkrankheiten allgemeingültige Kriterien zu gewinnen, die eine schwere Belastung der Frau bedeuten würden.

4.1.2.3 Einschränkung bzw. Verbot der PD

Als weitere Lösungsmöglichkeit böte sich an, die PD generell oder zum Teil durch ein entsprechendes Verbot einzuschränken, um die Konflikte erst gar nicht entstehen zu lassen. Denn wenn auch die technische Fortentwicklung auf der einen Seite immer

---

[489] *Schroeder-Kurth* in Reiter/Theile, S. 91, 92.

[490] Siehe oben S. 4.

mehr Krankheiten pränatal aufdeckt, steht ihr auf der anderen Seite kein Zuwachsen an therapeutischen - weder intrauterinen noch postpartalen - Möglichkeiten gegenüber.

Die Entwicklung der "Therapie" hat mit der Entwicklung der "Diagnostik" nicht Stand gehalten, so daß die Mehrzahl der diagnostizierbaren Krankheiten und Schädigungen nach wie vor nicht geheilt oder auch nur soweit behandelt werden können, daß das Leben des Patienten etwa ohne wesentliche Beeinträchtigung (seiner Lebensqualität) zu gestalten wäre. Die einzige "Therapie" besteht auch heute noch überwiegend im Ssa und damit in der Tötung des behinderten Fetus. Die Kehrseite der Betonung der diagnostischen PD unter Beibehalten der bewährten "Therapie" mag sich so für die Fortentwicklung neuer Therapiemethoden durchaus hemmend auswirken - überspitzt ausgedrückt: Wird sie in absehbarer Zeit überhaupt noch benötigt?[491]

Da noch immer die PD nur in wenigen Fällen der Vorbereitung einer nachfolgenden Therapie dient (Rhesusinkompatibilität, Omphalozele[492]), setzt sich die pränatale Medizin als Ziel, die Geburt geschädigter Kinder zu verhindern. *Beller* führt etwa aus, daß gegenwärtig die "Therapie" in Form der Tötung in 95% der Fälle als einzige Therapie in Betracht komme, weil echte therapeutische Möglichkeiten nicht bestünden.[493]
Welche Konsequenzen soll man daraus ziehen?

Soll man die PD in Anbetracht dieser Entwicklung generell oder aber bei voraussichtlich nur "leichten" Schädigungen von vornherein verbieten? Oder sollte die PD generell erlaubt bleiben, die Ärzte dafür aber verpflichtet werden, bei "leichten", nichtpathognomonischen oder solchen Schädigungen mit ungewisser Bedeutung den Eltern das Ergebnis zu verschweigen und vorzuenthalten, etwa weil es "unärztlich" ist,

---

491 Es gilt daher, die Möglichkeiten der PD zu intensiver Erforschung und Entwicklung intrauteriner Therapiemöglichkeiten und/oder der Vorbereitung eines postpartalen operativen Eingriffs, soweit das möglich ist, voranzutreiben und therapeutische Maßnahmen, wie z.B. die Fetalchirurgie, zu fördern, um den Prozentsatz der abgetriebenen Fetus zu senken.

492 Sog. Nabelschnurbruch. Hier sind die Baucheingeweide durch einen Bruch des Nabelrings in die Nabelschnur vorgedrungen und entwickeln sich außerhalb des Bauchraums, *Loch*, Einbecker Workshop, S. 11, sowie *v. Loewenich*, Einbecker Workshop, S. 35. Mögliche Probleme stellen sich bei der operativen Rückverlagerung durch die bestehenden Größenunterschiede zwischen Bauchdecke und zu reponierendem Bauchinhalt. In 50-60% sind Begleitfehlbildungen der Fälle massiver Art, wie Blasenspalte, Brustspalte mit Vorverlagerung des Herzens, Herzmißbildungen u.ä. vorhanden.

493 *Beller*, DNÄ v.21.09.1987, S. 3.

den technischen Fortschritt in vollem Maße zu nutzen oder vielleicht deshalb, weil Menschen das Schicksal besser ertragen können, wenn es für sie unvermeidlich bzw. als "durch die Natur" verursacht empfunden wird, oder um sie nicht zu beunruhigen?[494] Oder sollte man statt dessen mit den Eltern vorher diejenigen "leichten" Fälle und Diagnosen besprechen, über die sie im Falle ihres Vorliegens nicht unterrichtet würden?

Der Standpunkt, daß auf die PD verzichtet und die gewonnenen Befunde etwa bei "leichten" Fällen abgeschottet werden sollten, solange kein therapeutischer Ansatz besteht, kann heutzutage kaum vertreten werden.
Es wäre sicherlich der falsche Weg, der PD, gleichsam als "Urheberin" der erst durch sie in größerem Umfang geschaffenen Probleme, den Kampf anzusagen und sie generell zu verbieten. Denn ihre großen Verdienste für den Erkenntnisgewinn und die praktische Anwendung stehen außer Zweifel. So bedeuten die Ergebnisse der PD zum einen für die weit überwiegende Mehrzahl jener Eltern, die bislang bis zur Geburt in Angst um die Gesundheit ihres Kindes leben mußten, eine für ihr Gesamtbefinden während der Schwangerschaft bedeutsame Entlastung, Beruhigung und Sicherheit im Hinblick auf den Ablauf der Schwangerschaft und die Entwicklung ihres Kindes. Zum anderen wird durch die PD die Zahl der Geburten insgesamt gefördert, weil sie es häufig Eltern mit einem hohen Risiko für die Geburt eines behinderten Kindes ermöglicht, eine neuerliche Schwangerschaft zu wagen.[495]

Würde man einen Befund den Eltern generell verschweigen, würde ihnen die Möglichkeit genommen, in einer unklaren Situation weiteren ärztlichen Rat, ggf. durch einen Spezialisten, einzuholen. Hier ist vor allem zu bedenken, daß die PD es ermöglicht, den optimalen Geburtstermin sowie den besten Entbindungsmodus vorab genau festzulegen, um eine optimale postnatale[496] Erstversorgung des Neugeborenen sicherzustellen oder um der Frau bei "leichten", mittels Diät angehbaren Schädigungen von Anfang an zur Einhaltung der Diät zu raten. Wenn zudem die Schwangere alle zu einer möglichst exakten *Diagnose* erforderlichen und ihr *zumutbaren* Eingriffe dulden soll,[497] darf ihr ein entsprechender Befund über den Gesundheitszustand ihres Kindes nicht vorenthalten werden.[498]

---

494 Die Zulässigkeit des Verschweigens könnte sich aus der Parallele zum sog. therapeutischen Privileg bei Schwerkranken ergeben. Hier darf der Arzt eine infauste Prognose dem Patienten vorenthalten, wenn sich die Mitteilung des Befundes auf dessen Gesundheitszustand bedrohlich auswirken würde.

495 Vgl. *Knörr*, Bamb. Symp., S. 51, sowie *Seidler*, ZStW 97 (1985), S. 79.

496 Unter Umständen auch eine rechtzeitige und erfolgreiche Fetaltherapie.

497 Vgl. hierzu oben S. 37 f.

Man sollte daher den Eltern jeden abnormen Befund mitteilen und kein auch nur teilweises Verbot der PD erwägen, um der Schwangeren im Falle einer "leichten" Schädigung die Möglichkeit zu geben, sich hinreichend auf den Umgang mit dem Kind und dessen Betreuung vorzubereiten, indem Fakten zum Krankheitsbild, Behandlungsaussichten, Art, Ausmaß und Folgen eventueller Entwicklungsstörungen sowie die Entwicklung und Zukunft des Kindes dargelegt würden.
Denn die eigentlichen und tiefgreifenden Probleme der pränatalen Diagnostik können weder durch die Vermehrung und Verfeinerung der Methoden noch durch ein Verbot gelöst werden,[499] sondern vielmehr allein durch eine exakte Indikationsstellung und eine wertende Stellungnahme des Gesetzgebers.

Nachdem die Lösungsvorschläge, die Abgrenzung der Schwere der Schädigung mittels des Bhv bestimmen zu wollen, ebensowenig wie ein Indikationenkatalog oder gar ein Verbot der PD zu überzeugen vermögen, soll im folgenden versucht werden, eine eigene Zulässigkeitsgrenze zu bestimmen.

4.1.2.4 Vorschlag zur Bestimmung einer Zulässigkeitsgrenze
Vorab wäre zu klären, in welcher sprachlichen Form die Konkretisierung des Tatbestandsmerkmals "schwer wiegt" erfolgen soll. Denn je nach der Intention, die man verfolgt, können sich unterschiedliche Gesichtspunkte für die Formulierung ergeben.

Der Gesetzgeber, und hier kann nur der Gesetzgeber wirkungsvoll tätig werden, könnte sich zum einen dazu entschließen, im Gesetz selbst, etwa in einem Absatz 4, zu konkretisieren, was er unter einer "schwerwiegenden" Schädigung versteht und damit dieses Merkmal mit all seinen Fernwirkungen in den Vordergrund stellen. Oder er könnte zum anderen ausdrücklich bestimmen, wann das Tatbestandsmerkmal "schwerwiegende" Schädigung nicht mehr erfüllt ist, vielmehr also "leichte" Schädigungen definieren, in denen ein Ssa gemäß dem Grundsatz des § 218 StGB verboten sein soll.

Hier soll dem Gesetzgeber der erste Weg, die Definition von "schwerwiegenden" Schädigungen ins Gesetz aufzunehmen, vorgeschlagen werden. Es könnte sich

---

498 Abgesehen von hier nicht zu bewertenden zivilrechtlichen Informationsansprüchen aus dem Arzt-Patienten-Verhältnis.

499 Ähnlich ist auch *Schroeder-Kurth* in Müller/Olbing, S. 93, der Ansicht, daß die Gefahr besteht, "dem Irrtum zu erliegen, mit dem Ssa seien die ärztlichen und menschlichen Probleme gelöst." Pränatale Diagnostik und Ssa stellen sich vor diesem Hintergrund als technische Scheinlösung eines sozialen (im Sinne von psychosozial) Problems dar.

allerdings im Laufe der Anwendung des so geänderten Gesetzes erweisen, daß eine derartige Definition - entgegen der erwünschten Intention - insoweit in der Bevölkerung auf Skepsis stößt, als darin zugleich eine staatliche *Bewertung* der Handlung gesehen würde, und das Resultat dieser Bewertung in einer *positiven Billigung* und der gesetzgeberischen Befürwortung eines Ssa bestünde (daß nämlich in jenen Fällen die Vornahme des dermaßen indizierten Ssa positiver sei als die Nichtvornahme).
So hatte schon das BVerfG befürchtet, daß in der Bevölkerung allein schon die Tatsache der Straffreistellung als vollständige Rücknahme des rechtlichen Unwerturteils und damit als rechtliche Erlaubnis (miß)verstanden werden könnte.[500]

Sollte sich erweisen, daß ein derartiges Definitionsbemühen dahin mißverstanden wird, und bewirken, daß unbesehen vom Ssa in den definierten "schwerwiegenden" Fällen Gebrauch gemacht wird, ohne daß in die geforderte Abwägung *aller* zur Konkurrenz stehenden Rechtsgüter und Werte überhaupt (noch) eingetreten wird, wäre zu überlegen, ob der Gesetzgeber dann wegen der plakativen Wirkung möglicherweise eine Definition von *leichten*, mithin verbotenen Fällen zur Klarstellung in das Gesetz aufnimmt und herausstellt. Eine "negative" Umschreibung könnte sich für diesen Fall als der gangbare Weg erweisen, dem Begriffskern der Zumutbarkeit näher zu kommen.

Daß aber einer gesetzlichen Definition des Begriffs "schwer wiegt" eine derart positive *Wertung* im Sinn eines "Gütesiegels" hinsichtlich des erlaubten Ssa in der Praxis beigelegt wird, erscheint fraglich, wenn man sich vor Augen hält, daß selbst der Einstufung eines Handelns als Rechtfertigungsgrund keine bewertende Bedeutung zugemessen wird.[501]

Der hier unterbreitete Vorschlag geht von der Überlegung aus, daß eine Änderung des gesellschaftlichen Bewußtseins und die Einsicht in die Notwendigkeit des Schutzes von "leicht" behinderten Ungeborenen erstrebt werden soll. Dem kann nicht entgegengehalten werden, das Strafrecht sei nicht das geeignete Mittel, der Tötung ungeborenen Lebens wirksam zu begegnen und eine Bewußtseinsänderung herbeizuführen. Denn würde man die Pflicht verneinen, auch das Mittel des Strafrechts einzusetzen, würde der zu gewährende Lebensschutz wesentlich eingeschränkt.[502] Das Strafrecht mag hier vielleicht ein weniger geeignetes Mittel sein, aber es könnte wenigstens einen Beitrag leisten, wenn es im weiter unten dargelegten Sinn angewendet

500 BVerfGE 39, 53.

501 *Gropp*, GA 1988, S. 25, sowie *Roxin*, Oehler-FS, S. 195: "Ein gerechtfertigtes Verhalten wird vom Recht erlaubt; ob es billigenswert oder gerade noch tolerabel ist, ist damit nicht gesagt ... ."

502 Vgl. insoweit auch BVerfGE 39, 1, 47.

würde. Die Verurteilung auch nur einiger weniger Ärzte wegen fehlerhaft-leichthändiger Indikationsfeststellung würde manche Gewissen schärfen.

Eine gesetzliche Definition würde die Ausfallinie bestimmen, jenseits derer das Strafrecht die Grundauffassungen der Gesellschaft einfach respektieren muß.

Gefordert, an den Gesetzgeber heranzutreten, ist hier im Verein mit dem Mediziner auch und gerade der Jurist, und nicht wie *Schrömbgens* meint, jeder isoliert für sich. Der Jurist hat sich über den Inhalt und die Bedeutung dieser Vorschrift - unter dem sich ändernden technisch Machbaren - Klarheit zu verschaffen, die weitgehenden Möglichkeiten der k.I. zu verarbeiten und in Kenntnis der schnellen Entwicklung der PD diese geistig einzuordnen. Denn die sich ergebenden Probleme kann der Arzt allein nicht lösen, er braucht Entscheidungshilfe durch den Juristen.

Unter Berücksichtigung obiger Erwägungen soll daher im folgenden der Versuch unternommen werden, als Zulässigkeitsgrenze den kleinsten gemeinsamen Nenner zu ermitteln, bis zu dem ein Ssa wegen k.I. noch vorgenommen werden darf.

Ein solcher Lösungsvorschlag soll hier zur Diskussion gestellt werden.

Vorab ist festzuhalten, daß nach Ansicht des Verfassers jede Definition, die versucht, den Begriff "schwerwiegend" näher zu bestimmen, auf ähnliche Probleme, wie oben[503] beschrieben, stößt, wenn auch in unterschiedlichem Ausmaß. Das unterschiedliche Ausmaß hängt davon ab, wie weit man mit der Definition "heruntergehen" will, und hierbei u.U. bestimmte sonstige Lebensumstände übergeht: Bezogen auf die o.g. Fallgruppen 2.5.4.1-2.5.4.2[504] heißt dies, daß es schon einen Unterschied macht, ob man versucht, verallgemeinerungsfähige Kriterien für die Krankheiten nur der Gruppen 2.5.4.1 und 2.5.4.2 zu bestimmen,[505] oder zusätzlich auch noch die Gruppen 2.5.4.3 und 2.5.4.4 mit der Definition erfassen will.
Wer eine möglichst allumfassende Definition zur verallgemeinernden Bestimmung der Indikationslage entwickeln will, muß entsprechend zu allen theoretisch denkbaren Fällen Stellung beziehen, mögen diese auch noch so selten praktische Bedeutung erlangen.

Das Problem der erschöpfenden Erfassung ließe sich nur verhindern, wenn ausnahmslos *alle* nur erdenklichen Umstände in der Definition des "Schwere"-Grades

503 S. 53 ff.

504 Wie vor.

505 Vgl. oben die Gleichstellung von Bhv und Ssa, die als Minimallösung vertretbar wäre, in der praktischen Handhabung aber sicher auf mehr Widerstand stieße.

Berücksichtigung fänden und in die Definition mit einflössen, um einen Ssa in der einen oder anderen Situation, in der etwa mehrere für die Belastung wesentliche sonstigen Faktoren (als nur der Schädigungsgrad) zusammen kommen, zulassen zu können. Nur so könnten auch atypische, aber *generell unzumutbare* Belastungen Berücksichtigung finden.

Die Vielfalt der möglichen Varianten der Lebenswirklichkeit macht aber eine derart allumfassende Berücksichtigung *aller* nur erdenklichen Fälle unmöglich. Keine noch so präzise Definition des Tatbestandsmerkmals "schwer wiegt" wird dieses Problem erschöpfend lösen können.

Das wird auch für den eigenen Lösungsvorschlag, eine *Zulässigkeitsgrenze* zu bilden, zu gelten haben; jedoch in abgeschwächter Form, da mit der vom Verfasser vorgelegten Definition mehr Sachverhalte als etwa bei *Jähnke* berücksichtigt worden sind.[506]

Die "Grenze" soll auf die Weise ermittelt werden, indem man dem unbestimmten Rechtsbegriff der "Fähigkeit zur Selbstbetreuung" auf abstrakter Ebene durch die Heranziehung weiterer Kriterien einen exakteren und strengeren Maßstab gibt.

Dabei sollte die Definition so eingegrenzt werden, daß durch sie auch "sonstige" für die Frau "gewichtige Umstände" als nur das Vorhandensein weiterer geschädigter Kinder in der Weise beachtet werden, daß sie auf die einmal getroffene (Be)wertung keinen Einfluß haben und selbst das Dazutreten mehrerer derartiger gewichtiger Umstände eine "leichte" Schädigung nicht zu einer "schwerwiegenden" werden läßt. Die nicht erfaßten Fälle wären per se so "leicht", daß unter keinen Umständen eine Änderung der "Bewertung" erfolgen würde.

Die Grenze wäre als der kleinste gemeinsame Nenner aufzufassen, den auch "sonstige Umstände" nicht mehr verändern könnten.

Zugegebenermaßen wird es sich bei Schädigungen, die nicht (mehr) unter diese Definition fallen, um solch "leichte" Schädigungen handeln, daß sie eigentlich gar nicht der besonderen Erwähnung bedürften. Sie sind so "leicht", daß das Lebensinteresse des Kindes Vorrang haben muß und alle anderen Umstände aus dem Umfeld der Frau zwingend dahinter zurückzustehen haben (und zwar auch der Umstand, daß etwa 2 Kinder mit dieser Schädigung bereits vorhanden sind). Diese Grenze wäre nach "rückwärts", d.h. unterhalb dieses Schweregrades, nicht weiter verschiebbar und so der Willkür in einer Richtung entzogen. Die Grenze soll durch Be-

506 Und damit zugleich die Fragen, die *Jähnke* unbeantwortet lassen mußte, beantwortet werden können.

achtung "sonstiger gewichtiger Umstände" in der Definition auf den kleinsten gemeinsamen Nenner zurückgenommen werden und so dem Mißbrauch, der "Gefälligkeitsindikation", entgegenwirken.

Danach erscheint der vorgestellte Lösungsvorschlag geeignet, in Problemfällen mehr Freiraum zu lassen und so Individualfällen besser Rechnung zu tragen können als *Jähnkes* Lösungsvorschlag, ohne aber dabei zugleich - wie die Anhänger der schwangerenorientierten Sicht - eine Einzelfallentscheidung zuzulassen.

Trotz sicherlich verbleibender Schwierigkeiten wegen fließender Übergänge im Einzelfall wird es so am ehesten möglich sein, eine hilfreiche Unterscheidung zwischen "schwerwiegenden" und nicht (mehr) schwerwiegenden Schädigungen zu treffen.

Maßstäbe. Dabei erfordert die Bestimmung der "Schwere" die Anknüpfung nicht allein an den Schädigungsgrad, sondern auch an einen darüber hinausreichenden Komplex, bestehend aus psychisch-kräftemäßigen, körperlich-gesundheitlichen, zeitlichen und finanziellen Belastungen und sozial-familiären Umständen, die in die Definition einmünden sollten, weil sie Einfluß haben auf das Ausmaß der zusätzlichen Belastungen, die auf die Schwangere zuzukommen drohen.

Maßstäbe im einzelnen. Ein wesentlicher Maßstab der Bewertung ist dabei zunächst die kindliche Schädigung selbst und das erwartete postnatale Befinden des Kindes, weil aus dem jeweiligen Defekt ganz unterschiedliche Belastungen für die Frau erwachsen können. Die Schädigung soll aber nicht den alleinigen Maßstab abgeben. Erweckt eine solche Redeweise doch den Anschein, als sei aufgrund der vorliegenden kindlichen Schädigung bereits ein hinreichender Grund zum straffreien Ssa gegeben. Daher kann die Schädigung nur als Hilfsmaßstab dafür dienen, die Tragbarkeit oder Untragbarkeit des Leidens für die unmittelbar Betroffenen (Eltern) abzuwägen. Daneben sind auch andere "gewichtige" Umstände, die die Belastungsgrenze der Frau beeinflussen können, mitzuberücksichtigen. Entscheidend ist, in welchem Umfang Hilfeleistungen durch andere erforderlich werden.

Zunächst ist zu berücksichtigen, daß es für Krankheiten aufgrund medizinischer Diagnosen eine bestimmte Rangfolge gibt. Bei denjenigen Schädigungen des Kindes, die leicht zu behandeln sind und die das Leben der Frau nur geringfügig beeinträchtigen und einschränken, ist eine "schwere" Schädigung nicht gegeben, eine Berechtigung zur k.I. besteht mithin nicht, weil keine unzumutbare Belastung der Frau durch das Kind und sein Schicksal zu befürchten ist.

Auch die oben aufgezeigten gesellschaftlichen Tendenzen müssen berücksichtigt werden, denn beim Versuch zur Erstellung eines Lösungsvorschlags muß bedacht

werden, daß die gewünschte Rechtsnorm die soziale Wirklichkeit und die sittlichen Anschauungen der Adressaten trifft, ohne damit zugleich vor dem jeweiligen Zeitgeist zu kapitulieren.
Um die von Rechtsprinzipien her gebotenen Verhaltensweisen abzustützen oder herbeizuführen, muß die Rechtsnorm mit der sozialen Wirklichkeit in ein Spannungsverhältnis treten. Dieses Spannungsverhältnis darf aber nicht sozusagen "absolut" werden. Wer hier mit dem Anspruch auftritt, die einzig richtige Moral zu vertreten, kommt leicht in die Situation, daß die Rechtsnorm an der sozialen Wirklichkeit vorbeiläuft sie nicht mehr greift, wie dies voraussichtlich beim Vorschlag der Gleichbehandlung von Bhv und Ssa der Fall sein würde.

Statt einer absoluten Forderung bedeutet ein Weniger an rechtlichem Gebot, das aber den Widerhall in der Rechtsgemeinschaft findet und durchsetzbar erscheint, ein Mehr an normativer und sozialer Wirkung. Daher muß die Rechtsnorm auf die Standards der sozialen Wirklichkeit und des gesellschaftlichen Bewußtseins bis an die Grenzen des ethischen Minimums Rücksicht nehmen.
Dieses Ziel ist dann erreicht, wenn nichts für das menschliche Durchschnittsverhalten Unerreichbares - bezogen auf die sozial-normativen Standards - verlangt wird. Man wird sich daran auszurichten haben, was für den in der augenblicklichen gesellschaftlichen Situation stehenden Durchschnittsbürger *objektiv* zumutbar ist, wobei diese Zumutbarkeit zwar unabhängig vom individuellen Fall, aber nicht unabhängig von der generellen subjektiven Verfaßtheit dieser Menschen bestimmt werden kann.

Ebenso muß die Situation der Eltern bei der Beantwortung der Frage einer unzumutbar schwerwiegenden Schädigung mitberücksichtigt werden. Hier ist zu fragen, woraus für die Eltern die tiefen Konfliktsituationen erwachsen können.

Der Grund der Entscheidung für einen Ssa ist wohl im Mangel einer wirklichen Familienbeziehung zu sehen, sei es, daß überhaupt eine personale Nahbeziehung zum Kind ausgeschlossen ist, sei es, daß bei einem Dauerpflegeverhältnis die zeitliche Begrenzung des Familienverhältnisses infolge Selbständigwerdens des Kindes ausgeschlossen ist, die Familie gleichsam in eine andere Institution transformiert wird.

Seidler meint, daß die Entscheidung, ob ein Kind akzeptiert oder "verworfen" werde, nicht allein von den Wunschbildern unserer Wachstumsgesellschaft abhänge, sondern auch heute noch "das Ergebnis historisch gewachsener, irrealer und emotionaler Vorgaben" sei.[507]

Es mögen daneben aber auch folgende rationale Gründe mitspielen:
Geistige Behinderungen haben offenbar in der sozialen Einschätzung der Betroffenen bzw. ihrer Familie eine besonders negative Auswirkung.[508]
Ein wesentliches Element der emotionalen Belastung der Eltern rührt aus den seelischen und sozialen Belastungen, wie sie die Aufzucht und Betreuung eines behinderten Kindes mit sich bringen:

1) Dem geschädigten Kind müßte unter Umständen die ganze Zuwendung der Eltern gegeben werden, und der Rest der Familie, insbesondere gesunde Geschwister, würden möglicherweise dadurch vernachlässigt.
2) Die Eltern machen sich um die Versorgung des Kindes für den Fall ihres eigenen (frühzeitigen) Todes schwerste Sorgen.
3) Es ist eine Ungewißheit über die spätere Entwicklung und die mit der Krankheit verbundenen Belastungen, wie vielzählige Arztbesuche, Krankenhausaufenthalte, Transportprobleme und dergleichen vorhanden, die es zu bewältigen gilt.
4) Es besteht eine Angst, den körperlichen, seelischen und geistigen Anforderungen des kranken Kindes nicht gewachsen zu sein.
5) Sonstige pflegebedürftige Angehörige.
6) Sonstige behinderte Kinder.

Aus den bereits genannten Gründen besteht zugleich die Notwendigkeit eines Interessenausgleichs zwischen Eltern und Fetus. Eine einseitige, die Belange des ungeborenen Lebens vernachlässigende Betrachtung ist ebenso abzulehnen wie die Forderung, dem Recht des Fetus auf Leben unter allen Umständen den Vorrang einzuräumen.

Fazit. Die Grenzziehung hat somit mehreren Gesichtspunkten Rechnung zu tragen. Ihre Zweckbestimmung muß so definiert sein, daß sie einerseits eine sachgerechte Lösung des Konflikts zwischen der staatlichen Verpflichtung, unzumutbare Belastungen der Eltern bei bestimmten Formen von drohenden Schäden zu respektieren, und andererseits der Begrenzung im Interesse des ungeborenen Kindes ermöglicht. Die

---

507 *Seidler*, ZStW 97 (1985), S. 69, 72.
Beispielsweise sei *von Gontard*, DNÄ v. 14.02.1990, S. 6, angeführt, der hinsichtlich des Klinefelter- und Turner-Syndroms äußert, der "Makel", den jene genetischen Krankheiten heute noch immer hätten, sei auf nichtexakte Untersuchungen der 50er Jahre zurückzuführen. Derartige Vorurteile beruhten auf "schiefen" Untersuchungen und hätten heute keine Bedeutung mehr, weshalb derartige "Vorurteile gegenüber diesen Kindern mit Geschlechtschromosomenstörungen schleunigst aus der Welt" geschaffen werden müßten.

508 *Hillig* in Reiter/Theile, S. 220 f.; *Jähnke* in LK, § 218 a, Rdn. 54.

Frau soll hierdurch nicht mit unrealistischen Forderungen gequält werden, gleichwohl soll aber das Leben von lediglich gering behinderten Kindern geschützt werden.
Die Eltern hätten demzufolge gewisse Einschränkungen ihres "Rechts auf Ssa" wegen k.I. in Kauf zu nehmen.

Es könnte sich als hilfreich erweisen, eine exaktere Umschreibung der "schwerwiegenden" Schädigungen zu ermitteln, die verbindlich im Sinne einer Zulässigkeitsgrenze die "schwerwiegenden" Schädigungen des Kindes erfaßt. Jenseits dieser Grenze ist die Zumutbarkeit zu bejahen und keine Indikation zum Ssa gegeben.

Kriterien zur Umschreibung der Zulässigkeitsgrenze. Da hier lediglich auf den kleinsten gemeinsamen Nenner abgestellt werden soll, genügt es, auf ein einziges Kriterium zurückzugreifen: auf den Verlust der Unabhängigkeit in den Basisaktivitäten des täglichen Lebens. Dies bedarf allerdings erläuternder Vorgaben.

Entscheidend ist das Unvermögen zur Führung eines unabhängigen Lebens, d.h. das Kind sollte geistig-körperlich in der Lage sein, ein (qualitativ) relativ wenig beeinträchtigtes Leben führen zu können (keine Schmerzen und Plagen).
Dort sollte die Grenze der unzumutbaren Belastung liegen, hinter der die elterlichen Interessen (etwa die ganze Zuwendung unter Vernachlässigung anderer, Sorgen im Falle des eigenen frühzeitigen Todes) im vorrangigen Lebensinteresse des Kindes zurückstehen müssen.
Dort, wo der weitere Verlauf der kindlichen Entwicklung gleichsam die Verwirklichung eines eigenen persönlichen Schicksals darstellt, liegt m.E. die Grenze. Denn die Belastung ist in jenen Fällen letztlich unwesentlich größer als durch ein anderes, "normales" Kind.

Eine *schwerwiegende Schädigung* liegt daher vor, wenn der zukünftige Mensch
- nicht die *Fähigkeit zur Selbstbetreuung* erlangen wird (1)
  oder
- ein von *Plagen und Schmerzen* überwuchertes Leben führen wird (2)
  oder
- einen *qualvollen Tod* sicher zu erwarten hat (3).

Zu bedenken ist hierbei, daß Kinder in den ersten Lebensjahren auch *ohne* Schädigung Hilfeleistung benötigen. Daher kann nur der Teil der Hilfeleistung insoweit relevant sein, der *wegen* der Behinderung den Umfang der Hilfsbedürftigkeit gleichaltriger gesunder Kinder überschreitet.

1) Die *Fähigkeit zur Selbstbetreuung* wird der geschädigte Mensch unter folgenden Voraussetzungen erlangen:
Wenn er trotz der Schädigung
-- im Alltag die gewöhnlichen und regelmäßig wiederkehrenden *Verrichtungen* des häuslichen Wirkungskreises und täglichen Lebens mit der Möglichkeit der Selbstkontrolle und eigenen Steuerung noch selbst erledigen kann,

-- ohne *auf Dauer* auf die Pflege, Hilfe oder Zuwendung Dritter

-- in *erheblichem Maße* angewiesen zu sein, und

-- aufgrund seiner geistigen Fähigkeit dazu in der Lage ist, die Notwendigkeit der Verrichtungen zu erkennen und zu koordinieren,

-- ohne dabei in Vitalfunktionen von intensivmedizinischen Maßnahmen auf Dauer in existentieller Weise abhängig zu sein und ihm ein Leben ohne technischen Ersatz dieser Vitalfunktionen möglich ist.

Zum Merkmal "*Verrichtungen* des täglichen Lebens":
Maßstab für die Verrichtungen des täglichen Lebens soll sein, in welchem Umfang der künftige Mensch (noch) die *Basisaktivitäten* des täglichen Lebens bezüglich Motorik, Mobilität, Hygiene, Ernährung und Kommunikation besitzt (mehr als 2, alle gleichwertig, Summe der Defizite).

Ausgestaltungen dieser Basisaktivitäten, die vom Arzt im Rahmen der Indikationsstellung zu ermitteln wären, können dann etwa sein:
-Gehen,
-Stehen,
-Treppensteigen,
-Aufstehen,
-Zubettgehen,
-Körperpflege,
-An- und Auskleiden,
-Benutzung der Toilette,
-Reinigung der Wohnung,
-Nahrungszubereitung, -aufnahme und -einkauf, sowie für die Kommunikationsfähigkeit die Möglichkeit des
-Sprechens,

-Hörens und
-Sehens.

Im konkreten Fall hätte der Arzt diese Ausprägungen zu beachten. Anzumerken ist, daß hier neben den *personenbezogenen* Verrichtungen (Verrichtungen, die mit der Pflege und Betreuung der Person unmittelbar zusammenhängen) auch die *hauswirtschaftlichen* Verrichtungen (Verrichtungen wie Putzen, Bügeln, Einkaufen, Haushaltsarbeiten) berücksichtigt werden.

Zu den Fällen einer *begrenzten Lebenserwartung* ist folgendes anzumerken: Ein Abstellen auf die Lebensdauer ist nicht möglich, da kein plausibles Kriterium vorhanden ist.[509]
Ein gänzliches Verbot des Ssa in Fällen begrenzter Lebenserwartung würde die Frau sicher bei relativ kurzer Lebensdauer des Kindes zu einem nicht zumutbaren Dauerleiden zwingen. Andererseits wäre die völlige Freigabe des Ssa in Fällen einer eingeschränkten Lebenserwartung so weitläufig, daß hierunter - als Auffangstatbestand - gleichsam jede Schädigung des Kindes subsumiert werden könnte, da eine Einschränkung der Lebenserwartung in irgendeiner Form womöglich bei den meisten kindlichen Schädigungen zu konstruieren sein wird.

Daher sollte man die Lösung dort suchen, wo das Kind voraussichtlich ein Lebensalter erreichen wird, in dem es die *Fähigkeit zur Selbstbetreuung* erlangen wird und - aus der Sicht der Frau gesehen - das Kind aus der Hand gegeben werden kann. Diese Grenze sollte mit ungefähr 25 Jahren veranschlagt werden.

Zum Merkmal "*fremder Hilfe dauernd bedürfen*":
Ein Dauerzustand bei der Inanspruchnahme fremder Hilfe liegt vor, wenn er nicht nur vorübergehend ist. Dies ist der Fall, wenn die Hilfe länger als 6 Monate benötigt wird. Ausreichend hierfür ist, wenn die Hilfe zwar nicht ständig zu leisten ist, die Kinder aber wegen lebensgefährlicher Situationen nicht allein leben können und ständig überwacht werden müssen.

Soweit ein Funktionsausfall vollständig durch Hilfsmittel (z.B. Prothesen) ausgeglichen werden kann, hat der Mangel der entsprechenden Basisaktivität außer Betracht zu bleiben.
Es darf keine wesentliche Veränderung der Verhältnisse eintreten, z.B. Besserung der Gesundheitsstörung. Die zeitweise Besserung vermag einen Dauerzustand nicht auszuschließen. Besonderer Berücksichtigung bedarf der Fall, daß das Kind ausrei-

---

509 Siehe oben S. 60.

chend gelernt hat und ab einem bestimmten Zeitpunkt die Verrichtungen eigenverantwortlich und selbständig durchführen kann.

Zum Merkmal "Hilfeleistung in *erheblichem Umfang*":
Erst wenn die Defizite in diesen Handlungsfeldern geklärt sind, ist danach die weitere Frage zu stellen, ob Hilfeleistung in *erheblichem Umfang* vonnöten ist. Gemeint ist damit die Abgrenzung zu einer geringfügigen Hilfsbedürftigkeit.
Hier wird auf die Anzahl der Verrichtungen sowie auf den zeitlichen Aufwand abzustellen sein, wobei ein ständiges Angewiesensein nicht erforderlich ist.

Eine Hilfeleistung bei nur einer *einzigen* Verrichtung, wie z.B. nur bei der Nahrungsaufnahme, auch wenn sie lebensnotwendig ist und im täglichen Ablauf wiederholt vorgenommen werden muß oder auch länger dauert, ist hierfür nicht ausreichend.
Der Verlust der Unabhängigkeit setzt nicht voraus, daß das Kind/der Mensch voraussichtlich in *allen* Bereichen der Basisaktivitäten auf Hilfe angewiesen sein muß. Vielmehr ist nach Umfang und Menge der Defizite ausreichend, wenn er in *mehr als 1 Fähigkeit* zur Ausübung der Basisaktivität nicht (mehr) in der Lage ist. Dabei sind die Basisaktivitäten des täglichen Lebens untereinander gleichwertig.

Somit ist festzuhalten, daß nicht eine Hilfsbedürftigkeit für *alle* Verrichtungen des täglichen Lebens bestehen muß, daß aber auch die Hilfe nur für *eine* Verrichtung nicht genügt, um als "schwerwiegend" im Sinne der Vorgabe zu gelten.

Zum Merkmal "aufgrund seiner *geistigen Fähigkeit* dazu in der Lage sein, die Notwendigkeit der Verrichtungen zu erkennen und zu koordinieren":
Es ist erforderlich, daß die Person nicht desorientiert ist und nicht ständig zu den Verrichtungen angehalten werden muß.

Zum Merkmal "ohne dabei in *Vitalfunktionen* von intensivmedizinischen Maßnahmen auf Dauer in existentieller Weise abhängig zu sein und ein Leben ohne technischen Ersatz dieser Vitalfunktionen möglich ist":
Dieses Merkmal wird nicht allein dadurch erfüllt, daß fremde Hilfe bloß bei einem einzigen, wenn auch längere Zeit dauernden Vorgang, wie etwa der Dialyse, benötigt wird.

Um der naheliegenden Fehlinterpretation vorzubeugen, es gehe letztlich doch um eine bevölkerungspolitische Eugenik, soll klargestellt werden, daß es nur darauf ankommen soll, in welchem Umfang die jeweilige "Gesundheitsstörung" Hilfeleistungen durch andere Personen, speziell durch die Mutter, erforderlich machen würde. Deshalb soll bei jeder Indikationsstellung dargelegt werden, bei welcher Verrichtung und in welchen Situationen und für welchen Zeitraum sich die jeweiligen Defekte (Situationsbeschreibung) als Belastungsfaktoren für die Frau (Bedarfsbeschreibung) auswirken können und Hilfeleistung benötigt wird. Es soll nicht auf den Zustand des Kindes ankommen, sondern auf dessen erwartete Defizite im Hinblick auf die *Fähigkeit zur Selbstbetreuung* und die aus diesem Mangel resultierenden außergewöhnlichen Belastungen der Frau.

Das Defizit liegt darin, daß das Kind bestimmte Verrichtungen nicht (mehr) selbst ausführen kann. Der Aufwand an Pflege und Betreuung seitens der Mutter liegt in den entsprechenden zusätzlichen Leistungen zur Behebung dieser Defizite.

Bei einer Reihe von schwersten Schädigungen mag darauf verzichtet werden, die Annahme der besonderen Hilfsbedürftigkeit besonders zu begründen, weil aufgrund ihrer Art und besonderen Ausprägung regelhaft Hilfeleistungen in erheblichem Umfang benötigt werden.

Soweit noch alle 5 oder auch nur 4 Basisaktivitäten gegeben sind, ist der Bedarf an Pflege und Betreuung entsprechend gering und eine "schwerwiegende Schädigung" zu verneinen.

2) *Plagen und Schmerzen*

Das Kind soll in der Lage sein, ein weitgehend schmerzfreies Leben zu führen.

Anwendung obiger Formel auf einige exemplarische Schädigungen. Hier können nicht sämtliche Krankheitsbilder des Fetus im einzelnen nach ihrer rechtlichen Relevanz - "Schwere" - durchgegangen, sondern nur einige Schädigungen beispielhaft besprochen und anhand dieser exemplarischen Schädigungen eine Einstufung vorgenommen werden.

1.) Krankheitsbilder mit 5 Basisaktivitäten:

a) Körperliche Auffälligkeiten durch regional begrenzte Deformierungen des Skeletts: Spalthand, Hüftgelenkluxation, Klumpfuß, Sichelfuß, Spitzfuß, Skoliose, erbliche Syndaktylie, zahlenmäßige Abweichungen wie Hexa- und Polydaktylie, Verkürzungen der Finger und der Zehen, Radiusaplasie, Minderwuchs, Gesichtsmißbildungen, Trichterbrust (soweit nicht mit Lungenhypoplasie verbunden);

b) Störungen der sexuellen Entwicklung mit weitestgehend normaler geistiger Entwicklung und Intelligenz, vielleicht mit geistiger Entwicklungsverzögerung: Klinefelter- und Turner-Syndrom, adrenogenitales Syndrom;
c) Krankheiten mit Rückwirkung auf die soziale Einordnung: Nervenleiden, LKG. Speziell die LKG weist eine Besonderheit auf, da sie zum einen isoliert auftreten kann, daneben (als Syndrom) häufig mit einer Chromosomenaberration einhergeht;[510]
d) Krankheiten mit Rückwirkungen auf Verhalten und Lebensgewohnheiten, insbesondere Stoffwechselstörungen: PKU, Galaktosämie, Albinismus, Hämophilie, Diabetes mellitus, Herz-Kreislauf-Leiden, Allergien.
e) Fehlbildungen des Gastrointestinaltrakts: Duplikationen, Atresien wie Ösophagusatresie und Analatresie, Bauchwanddefekte im Sinne einer Gastroschisis und Zwerchfelldefekte ohne Lungenhypoplasie;
f) Fehlbildungen des Urogenitalsystems: Zystennieren, unilaterale Nierenagenesie, Hufeisenniere, Hydronephrose;
g) operable Herzfehler

soweit sie isoliert und nicht in Kombination auftreten.
2) Krankheitsbilder mit 4 Basisaktivitäten:
a) Fehlen einer Gliedmaße, wie z.B. Conterganschädigungen,
b) Kommunikationsstörungen durch (partiellen) Verlust von Sinnesorganen: Blinde, Taube, Stumme.

In den vorgenannten Fällen sollte die Schädigung wegen der geringen Beeinträchtigung als nicht "schwerwiegend" angesehen werden und ein Ssa wegen k.I. daher unzulässig sein.

Nachteile einer Grenzziehung. Es könnten gegen diese Zulässigkeitsgrenze Bedenken speziell vor dem Hintergrund bestehen, daß eine derartige Grenzziehung - entgegen der obigen Vorgabe -mißverstanden werden könnte als Unwert- oder Werturteil über das betroffene geschädigte kindliche Leben. Jedoch beinhaltet der heutige

---

510 Vgl. *Walther* in Murken, S. 216. Im übrigen sollen Kinder mit LKG nach Ansicht "vieler" Mediziner an Störungen des Selbstwertgefühls und emotionalen Fehlentwicklungen leiden, die durch die Veränderungen im Gesicht, Schwierigkeiten beim Sprechen, den Krankenhausaufenthalten und dergl. mehr bedingt sein sollen.
Möglicherweise mag dies bei Ärzten eine "abtreibungsfreundliche" Haltung bewirken - wenngleich diese Kinder eine "normale" Intelligenz entwickeln, vgl. zum ganzen Bericht in der DNÄ v. 4./5.09. 1987, S. 5.

§ 218 a StGB selbst dieses Problem, weil nach dem Wortlaut zwischen "schwerwiegenden" und "leichten" Schädigungen unterschieden werden soll und kann. Die Kritik würde mithin weniger die vorgeschlagene Lösung betreffen als vielmehr die Voraussetzung des § 218 a StGB als solche.

Zu fragen wäre, ob sich eine Einstufung eines bestimmten Krankheitsbildes aufgrund der Zulässigkeitsgrenze wegen der möglichen Auswirkungen auf das Selbstverständnis und insbesondere auch auf die Akzeptanz jener Menschen verbietet, die heutzutage mit dieser Krankheit, die als "schwer" gewertet würde, leben müssen.

Diese Frage stellt sich jedoch nicht nur bei der Findung einer Zulässigkeitsgrenze, sondern letztendlich immer dann, wenn man versucht, die "Schwere" der Schädigung in irgendeiner Form zu definieren.

Sicherlich wird es trotz Grenzziehung - vielleicht auch neuentdeckte - Schädigungen geben, bei denen im Einzelfall eine Einordnung nicht möglich sein wird und bei denen sich die Mediziner streiten, ob die Voraussetzungen der Grenze nun erreicht sind oder nicht. So mag es durchaus einmal möglich sein, zwar die Befunde zu erheben, nicht aber darzutun, bei welchen Verrichtungen und in welchen Situationen das behinderte Kind Hilfeleistung benötigt und für welchen Zeitraum diese Hilfeleistung voraussichtlich erforderlich ist.

Gleichwohl besagt die Existenz solch strittiger Fälle nicht, daß eine derartige Grenzziehung generell nicht realisierbar und eine eindeutige Einordnung in vielen Fällen nicht möglich wäre.

Die Grenzziehung darf nicht dazu führen, daß alle Schädigungen, die "oberhalb" der Zulässigkeitsgrenze anzusiedeln sind, mehr oder weniger automatisch mit einem Ssa als verordneter Maßnahme enden. Deshalb reicht es nicht aus, die erhobenen Befunde zu beschreiben; hier muß insoweit dargelegt werden, bei welchen Verrichtungen und in welchen Situationen das behinderte Kind Hilfeleistung benötigt und für welchen Zeitraum diese Hilfeleistung voraussichtlich erforderlich wäre. Der Ssa sollte auch in den nicht "leichten" Fällen als Ausnahmeentscheidung im Einzelfall nicht automatisch und unreflektiert als notwendige Konsequenz und einziger Ausweg gefolgert und aufgezeigt werden, sondern kann nur als das Ergebnis einer sorgfältigen Analyse des Falles hingenommen werden.

Die Gefahr eines Automatismus ist wahrscheinlich nicht größer als in der heute gängigen Praxis, wo die besondere Bedeutung des Eingriffs (Tod menschlichen Lebens) durch die "großzügige" Interpretation ins Alltägliche verkehrt wird und der Ssa letztlich doch nur noch als Eingriff in die körperliche Integrität der Frau aufgefaßt wird und jede abtreibungswillige Frau letztlich ihren zur Abtreibung bereiten Arzt findet.

Ist die hier vorgeschlagene Grenzziehung zu rigoros? Verlangt man von den Eltern zuviel mit dem Ansinnen, daß sie das Schicksal dieser Kinder zu akzeptieren haben, weil die Umsetzung in die Praxis in Anbetracht des gesellschaftlichen Trends, auch Fetus mit geringfügigeren Schädigungen abzutreiben, mühsam, langwierig und schwer ist?
Man muß sich prüfen, ob man diese Grenzziehung auch wirklich selbst durchhält, oder ob man im Fall des eigenen Betroffenseins innerhalb der eigenen Familie seine Prinzipien vergißt.

Prüft man unter diesem Aspekt die vorgeschlagene Lösung, so zeigt sich, daß sie m.E. keinen Zwang zu "sittlichen Höchstleistungen" mit sich bringt.

Nun wäre es durch das Verbot des Ssa in jenen "leichten" Fällen im Einzelfall durchaus denkbar, daß das dann geborene Kind "ungewollt" ist, so daß man Bedenken haben könnte, daß das Kind dann ein "schweres Schicksal" erwartet.
Bloß besagt die Erwünschtheit oder Unerwünschtheit eines Kindes gar nichts darüber, ob es sich später wohl und glücklich fühlt oder nicht. Auch das Glück von sog. Wunschkindern ist nicht selten davon belastet, daß sie nicht "wunschgerecht" gedeihen, weil sie etwa den übertriebenen Erwartungen der Eltern nicht gerecht werden.[511]

Vorteile der vorgeschlagenen Grenzziehung. Durch diese Grenzziehung würde ein vom Gesetz und BVerfG nicht intendierter Mißbrauch vermieden, weil eine maßgebliche, definierte Grenze *im Gesetz* aufgeführt wäre.

Die Öffentlichkeit würde durch den Gesetzgeber die Verantwortung mittragen und diese nicht allein den Eltern bzw. Ärzten auflasten. An die Stelle der anonymen "Meinungsbildung" träte die öffentliche Diskussion über die Zulässigkeitsgrenze jener Schädigungen, die - wegen der geringfügigen Belastung der Frau - noch zum Ssa berechtigen. Dadurch würden allgemeinverbindliche und mit Einschränkungen klare Schutzgrenzen postuliert, die dem "Grauschleier der Unkontrolliertheit" vorzuziehen sind.[512]

Zudem könnte mit der Zeit die allgemeine Aufgeschlossenheit und Solidarität für "leichte" Formen menschlicher Behinderung wachsen,[513] weil die Zahl von Kindern mit leichten Schädigungen nicht drastisch zurückgehen würde[514] und sich die

---

511 Vgl. *Tröndle*, Jura 1987, S. 68.

512 Formulierung von *Eser*, JZ 1986, S. 794, im Rahmen seiner Ausführungen zum Bhv.

513 Vgl. *Seidler*, oben S. 143 mit den "irrationalen Gründen", sowie von *Gontard*, DNÄ v. 14.02.1990, S. 6.

Einstellung behinderten Menschen gegenüber - weil man Erfahrungen mit bestimmten Behinderungen gemacht hat - nicht nachteilig verändert.

Die Grenze würde zugleich dem Schutz der Ärzte dienen, die das Ansinnen Dritter, einen Ssa in nichtindizierten Fällen vorzunehmen, schon durch Hinweis auf das geltende Recht ablehnen müßten.

4.1.2.5 Zur 22-Wochen-Frist

Mit der Zulässigkeitsgrenze ist aber die aufgezeigte Fristenproblematik noch nicht aus der Welt geschafft: Die drastisch verbesserte Technik ermöglicht es heute bei vielen Krankheiten, diese "in der Zeit" zu diagnostizieren.

Dennoch wird aus vielerlei Gründen die 22-Wochen-Frist nicht selten überschritten und verstreicht so "ungenutzt".

Da man die Frau nicht zwingen will, in Extremfällen selbst ein todkrankes Kind nur deshalb austragen zu müssen, weil eine letztlich willkürlich gesetzte Frist überschritten wurde, sucht man in der Praxis nach Auswegen, um einen Ssa wegen k.I. auch noch zu einem späteren Zeitpunkt als der 22. Schwangerschaftswoche zu ermöglichen.

Die dort genannten Versuche vermögen aber, wie bereits dargelegt, nicht zu überzeugen.

4.1.2.5.1 Lösungsvorschlag de lege ferenda

Da zwischen der Problematik des Bhv und § 218 a StGB - trotz der verschiedenen Zuordnungssubjekte - ein enger Zusammenhang besteht, sollte man nach Einschätzung des Verfassers zumindest für zu spät erkannte "schwerste" Schädigungen des Kindes einen Entscheidungsfreiraum auch nach Ablauf der 22-Wochen-Frist anerkennen. Als begrenzende Kriterien böten sich die Grundsätze zum Bhv an.

Hier soll daher zur Lösung des Fristenproblems dem Gesetzgeber der Vorschlag unterbreitet werden, 3 Gruppen von Schädigungen zu bilden, und zwar

1) so schwere Schädigungen, in denen ein Bhv zulässig ist;

2) mittlere Schädigungen - wahrscheinlich die überwiegende Gruppe -, die zwar schwer im Sinne des § 218 a Absatz 2, Nr. 1 StGB, aber gleichwohl leichter als "schwer" im Sinne des Bhv einzuordnen sind;

3) "leichte" Schädigungen nach obiger Zulässigkeitsgrenze.

Welche Bedeutung hat diese Dreiteilung für die Frist?

In der Gruppe 1 sollte m.E. die Frist nicht gelten.

---

514 Man halte sich die Entwicklungen an der Bonner Universitäts-Frauenklinik sowie in Hamburg vor Augen, vgl. oben S. 3 in Fn. 11.

In der Gruppe 2 ist die Frist nach wie vor zu fordern.
In der Gruppe 3 ist ein Ssa aus k.I. nicht zulässig.

Bei den Krankheiten der Gruppe 1 muß es möglich sein, eine vorzeitige "Entbindung" nach Ablauf der 22. Schwangerschaftswoche vorzunehmen. Die Konturierung der Schädigungen jener Gruppe 1 erhält über die Grundsätze des Bhv im Sinne von *Hanack* mehr Klarheit als durch die von *Hiersche/Jähnke* genannten Kriterien des "todgeweihten Fetus"; zudem soll es auf die Gründe für das Versäumen der Frist nicht ankommen.

4.1.2.5.2 Einwände

Gegen diesen Lösungsvorschlag könnten nun allerdings mehrere Einwände erhoben werden.

1) Man könnte zunächst hiergegen vorbringen, daß dadurch, daß das Gesetz den Ssa wegen k.I. zwar mit Rücksicht auf die Mutter, dies aber nur innerhalb der 22-Wochen-Frist gestattet, zum Ausdruck gebracht habe, daß die Berücksichtigung von "schweren" Schädigungen der Leibesfrucht eben nur in diesem engen zeitlichen Rahmen zulässig sein solle und sich damit ein Überschreiten der Frist verbiete, um dem Sterbenlassen von bereits Lebensfähigen vorzubeugen.

Dieser Einwand vermag aber nicht zu überzeugen.

Nach dem Sinn des Gesetzes ist die Unzumutbarkeit in § 218 a Absatz 2, Nr. 1 StGB nicht bloß auf die "Fortsetzung der Schwangerschaft", sondern auch auf die ganze weitere Lebenssituation der Schwangeren mit einem geschädigten Kind bezogen.[515]

Die Frage nach der Zumutbarkeit läßt sich im Grunde genommen erst durch die *konkrete* Konfrontation, die durch den Umgang und die Erfahrung mit einem kranken Kind erwächst, korrekt beantworten. Vorher ist die Frage nach der durch die Schädigung auf die Frau zukommende Belastung mehr theoretischer Natur, mit der Geburt jedoch wird sie konkret.

Man kommt an der Tatsache nicht vorbei, daß die (unzumutbare) Belastung der Frau durch ein geschädigtes Kind über den Zeitpunkt der "Fortsetzung der Schwangerschaft" hinauswirkt, also bei Geburt des Kindes keineswegs nachlassen oder geringer werden wird, sondern im Gegenteil damit erst noch größer wird.

Nach dem Sinn des § 218 a StGB ist gerade die nun anstehende Lebenssituation maßgeblich.

Hier zeigt sich der grundsätzliche Unterschied zwischen der Indikationsregelung einerseits und der für verfassungswidrig erklärten Fristenregelung andererseits: Während die Indikationsregelung die Straflosigkeit des Ssa an die inhaltlich ausgestaltete,

---

515 *Hanack*, Noll-GS, S. 203.

objektivierte Unzumutbarkeit bindet,[516] wird bei der Fristenlösung die Straflosigkeit mit einer Frist begründet, so daß bei der Fristenlösung ein Fortwirken dieser inneren "Rechtfertigung" des Ssa auf die Zeit nach der Geburt - im Gegensatz zur Indikationslösung - ausgeschlossen ist.

2) Die Nichteinhaltung bzw. Abschaffung der Frist in Fällen schwerer Schädigung im Sinne des Bhv könnte allerdings negative Auswirkungen im Hinblick auf das Rechtsbewußtsein in der Gesellschaft haben, weil hierdurch in gewisser Weise eine Art "aktive Sterbehilfe" geleistet und menschliches Leben gezielt - wenn auch "nur" im Mutterleib in Form der Leibesfrucht - "vernichtet" würde.

Könnte aus diesem ersten Schritt nicht eine Erweiterung im Sinne einer aktiven Tötung die Folge sein (Dammbrucheffekt)? Es wäre nach plausiblen Gründen und Argumenten zu suchen, warum dann nicht zugleich die Tötung von geschädigten Säuglingen oder auch Erwachsenen "gerechtfertigt" wäre. Denn warum sollte die Abtreibung dann theoretisch nur bis zum 9. Monat zulässig sein - nicht aber auch im "10. Monat"? Geht die Entwicklung dann eines Tages noch weiter, so daß man nicht nur beginnendes menschliches Leben auslöschen darf, sondern auch das erfüllte, ggf. lebensmüde, gequälte Leben alter, todsterbenskranker Menschen, die sogar sterben wollen?

Durch diese Aufweichung des Prinzips könnte die Achtung vor dem menschlichen Leben im allgemeinen und dem behinderten im besonderen noch mehr an Bedeutung verlieren und die Bereitschaft zur Rechtfertigung der Tötung kranken Lebens - auch über den Uterus hinaus - zunehmen, weil der Grat zwischen aktiver und passiver Sterbehilfe immer schmaler wird. Bei gänzlicher Abschaffung der Frist (in jenen Fällen, in denen ein Bhv zulässig wäre) bestünde daher die Gefahr, daß hierdurch eine weitere Schwelle des strafrechtlichen Lebensschutzes abgebaut wird.

Hierzu ist anzumerken, daß beim sterbenden "Menschen" aktive Sterbehilfe zwar strikt verboten ist, bei der "Leibesfrucht" nach § 218 a StGB aber gerade anders beurteilt wird. Hier wird mehr oder weniger offen vom Tötungsverbot abgewichen und der selektive Abort zugelassen.
Mithin beträfe der Vorwurf, durch Abschaffung der Frist die Unantastbarkeit und den Schutz des ungeborenen Lebens noch stärker auszuhöhlen und zu relativieren, nicht die hier vorgeschlagene Lösung, als vielmehr die gesetzliche Regelung des § 218 a StGB als solche.

Zudem kann die Abgrenzung von der Euthanasie nicht mittels einer Fristsetzung erfolgen, sondern ist vielmehr eine Frage der Begründung des Ssa. Mit dem

---

516 Vgl. Verhältnis "Schwere" zur "Unzumutbarkeit", S. 51 ff.

Fortbestand der Frist schafft man das Problem der Selektion ja nicht aus der Welt, sondern verlagert es nur in das Dunkel des Mutterleibs zurück.

Im übrigen dürfte die gegenwärtige, weitgehende Praxis, mit der etwa die "soziale" Indikation gehandhabt wird, auf das Rechtsbewußtsein in der Bevölkerung viel weitreichendere Folgen haben, was die Handelbarkeit bzw. Wägbarkeit des Lebens des Kindes anbelangt.

3) Bei einer Fristabschaffung würde sich die Problematik des Bhv zusätzlich verschärfen, weil die Probleme des Ssa sozusagen auf den Bhv (zeitlich) verlagert würden - eine Problematik, die z.Z. durch die 22-Wochen-Frist noch begrenzt wird, da die Fälle der lebenden und geschädigten Neugeborenen (noch) Ausnahmefälle sind. Die Abschaffung der Frist würde den oben geschilderten Ausnahmefall der Ausstoßung eines "lebenden Abtreibungsprodukts" wohl zur Regel machen, denn die Wahrscheinlichkeit wird größer, daß der Ssa - nach der 22. Schwangerschaftswoche durchgeführt - immer mehr Kinder mit "Zeichen des Lebens" zur Welt befördert. Diese dürften dann zwar ohne Unterbrechung einem Bhv unterzogen werden, aber eine Garantie dafür, daß diese Kinder alsbald sterben werden, gibt es wohl nicht in allen Fällen. Dies ist sicher problembehaftet.

Wie "löst" die Praxis diese Probleme heutzutage? Wartet man auf eine "erlösende Infektion" (Pneumonie, Meningitis, Sepsis) und lehnt im Fall solch interkurrenter Erkrankungen die medikamentöse Hilfe etwa ab?
Für ein derartiges Vorgehen scheint mir die Definition der sog. Basisversorgung[517] zu sprechen, nach der Neugeborene nicht einfach unversorgt ihrem Schicksal überlassen werden dürfen und in der die medikamentöse Therapie nicht erwähnt ist: Die Basisversorgung ist definiert als die Zufuhr von Sauerstoff, Flüssigkeit und Wärme, wobei jedoch die "kalorische Lösung" strittig ist.[518] Nicht zur Basisversorgung gehört die künstliche Beatmung.[519]

Das "Mißgeschick" eines "lebenden Abtreibungsprodukts" wäre aber "leicht" zu umgehen,[520] wenn der Arzt den Fetus durch aggressive Maßnahmen direkt im Mutterleib töten würde. Das klingt zwar grausam und unmenschlich, entspricht aber im

---

517 Vgl. hierzu *Kaufmann*, JZ 1982, S. 487, sowie *v. Loewenich*, MedR 3 (1985), S. 30.

518 Vgl. *Hiersche*, Einbecker Workshop, S. 170.

519 Vgl. *Hiersche*, Einbecker Workshop, S. 170.
Unstreitig sollte sein, daß die Grenzen der Behandlungspflicht zugleich nicht die Linderung der Leiden ausklammern darf. Auch ihnen ist die Pflege zu gewähren, die sie benötigen, um so sanft wie möglich sterben zu können.

520 Vgl. zum Phänomen der Tötungshemmung *Hepp*, oben S. 17.

Ergebnis dem Ziel seines Handelns. Ethisch-moralisch besteht zwischen der "indirekten" und der "direkten" Tötung jedenfalls kein Unterschied.

4) Gegen eine Fristdurchbrechung in Fällen des Bhv spricht auch nicht die Tatsache, daß die Gefahr für Leib und Leben der Frau durch einen Ssa "mit den gebräuchlichsten Methoden" mit zunehmendem Schwangerschaftsalter wächst und sich zudem durch Fortschreiten der Schwangerschaft der Kontakt zwischen Mutter und Kind, insbesondere auch durch das Verspüren erster Kindsbewegungen, intensiviert.

Die hierin liegende ethisch-psychologische Problematik ließe sich durch eine zeitliche Vorverlagerung des Ssa sicher begrenzen, aber nicht verhindern, so daß darin kein gewichtiger Einwand gegen die Fristdurchbrechung liegen kann.

5) Einzuräumen wäre allerdings, daß bei Abschaffung der Frist der "Schutz"-Gedanke, nämlich daß dasjenige, was psychologisch nicht als Tötungshandlung erlebt wird, auch keine Tötungshandlung sein könne, verloren geht.

Die Anonymität des Ssa durch Prostaglandine, der sich unsichtbar im Mutterleib vollzieht und die Tötungshemmung zu nehmen scheint, wäre nicht mehr vorhanden.

Die Leibesfrucht wäre beim Abtreibungsvorgang dem Mediziner vielmehr sichtbar, weil sie mit zunehmendem Schwangerschaftsalter immer mehr "Formen" annimmt und immer "menschenähnlicher" wird. Damit würde wahrscheinlich die Hemmung, den Ssa auszuführen, immer größer, je näher man an den Zeitpunkt der Geburt herankommt.

4.1.2.5.3 Fazit

Die vorgebrachten Einwände vermögen nicht, gegen eine Fristdurchbrechung zu sprechen. Es muß wegen der engen Beziehung zum Bhv und wegen der Sinnlosigkeit, die Austragung solch schwer geschädigter Fetus ohne wesentliche Überlebenschance zu erzwingen, einen Entscheidungsfreiraum auch nach Ablauf der 22-Wochen-Frist geben.

4.2 Zusammenfassende Bewertung

Die Ausführungen, speziell zum Schweregrad der Schädigungen sowie zur Frist, haben ergeben, daß dem geltenden Recht adäquate Lösungen für die neuen technisch-medizinischen sowie gesellschaftlichen Herausforderungen in hinreichendem Maße nicht zu entnehmen sind, das geltende Recht in Grenzfragen vielmehr oft nur unzulängliche Antworten gibt und zu wenig Lebensschutz bietet. Denn es kann die in Gang befindliche Entwicklung, mit Hilfe der neuen Verfahren den Umfang der vorgeburtlichen Ermittlungen entscheidend auszuweiten, nicht begrenzen.

Der Verfasser ist der Überzeugung, daß der Gesetzgeber, falls er heute den § 218 a StGB nach dem aktuellen Stand der PD zu formulieren hätte, die "leichten" Fälle der Schädigungen nicht einfach übergehen dürfte und würde. Solange es technisch überhaupt nur möglich war, "schwerwiegende" Schädigungen auch darzustellen, mag den "leichten" Schädigungen hinreichend Schutz durch das Gesetz eingeräumt worden sein.[521]
Das Gesetz in seiner jetzigen Form mit seinen generalklauselartigen Umschreibungen hat mit der sich rapide weiterentwickelnden Technik nicht standhalten können. Mit dem Fortschritt in der Medizintechnik, der das Spektrum der Handlungsmöglichkeiten ständig erweitert, wächst das Bedürfnis nach klaren Normen, um zu klaren Entscheidungen gelangen zu können.

Das Gesetz in seiner jetzigen Ausgestaltung vermag dem notwendigen Schutz des ungeborenen Kindes - und damit seiner eigentlichen Zielsetzung - nicht (mehr) gerecht zu werden. Seine Regelung ist zu starr und in den Formulierungen zu vage, als daß es sich hier flexibel auf die veränderten (sowohl technischen als auch gesellschaftlichen) Umstände einstellen könnte.

Zu denken ist hier an die kritischen Stimmen von seiten der Ärzteschaft, die sich aus dem Spannungsfeld zwischen der technischen Beherrschung der Methode und der praktizierten Alltagssituation ergeben und die vor dem grenzenlosen - je nach Interpretation auch zulässigen - Gebrauch der PD und des ihr nachfolgenden Ssa warnen: "Wir wissen heute soviel - aber was sollen wir tun? Manchmal wünscht man sich zurück in die Zeit, als man nur Votivtafeln aufstellen konnte".[522]

Es besteht mithin die Gefahr, daß der technische Fortschritt zu einer nicht mehr gerechtfertigten und auch nicht intendierten Verfügung über menschliches Leben ausgenutzt wird. Hier geht es nicht so sehr um einzelne Fehlentscheidungen, als vielmehr um die angesprochene generelle Fehlentwicklung, immer geringfügigere Schäden einzubeziehen, die den eigentlichen Sinn der k.I. in Frage stellen kann.

Die Einstellung zur Indikationspraxis, wie sie sich bei Teilen der Ärzteschaft und der Eltern breitgemacht hat, ist mit der gesetzgeberischen Intention - die Indikationstatbestände als Strafbefreiungsgründe zu fassen - nicht vereinbar.
"Schuld" an dieser Entwicklung sind nicht die Ärzte, als vielmehr der Gesetzgeber, der die Ärzte mit der Überbürdung der zu treffenden wertenden Entscheidung und

---

521 Zur Erinnerung sei der Hydrozephalus genannt, der bis zum Jahre 1975 durch seine abnorme Größe diagnostiziert wurde, und dies fast ausnahmslos erst ab der 32. Schwangerschaftswoche, vgl. *Schmidt* et al., Geburtsh. u. Frauenheilk. 45 (1985), S. 522, l. Sp.

522 *Staudach*, FAZ v.6.07.1988, S. 9.

der Ermittlung ihrer tatbestandlichen Voraussetzungen als Mediziner juristisch-medizinisch überfordert.

Die von den o.g. Autoren vorgeschlagenen Bestimmungen einer Zulässigkeitsgrenze vermögen aus den bereits genannten Kritikpunkten nicht zu überzeugen. Sie sind zudem nicht verbindlich.

Auch eine Festlegung des Tatbestandsmerkmals "schwerwiegende" Schädigung nach den Regeln zum Bhv bei schwergeschädigten Neugeborenen vermag ebensowenig zu überzeugen wie ein Indikationenkatalog.

Da dem vor die konkrete Entscheidung gestellten Arzt auch keine zur Interpretation der geltenden Rechtslage geeignete Kasuistik (weder eine durch die BÄK noch Verwaltungsentscheidungen oder (Straf)urteile) zur Verfügung steht, wie die Indikation des § 218 a Absatz 2, Nr. 1 StGB aufzufassen ist, werden die Maßstäbe offensichtlich völlig unterschiedlich gesetzt.

Der Arzt wird fachlich überfordert, wenn man ihm einen weiten Beurteilungsspielraum einräumt, statt ihm eine handhabbare Richtschnur zu geben, indem durch Statuierung von (wertenden) Zusatzerfordernissen für eine größere Objektivität bei der Anwendung des Gesetzes gesorgt wird.

Dem Arzt/den Eltern darf folgerichtig hier kein Beurteilungsspielraum in der Form eingeräumt werden, daß der jeweils Tätige nach seiner höchst individuellen Einschätzung ermächtigt wird, das Gesetz nach seinem (strengen oder laxen) persönlichen Gutdünken auszulegen und auf dem Gebiet des Lebensschutzes grundsätzliche Wertveränderungen vorzunehmen.

Dieses Ziel zu erreichen ist um so wichtiger, als man damals, als das Gesetz beraten wurde, die technischen Möglichkeiten mit ihren Folgen nicht voll übersehen konnte, die heute die Erkennung selbst kleinster Fehler ermöglichen.[523]

Hier zu mehr Einheitlichkeit, Gleichheit, Gerechtigkeit und stärkerem Schutz des ungeborenen Lebens zu gelangen, bleibt eine der vordringlichen Forderungen jener, die das Gesetz unter den veränderten technischen Möglichkeiten anzuwenden haben.

523 *Beller*, medwelt 36 (1985), S. 695: "Zur Diskussion standen damals aber nur einige wenige genetische Erkrankungen." Der Wissenschaftliche Beirat der BÄK, abgedruckt in Murken, S. 16, führt aus: " ... daß heute Anomalien erkannt werden, die früher nicht *erfaßbar* waren ... ".
Nach *Bickel*, BT-Prot.VI ist "die ganze Sache in der Entwicklung" (S. 2191). Wegen des ständigen technischen Wandels sei man hier "erst am Beginn" (S. 2194). BT-Prot. VII, S. 1579: "Es ist schwer zu prognostizieren, was die Medizin in den nächsten 20 Jahren leisten wird."
Zu denken ist hier an die Feststellung eines überzähligen Fingers, von Ohrmuschelveränderungen sowie des Hautödems, vgl. oben S. 4.

Die gesellschaftliche Entwicklung hat zudem dazu geführt, daß immer mehr Fetus mit lediglich leichteren Behinderungen abgetrieben werden.[524]

Die Tötung intrauterinen menschlichen Lebens steht in der Praxis - das Einverständnis der Frau vorausgesetzt - damit auch bei kleinen Störungen nicht unter dem Verbot des § 218 a StGB.
Demzufolge steht der Tötung ungeborenen menschlichen Lebens im Grunde genommen keine wirksame Barriere entgegen.
Soweit etwa eine Krankheit pränatal diagnostizierbar ist, liegt es nahe, alle erblich belasteten Fetus abzutreiben und ein gesundes Kind "abzupassen". Eine derartige "Zucht" im großen Stil läßt sich nur vermeiden, wenn an die k.I. genauere Anforderungen gestellt werden, an deren möglichst exakten Umschreibungen sich die Ärzte orientieren können.

4.3 Schlußfolgerung: Wer hat zu handeln?

Das "Abrutschen" in das technisch Machbare vermag letztendlich keine noch so strenge bzw. umfassende Auslegung des Gesetzes in der *Literatur* zu unterbinden, sofern sie nicht zugleich durch den Gesetzgeber aufgegriffen und in das Gesetz als allgemeinverbindlich aufgenommen wird.

Für eine Regelung per gesetzlicher Definition spricht auch, daß die Ärzte aufgrund ihrer Kompetenz lediglich in der Lage sind, die Tatsache einer Schädigung als solcher zu diagnostizieren, nicht aber zu bewerten, ob diese nun auch "schwer wiegt". Das Tatbestandsmerkmal "schwer wiegt" beinhaltet nämlich eine *Wertung* und keine bloße Tatsachenfeststellung.

Aufgrund seiner Kompetenz ist der Arzt lediglich in der Lage, Krankheiten zu diagnostizieren und damit Tatsachen zu ermitteln. Er kann demnach zwar feststellen, ob und mit welchem Ausprägungsgrad eine Schädigung vorliegt, er kann aber nicht verbindlich bewerten, ob diese Krankheit "schwerwiegend" ist. Diese Entscheidung muß im Interesse des Lebensschutzes der Gesetzgeber treffen, indem er per definitionem vorgibt, welche Behinderungen für ihn eine Schädigung als "schwerwiegend" bzw. "nicht schwerwiegend" erscheinen lassen.

---

524 Vgl. die Zitate oben S. 72 ff., sowie *Beller*, medwelt 36 (1985), S. 696, l. Sp.; *Berg*, FAZ v.6.07.1988, S. 9. Die BÄK in Murken, S. 16: " ... heute Anomalien erkannt werden, die ... häufig auch *keine* Indikation zum Abbruch der Gravidität *sein sollten*".

Eine derartige gesetzliche Vorgabe fehlt bislang.

Zwischen konkreter Tatsachenfeststellung und konkreter Wertung fehlt somit das Bindeglied in Form einer gesetzlichen Umschreibung dessen, was eine "schwerwiegende" von einer "leichten" Schädigung unterscheidet, um zu verhindern, daß verschiedene Schlußfolgerungen und Bewertungen (aus einer einheitlichen Tatsachenermittlung) zu Lasten des ungeborenen behinderten Kindes gezogen werden.

Der Gesetzgeber muß im Grundgerüst angeben, was "schwerwiegend" ist; ärztliche Erkenntnis kann dann diese Grunddefinition mittels der Tatsachenfeststellung ausfüllen. Hier hat es allein der Gesetzgeber in der Hand, die zu Lasten des ungeborenen Kindes gehende Ausuferung zu unterbinden, indem er weitgehende Auslegungsmöglichkeiten durch eine Konkretisierung der "schwerwiegenden" bzw. "nichtschwerwiegenden" Schädigung verhindert. Er ist es, der durch eine konkrete Fassung des Gesetzestextes Schranken setzen kann.

Es muß eine gesetzliche Regelung geben. Es reicht nicht aus, wenn Mediziner und ihre Kammern und Fachgesellschaften eigene Regeln aufstellen und durchsetzen, denn ohne staatliche Absicherung drohen dem Arzt "Kunstfehlervorwürfe" von seiten der Eltern. Zudem müssen die Grundpositionen durch das Gesetz selbst formuliert und gestaltet werden.

Die bloße Forderung an die Ärzteschaft, nicht nur die Interessen der Frau zu vertreten, sondern auch die des Kindes zu berücksichtigen (Arzt als Anwalt des Fetus), ist allein schon deshalb realitätsfern, weil einerseits nach dem Gesetz der Rat zu einem Ssa leicht gemacht wird, andererseits, weil der Arzt bei Nichterkennen einer Fehlbildung wegen seiner Fehldiagnose u. U. mit rechtlichen Schwierigkeiten rechnen muß.

Auch die Alternative einer staatlichen Zulassung von entsprechend ausgebildeten Ärzten zur Indikationsstellung überspringt die Stufe der Konkretisierung des Gesetzes.

Eine gesetzliche Regelung ist aber auch deshalb geboten, weil mit einem Ssa immer auch Fragen der Würde und des Lebens des Menschen und damit vom Grundgesetz geschützte Rechte tangiert werden.[525]

Der Gesetzgeber sollte sich daher schützend vor das ungeborene Leben stellen und damit klarstellen, daß nicht (nur) die Interessen der Frau achtenswert sind, sondern daß stärker als bislang auch die Interessen des ungeborenen Kindes zu berücksichtigen sind, weil die Eltern hohe Qualitätsansprüche an ihre Nachkommen stellen und häufig auch bei korrigierbaren Erkrankungen des Fetus den Ssa wünschen. Statt

---

525 Auch der Nasciturus ist Träger der Menschenwürde, vgl. BVerfG oben S. 10 f.

einer ausufernden k.I. sollte der Gesetzgeber eine Wende zum Erhalt von ungeborenem behindertem Leben schaffen.

Angesichts der möglichen Folgen des wissenschaftlichen Fortschritts in der PD und gesellschaftlichen Tendenzen reicht es nicht aus, nur an das Gewissen der Betroffenen zu appellieren.
Daher sollten die zwischenzeitlich eingetretenen Entwicklungen den Gesetzgeber dazu veranlassen, die notwendige Angleichung an die technische Entwicklung in Form einer Reform und Konkretisierung des § 218 a Absatz 2, Nr. 1 StGB zum Ssa wegen k.I. etwa im Sinne obiger Lösungsvorschläge zur Schwere und Frist zu vollziehen und das bisher rechtsfreie Umfeld der PD in seine gesetzgeberischen Maßnahmen zu § 218 a StGB mit einzubeziehen. Denn es bedarf zur Lösung der Probleme - auch im Interesse des Arztes zu dessen eigener Sicherheit - objektiver, wertender Kriterien von seiten des Gesetzgebers und entsprechender Handlungsregeln, evtl. auch entsprechender Kontrollen, die dem Arzt bei der Auslegung des Gesetzes helfen und ferner Mißbräuche und Fehlentwicklungen abwehren in jenen Fällen, in denen Eltern nach Feststellung nur "leichter" Defekte der Leibesfrucht auf einem Ssa bestehen.

Der Gesetzgeber sollte daher die Last der Gesetzesinterpretation nicht länger dem Arzt überlassen, sondern selbst die Verantwortung übernehmen und die Grenzen des rechtlich Zulässigen festlegen.
Hierin liegt auf der einen Seite eine Begrenzung für jene Ärzte, die allzu willfährig sind, auf der anderen Seite aber auch eine Unterstützung für Ärzte, die Entscheidungshilfe leisten sollen und sich dabei schwer tun, sowie für Eltern, die mit ihrer Entscheidung vom Gesetzgeber allein gelassen werden.

Im obigen wurden Fragestellungen definiert, die in der täglichen Praxis geprüft werden sollten. Es wäre hilfreich, wenn vorab die medizinische Wissenschaft und auch die Öffentlichkeit - die zunächst einmal über das heutzutage Machbare informiert werden muß - zu diesen grundsätzlichen Fragen ausgewogene und konsensfähige Standpunkte beziehen würden, die Eingang in eine Grundsatzdiskussion finden könnten, um so die Grenzen von gesellschaftlich Unerwünschtem und ethisch nicht Vertretbarem neu abzustecken.
Die öffentliche Diskussion über die Grenzen und Möglichkeiten der PD (die immer das Angebot beinhaltet, sich für einen Ssa zu entscheiden) ist unbedingt zu wünschen.

Ferner wäre es im Interesse der Beteiligten wünschenswert, wenn diese Positionen in einer allgemein verständlichen Sprache diskutiert und formuliert würden, und nicht bloß "Insiderzirkeln", wie dem Bamberger Symposion, der Einbecker Tagung oder jener in Staffelstein etc., vorbehalten bliebe.

Wie soll der Gesetzgeber eine Formulierung ausgestalten? Der Gesetzgeber sollte das Mögliche tun, um den Schutz des ungeborenen Lebens gegen den Abbau im Alltag abzusichern.
In diesem Sinne könnte die in § 218 a StGB als Absatz 4 unterzubringende Formel eine Signalwirkung haben.

4.4 Chancen einer Reform

Die Chancen für eine Reform der §§ 218 ff. StGB auf dem politischen Weg sind zur Zeit minimal, wenn nicht gar so gut wie ausgeschlossen. Denn die Bundesfamilienministerin *Lehr* äußerte in jüngster Vergangenheit, die Bundesregierung werde an der Absprache festhalten, den § 218 StGB nicht zu ändern.[526]

Der Gesetzgeber sollte sich aber bewußt sein, daß auch in einem Untätigbleiben und einer Nichtregelung eine Wertentscheidung liegen kann, die man als stillschweigende Zustimmung zu jeder medizinisch-technischen Entwicklung werten könnte -, und die nicht selten gerade zum Nachteil derer geht, die sich selbst nicht wehren können.[527]

So verbleibt wohl nur noch die Hoffnung auf ein Tätigwerden des BVerfG, wenn es auf einem der vorgesehenen Wege angerufen wird. Es ist zu hoffen, daß das BVerfG die nächste Gelegenheit nutzen wird, um zur Frage der Verfassungsmäßigkeit der heutigen Regelung Stellung zu nehmen und zu klären, ob u.a. der Paragraph 218 a Absatz 2, Nr. 1 SrGB in seiner jetzigen Form überhaupt den Vorstellungen und strengen Kriterien entspricht, die das BVerfG bei seiner Forderung nach einer Indikationenregelung hatte.

Gelegenheit dazu besteht in nicht mehr allzu ferner Zukunft, da die Bayerische Staatsregierung Normenkontrollklage eingereicht hat.[528]

---

[526] Vgl. Bericht in der FAZ v.13.05.1989, S. 5.

[527] Vgl. *Eser*, JZ 1986, S. 794.

[528] Vgl. zuletzt den Bericht in der FAZ v. 3.03.1990, S. 1. Wie sich hier die "Wiedervereinigung" auswirken wird, wird die Zukunft ergeben.

4.5 Regelungsvorschlag de lege ferenda

Die bislang gemachten Lösungsvorschläge vermögen aus den im einzelnen aufgezeigten Gründen nicht in allen Details vollständig zu befriedigen.

Demgemäß wird dem Gesetzgeber vorgeschlagen, den § 218 a StGB um folgende neue Absätze 3, 4 und 6 zu erweitern:

Absatz 3 (neu):

(3) Eine Schädigung des Gesundheitszustandes des Kindes im Sinne von Absatz 2,Nr. 1 wiegt schwer, wenn das Kind

a) die Fähigkeit zur Selbstbetreuung nicht erreichen wird;
b) ein von Plagen und Schmerzen überwuchertes Leben führen muß;
c) einen qualvollen Tod sicher zu erwarten hat.

Absatz 4 (neu):

(4) Die Fähigkeit zur Selbstbetreuung im Sinne von Absatz 3a) ist nicht gegeben, wenn der geschädigte Mensch

a) aufgrund seiner Schädigung im Alltag die gewöhnlichen und regelmäßig wiederkehrenden Verrichtungen des häuslichen Wirkungskreises und täglichen Lebens mit der Möglichkeit der Selbstkontrolle und eigenen Steuerung nicht selbst erledigen kann, ohne auf Dauer auf die Pflege, Hilfe oder Zuwendung Dritter in erheblichem Maße angewiesen zu sein;

b) aufgrund seiner geistigen Fähigkeit nicht in der Lage ist, die Notwendigkeit der Verrichtungen zu erkennen und zu koordinieren, ohne in Vitalfunktionen von intensivmedizinischen Maßnahmen auf Dauer in existentieller Weise abhängig zu sein, und ihm ein Leben ohne technischen Ersatz dieser Vitalfunktionen nicht möglich ist.

Bisheriger Absatz 3 wird **Absatz 5.**

Absatz 6 (neu):

(6) Die Frist gemäß Absatz 5 in Verbindung mit Absatz 2, Nr. 1 gilt nicht in den Fällen, in denen wegen der Schwere der Schädigung ein Behandlungsverzicht gegenüber dem Kind zulässig ist.

Literaturverzeichnis

Amendt, Günter
Gutachten für 'Pro Familia Bremen' zum Bericht der interministeriellen Arbeitsgruppe zum Programm "Schutz des ungeborenen Lebens" vom 17.1.1984

Anand, K. J. S.
"Auch Neugeborene empfinden Schmerzen", DNÄ v. 7.6.1989, S. 5

Anand, K. J. S.
"Vernachlässigter Schmerz bei Neugeborenen", FAZ v. 16.08.1989, S. N 2

Anton-Lamprecht, Ingrun/ Arnold, Marie-Luise
"Pränatale Diagnostik von erblichen Hautkrankheiten", in: Pränatale Diagnostik und Therapie, hrsg. von Jan Murken, Enke-Verlag, Stuttgart 1987, S. 184-214
(zit.: Anton-Lamprecht/Arnold in Murken)

Arzt, Gunther/ Weber, Ulrich
Strafrecht, Besonderer Teil, Lernheft 1, 3. Auflage, Ernst und Werner Gieseking-Verlag, Bielefeld 1988

Bachmann, K. D.
"Grenzen der Behandlungspflicht in der Neonatologie", in: Grenzen der ärztlichen Aufklärungs- und Behandlungspflicht, hrsg. von Peter Lawin und Hanno Huth, S. 95-101. Thieme-Verlag, Stuttgart, New York 1982
(zit.: Bachmann in Grenzen)

Baitsch, H.
Diskussionsteilnehmer, in: Kindliche Indikation zum Schwangerschaftsabbruch - Bamberger Symposiom v. 12.-14. Juni 1981, hrsg. von P. Boland, H.A. Krone, R.A. Pfeiffer (Wissenschaftliche Information 7 - 1981 -, Heft 7), S. 31. Milupa AG, Friedrichsdorf/Taunus 1982
(zit.: Baitsch in Bamb. Symp.)

Baumann, Jürgen
"Schwierigkeiten und Gefahren eines Indikationenmodells beim Schwangerschaftsabbruch", Schweizerische Zeitschrift für Strafrecht, Festgabe zum 65. Geburtstag von Hans Schultz, Bern 1977, S. 134-146
(zit.: Baumann in Schultz-FS)

Beller, F. K.
"Sind Abortgesetze biologisch gerechtfertigt?", medwelt 36 (1985), S. 693-696

Beller, F. K.
"'Humane Medizin' muß verzichten lernen", DNÄ v. 21.09.1987, S. 3

Beller, F.K./ Quakernack, K.
"Fragen zur Bioethik - Terminierung der Schwangerschaft im II. und III. Trimenon", Geburtshilfe und Frauenheilkunde 40 (1980), S. 142-144

Berg, D.
"Wie stehen wir zum ungeborenen "Kind mit kleinen Fehlern" ", FAZ v. 6.07.1988, S. 9

Berg, D.
"Fragen, die der Arzt manchmal kaum beantworten kann", FAZ v. 19.08.1988, S. 10.

Betke, Klaus
"Intensivmedizin: Indikation und Grenzen", MSchr. Kheilk. 130 (1982), S. 353-357

Betke, Klaus
Diskussionsteilnehmer, in: Kindliche Indikation zum Schwangerschaftsabbruch - Bamberger Symposion v. 12.-14. Juni 1981, hrsg. von P. Boland, H.A. Krone, R.A. Pfeiffer (Wissenschaftliche Information 7 - 1981 -, Heft 7), S. 16. Milupa AG, Friedrichsdorf/Taunus 1982
(zit.: Betke in Bamb. Symp.)

Beulke, Werner
"Zur Reform des Schwangerschaftsabbruchs durch das 15. Strafrechtsänderungsgesetz", FamRZ 23 (1976), S. 596-603

Bockelmann, Paul
Strafrecht des Arztes, Thieme Verlag, Stuttgart 1968

Bockelmann, Paulk
Strafrecht, Besonderer Teil 2, C.H.Beck-Verlag, München 1977

Böckle, Franz
"Grundlagen ärztlicher Ethik aus katholisch-theologischer Sicht", in: Ethische Probleme in der Pädiatrie und ihren Grenzgebieten, hrsg. von Helmuth Müller und Hermann Olbing, S. 19-28. Urban und Schwarzenberg-Verlag, München, Wien, Baltimore 1982
(zit.: Böckle in Müller/Olbing)

Böhm, N.
Kinderpathologie. Farbatlas und Lehrbuch der pädiatrischen Autopsiepathologie für Studierende und Ärzte. F.K. Schattauer Verlag, Stuttgart, New York 1984

Boland, P./ Krone, H. A./ Pfeiffer, R. A.
"Vorwort", in: Kindliche Indikation zum Schwangerschaftsabbruch - Bamberger Symposion v. 12.-14. Juni 1981, hrsg. von P. Boland, H.A. Krone, R.A. Pfeiffer (Wissenschaftliche Information 7 - 1981 -, Heft 7), S. 5. Milupa AG, Friedrichsdorf/Taunus 1982
(zit.: Boland/Krone/Pfeiffer in Bamb. Symp.)

Brodehl, Johannes
"Grenzen der konservativen Therapie bei Kindern mit infauster Prognose", in: Ethische Probleme in der Pädiatrie und ihren Grenzgebieten, hrsg. von Helmuth Müller und Hermann Olbing, S. 211-224. Urban und Schwarzenberg-Verlag, München, Wien, Baltimore 1982
(zit.: Brodehl in Müller/Olbing)

Brusis, Ernst
"Amniozentese und Chorionzottenbiopsie", in: Pränatale Diagnostik und Therapie, hrsg. von Jan Murken, S. 52-61. Enke-Verlag, Stuttgart 1987
(zit.: Brusis in Murken)

Cyran, Wolfgang
"Unzureichende Normen", DNÄ v. 6.10.1988, S. 2

Dreher/Tröndle
Strafgesetzbuch Kommentar, 44. Auflage, C.H. Beck-Verlag, München 1988

Dreis, Margarete/ Engel, Marita
"Pränatale Diagnostik: Fruchtwasseranalysen von schwangeren Frauen ab der 16. Schwangerschaftswoche", medwelt 33 (1982), S. 279-280

Eberbach, Wolfram H.
"Pränatale Diagnostik - Fetaltherapie - selektive Abtreibung: Angriffe auf § 218 a Abs. 2 Nr.1 StGB (embryopathische Indikation)", JR (1989), S. 265-273

Ehrhardt, Helmut E.
"Schwangerschaftsabbruch und Euthanasie", DÄ 71 (1974), S. 1695-1705

Eibach, U.
"Ziele und Entscheidungsfindung bei der genetischen Beratung und der vorgeburtlichen Diagnostik - ethische Überlegungen", in: Kindliche Indikation zum Schwangerschaftsabbruch - Bamberger Symposion v. 12.-14. Juni 1981, hrsg. von P. Boland, H.A. Krone, R.A. Pfeiffer (Wissenschaftliche Information 7 - 1981 -, Heft 7), S. 99-116. Milupa AG, Friedrichsdorf/Taunus 1982
(zit.: Eibach in Bamb. Symp.)

Enders, Gisela
"Erfahrungen mit der pränatalen Diagnostik von Röteln, Toxoplasmose und Zytomegalie aus fetalem Blut", in: Pränatale Diagnostik und Therapie, hrsg. von Jan Murken, S. 173-180. Enke-Verlag, Stuttgart 1987
(zit.: Enders in Murken)

Endres, Manfred
"Psychologische Aspekte genetischer Beratung in der pränatalen Diagnostik", in: Pränatale Diagnostik und Therapie, hrsg. von Jan Murken, S. 283-297. Enke-Verlag, Stuttgart 1987
(zit.: Endres in Murken)

Engisch, Karl
An den Grenzen des Lebens, Tübinger Vorträge, hrsg. von Helmut Kohlenberger, Bouvier Verlag Herbert Grundmann, Bonn 1973

Eser, Albin
"Lebenserhaltungspflicht und Behandlungsabbruch aus rechtlicher Sicht", in: Zwischen Heilauftrag und Sterbehilfe. Zum Behandlungsabbruch aus ethischer, medizinischer und rechtlicher Sicht. Hrsg. von Alfons Auer, Hartmut Menzel und Albin Eser, S. 75-147. Heymanns Verlag, Köln, Berlin, Bonn, München 1977
(zit.: Eser in AME)

Eser, Albin
"Indikation zum Schwangerschaftsabbruch", in Sterilisation und Schwangerschaftsabbruch, hrsg. von Albin Eser und Hans A. Hirsch, S. 150-170. Enke-Verlag, Stuttgart 1980
(zit.: Eser in Eser/Hirsch)

Eser, Albin
"Konzeptionsverhütung und Schwangerschaftsabbruch bei geistig behinderten Adoleszentinnen aus rechtlicher Sicht", in: Ethische Probleme in der Pädiatrie und ihren Grenzgebieten, hrsg. von Helmuth Müller und Hermann Olbing, S. 105-125. Urban und Schwarzenberg-Verlag, München, Wien, Baltimore 1982
(zit.: Eser in Müller/Olbing)

Eser, Albin
"Grenzen der Behandlungspflicht aus juristischer Sicht", in: Grenzen der ärztlichen Aufklärungs- und Behandlungspflicht, hrsg. von Peter Lawin und Hanno Huth, S. 77-94. Thieme-Verlag, Stuttgart, New York 1982
(zit.: Eser in Grenzen)

Eser, Albin
"Humangenetik: Rechtliche und sozialpolitische Aspekte", in: Genetik und Moral: Beiträge zu einer Ethik des Ungeborenen, hrsg. von Johannes Reiter und Ursel Theile, S. 130-145. Grünewald-Verlag, Mainz 1985
(zit.: Eser in Reiter/Theile)

Eser, Albin
"Sterbehilfe und Euthanasie in rechtlicher Sicht", in: Euthanasie oder soll man auf Verlangen töten?, hrsg. von Volker Eid, S. 45-94. 2.Auflage, Matthias-Grünewald-Verlag, Mainz 1985
(zit.: Eser in Eid)

Eser, Albin
"Freiheit zum Sterben - Kein Recht auf Tötung", JZ 41 (1986), S. 786-795

Esser, W.
"Rechtfertigt § 218 a StGB die Indikationsfälle?", Arztrecht 16 (1981), S. 260-266, 295-304

Ewerbeck, Hans
"Das Leben eines Kindes mit schweren Mißbildungen aus der Sicht des Pädiaters", in: Kindliche Indikation zum Schwangerschaftsabbruch - Bamberger Symposion v. 12.-14. Juni 1981, hrsg. von P. Boland, H.A. Krone, R.A. Pfeiffer (Wissenschaftliche Information 7 - 1981 -, Heft 7), S. 129-133. Milupa AG, Friedrichsdorf/Taunus 1982
(zit.: Ewerbeck in Bamb. Symp.)

Ewerbeck, Hans
"Individuelle ärztliche Entscheidung und statistische Nutzen- und Schaden-Relation", in: Ethische Probleme in der Pädiatrie und ihren Grenzgebieten, hrsg. von Helmuth Müller und Hermann Olbing, S. 162-168. Urban und Schwarzenberg-Verlag, München, Wien, Baltimore 1982
(zit.: Ewerbeck in Müller/Olbing)

Ewerbeck, Hans
"Intensivmedizinische Maßnahmen bei Neugeborenen und Kindern mit Mißbildungen", DÄ 81 (1984), S. 2488-2489

Ewerbeck, Hans
"Krankheitsbilder schwerstgeschädigter Neugeborener", in: Grenzen ärztlicher Behandlungspflicht bei schwerstgeschädigten Neugeborenen/1.Einbecker Workshop der Deutschen Gesellschaft für Medizinrecht, 27.-29.Juni 1986. Hrsg. von H.-D. Hiersche, G. Hirsch, T. Graf-Baumann, S. 17-22; sowie Diskussionsteilnehmer, S. 128. Springer-Verlag, Berlin, Heidelberg, New York, London, Paris, Tokyo 1987; (zit.: Ewerbeck in Einbecker Workshop)

Faerber-Husemann, Renate
"Wohin führt der Weg?", Deutsches Allgemeines Tagesblatt v. 16.06.1989, S. 16

Geiger, Willi
"Abtreibung und Rechtsordnung", Jura 9 (1987), S. 60-65

Gerchow, J./Schewe, G.
"Der strafrechtliche Gedanke der Güterabwägung und medizinische Aspekte der Schutzbedürftigkeit des werdenden Lebens", Beitr. gerichtl. Med. 27 (1970), S. 61-71
(zit.: Verfasser in Beiträge)

Gloning, Karl-Philipp
"Hydrozephalus-Ursache intrauterin feststellen", DNÄ v. 1.03.1989, S. 5

Goessel, Karl Heinz
Strafrecht, Besonderer Teil, Band 1, C.F. Müller-Verlag, Heidelberg 1987

Goetz, O.
"Infektionen als Indikation zum Schwangerschaftsabbruch", Der Internist 19 (1978), S. 287-290

v. Gontard, Alexander
"Trotz Erbschadens normale geistige Entwicklung möglich", DNÄ v. 14.02.1990, S. 6

Gropp, Walter
Der strafbare Schwangerschaftsabbruch, Inaugural-Dissertation, Tübingen 1981

Gropp, Walter
"§ 218 a StGB als Rechtfertigungsgrund: Grundfragen zum rechtmäßigen Schwangerschaftsabbruch", GA (1988), S. 1-32

Gründel, Johannes
"Die sittliche Bewertung der eugenischen Indikation und genetischer Experimente", in: Kindliche Indikation zum Schwangerschaftsabbruch - Bamberger Symposion v. 12.-14. Juni 1981, hrsg. von P. Boland, H.A. Krone, R.A. Pfeiffer (Wissenschaftliche Information 7 - 1981 -, Heft 7), S. 77-97. Milupa AG, Friedrichsdorf/Taunus 1982
(zit.: Gründel in Bamb. Symp.)

Gründel, Johannes
"Sterbehilfe aus ethischer Sicht", MedR 3 (1985), S. 2-6

Gründel, Johannes
"Grenzen der ärztlichen Behandlungspflicht bei schwerstgeschädigten Neugeborenen aus theologisch-ethischer Sicht", in: Grenzen ärztlicher Behandlungspflicht bei schwerstgeschädigten Neugeborenen/1.Einbecker Workshop der Deutschen Gesellschaft für Medizinrecht, 27.-29. Juni 1986. Hrsg. von H.-D. Hiersche, G. Hirsch, T. Graf-Baumann, S. 73-80. Springer-Verlag, Berlin, Heidelberg, New York, London, Paris, Tokyo 1987
(zit.: Gründel in Einbecker Workshop)

Gründel, Johannes
"Theologisch-ethische Aspekte zur pränatalen Diagnostik", in: Pränatale Diagnostik und Therapie, hrsg. von Jan Murken, S. 306-316. Enke-Verlag, Stuttgart 1987
(zit.: Gründel in Murken)

Günther, Hans-Ludwig
"Pränatale Diagnose und pränatale Therapie genetischer "Defekte" aus strafrechtlicher Sicht", in: Fortpflanzungsmedizin und Humangenetik - Strafrechtliche Schranken? Hrsg. von Hans-Ludwig Günther und Rolf Keller, Mohr Verlag, Tübingen 1987

Hanack, Ernst-Walter
"Der Kaiserschnitt an der Toten und Sterbenden aus rechtlicher Sicht", Gynäkologe 15 (1982), S. 96-103

Hanack, Ernst-Walter
"Euthanasie in strafrechtlicher Sicht", Gynäkologe 15 (1982), S. 104-120

Hanack, Ernst-Walter
"Zum Schwangerschaftsabbruch aus sogenannter kindlicher Indikation als Grenzproblem", Gedächtnisschrift für Peter Noll, 1984, S. 197-207
(zit.: Hanack in Noll-GS)

Hanack, Ernst-Walter
"Grenzen ärztlicher Behandlungspflicht bei schwerstgeschädigten Neugeborenen aus juristischer Sicht", MedR 3 (1985), S. 33-38

Hanack, E.-W./ Hiersche, H.-D.
"Der Schwangerschaftsabbruch: Rechtsfragen aus der Praxis", Archiv Gyn. 228 (1979), S. 331-343

Hansmann, Manfred
"Frühdiagnose durch Chorionzottenbiopsie", DNÄ v. 19.01.1989, S. 5

Hansmann, Manfred
"Kernspin und Laser in der Schwangerschaftsvorsorge", DNÄ v. 10.05.1989, S. 5

Hansmann, Manfred/ Gembruch, Ulrich
"Gezielte sonographische Ausschlußdiagnostik fetaler Mißbildungen in Risikogruppen", Gynäkologe 17 (1984), S. 19-32

Heifetz, Milton D./ Mangel, Charles
Das Recht zu sterben, Umschau Verlag Breidenstein, Frankfurt am Main 1976

Hepp, Hermann
"Schwangerschaftsabbruch aus kindlicher Indikation - anthropologisch-philosophische Aspekte des Arzt-Patienten-Konfliktes", in: Kindliche Indikation zum Schwangerschaftsabbruch - Bamberger Symposion v. 12.-14. Juni 1981, hrsg. von P. Boland, H.A. Krone, R.A. Pfeiffer (Wissenschaftliche Information 7 - 1981 -, Heft 7), S. 33-47, sowie Diskussionsteilnehmer, S. 53-63. Milupa AG, Friedrichsdorf/Taunus 1982
(zit.: Hepp in Bamb. Symp.)

Hepp, Hermann
"Medizinisch-ethische Implikationen der Neuregelung des § 218", in: § 218: Dimensionen einer Reform, hrsg. von Heike Jung und Heinz Müller-Dietz, S. 1-17. Decker's-Verlag, G. Schenck, Heidelberg 1983
(zit.: Hepp in Jung/Müller-Dietz)

Hepp, Hermann
"Schwangerschaftsabbruch aus kindlicher Indikation - Aus der Sicht eines Frauenarztes", Geburtshilfe und Frauenheilkunde 43 (1983), S. 131-137

Hepp, Hermann
"Ethische Überlegungen zur pränatalen genetischen Diagnostik", in: Pränatale Diagnostik und Therapie, hrsg. von Jan Murken, S. 298-305. Enke-Verlag, Stuttgart 1987
(zit.: Hepp in Murken)

Hiersche, H.-D.
"Der Schwangerschaftsabbruch aus rechtlicher Sicht für den Arzt", Gynäkologe 15 (1982), S. 72-79

Hiersche, H.-D.
"Der Kaiserschnitt an der Toten und Sterbenden aus ärztlicher Sicht", Gynäkologe 15 (1982), S. 89-95

Hiersche, H.-D.
"Schwangerschaftsabbruch und Anenzephalus", MedR 2 (1984), S. 215-216

Hiersche, H.-D.
"Einführungsreferat", in: Grenzen ärztlicher Behandlungspflicht bei schwerstgeschädigten Neugeborenen/1.Einbecker Workshop der Deutschen Gesellschaft für Medizinrecht, 27.-29. Juni 1986. Hrsg. von H.-D. Hiersche, G. Hirsch, T. Graf-Baumann, S. 1-6, sowie als Diskussionsteilnehmer, S. 26, 66, 170. Springer-Verlag, Berlin, Heidelberg, New York, London, Paris, Tokyo 1987
(zit.: Hiersche in Einbecker Workshop)

Hiersche, H.-D.
"§ 218 StGB aus der Sicht eines Frauenarztes. Quo vadis justitia? - Quo vadis medicina!", in Festschrift für Herbert Tröndle, hrsg. von Hans-Heinrich Jescheck und Theo Vogler, S. 669-682. de Gruyter, Berlin-New York 1989; (zit.: Hiersche in Tröndle-FS)

Hiersche, H.-D.
"Ultraschalldiagnostik in der Pränatal-Medizin aus medizin-rechtlicher Sicht", MedR 7 (1989), S. 304-306

Hiersche, H.-D./Jähnke, B.
"Der todkranke Fetus: Probleme des Schwangerschaftsabbruchs aus sog. kindlicher Indikation", MDR 40 (1986), S. 1-5

Hillig, Ulrike
"Ziele genetischer Beratung", in: Genetik und Moral: Beiträge zu einer Ethik des Ungeborenen, hrsg. von Johannes Reiter und Ursel Theile, S. 212-225. Grünewald-Verlag, Mainz 1985
(zit.: Hillig in Reiter/Theile)

v.Hippel, Eike
"Besserer Schutz des Embryos vor Abtreibung?", JZ 41 (1986), S. 53-60

Hirsch, G./Weißauer, W.
Rechtliche Probleme des Schwangerschaftsabbruchs, D. Straube-Verlag, Erlangen 1977

Hobom, Barbara
"Möglichkeiten, Perspektiven und Grenzen der Gentechnologie", in: Genetik und Moral: Beiträge zu einer Ethik des Ungeborenen, hrsg. von Johannes Reiter und Ursel Theile, S. 28-45. Grünewald-Verlag, Mainz 1985
(zit.: Hobom in Reiter/Theile)

Hövels, Otto
"Ethische Aspekte einer mutmaßlich ineffektiven Therapie", in: Ethische Probleme in der Pädiatrie und ihren Grenzgebieten, hrsg. von Helmuth Müller und Hermann Olbing, S. 168-174. Urban und Schwarzenberg-Verlag, München, Wien, Baltimore 1982
(zit.: Hövels in Müller/Olbing)

Hofmann, Hasso
"Biotechnik, Gentherapie, Genmanipulation - Wissenschaft im rechtsfreien Raum?", JZ 41 (1986), S. 253-260

Holschneider, A. M.
"Chirurgische intrauterine Interventionen und die Bewertung ihrer Folgen aus ärztlicher Sicht", in: Grenzen ärztlicher Behandlungspflicht bei schwerstgeschädigten Neugeborenen/1.Einbecker Workshop der Deutschen Gesellschaft für Medizinrecht, 27.-29. Juni 1986. Hrsg. von H.-D. Hiersche, G. Hirsch, T. Graf-Baumann, S. 52-63, sowie Diskussionsteilnehmer, S.38,65. Springer-Verlag, Berlin, Heidelberg, New York, London, Paris, Tokyo 1987
(zit.: Holschneider in Einbecker Workshop)

Holschneider, A.M./ Ring-Mrozik, E./ Hecker, W.-Ch.
"Konsequenzen der pränatalen Diagnostik für den Kinderchirurgen", in: Pränatale Diagnostik und Therapie, hrsg. von Jan Murken, S. 237-265. Enke-Verlag, Stuttgart 1987; (zit.: Holschneider et al. in Murken)

Isemer, Friedrich-Eckart/ Lilie, Hans
"Rechtsprobleme bei Anenzephalen", MedR 6 (1988), S. 66-71

Isemer, Friedrich-Eckart/ Lilie, Hans
"Alles vom Weibe Geborene ist Mensch, auch die Mißgeburt", DNÄ v. 13./14.10.1989, S. 2

Isemer, Friedrich-Eckart/ Lilie, Hans
"Der Strafrechtsschutz orientiert sich nicht an der Lebensfähigkeit", DNÄ v. 19.10.1989, S. 2

Isemer, Friedrich-Eckart/ Lilie, Hans
"Aktive Eingriffe zur Verkürzung des Lebens sind unzulässig", DNÄ v. 26.10.1989, S. 2

Isemer, Friedrich-Eckart/ Lilie, Hans
"Einzelne dürfen nicht allein über Lebensschutz bestimmen", DNÄ v. 30.10.1989, S. 2

Jähnke, B.
"Grenzen der ärztlichen Behandlungspflicht bei schwerstgeschädigten Neugeborenen aus juristischer Sicht", in: Grenzen ärztlicher Behandlungspflicht bei schwerstgeschädigten Neugeborenen/1.Einbecker Workshop der Deutschen Gesellschaft für Medizinrecht, 27.-29. Juni 1986. Hrsg. von H.-D. Hiersche, G. Hirsch, T. Graf-Baumann, S. 99.-110. Springer-Verlag, Berlin, Heidelberg, New York, London, Paris, Tokyo 1987
(zit.: Jähnke in Einbecker Workshop)

Jescheck, Hans-Heinrich
Lehrbuch des Strafrechts, Allgemeiner Teil, 4. Auflage, Duncker und Humblot, Berlin 1988

Kaufmann, Arthur
"Zur ethischen und strafrechtlichen Beurteilung der sogenannten Früheuthanasie", JZ 37 (1982), S. 481-487

Kleijer, Wim J.,/ Galjaard, Hans
"Pränatale Diagnostik genetisch bedingter Stoffwechselleiden", in: Pränatale Diagnostik und Therapie, hrsg. von Jan Murken, S. 100-132. Enke-Verlag, Stuttgart 1987
(zit.: Kleijer/Galjaard in Murken)

Kluth, Winfried
"Indikationsfeststellung und ärztlicher Beurteilungsspielraum", NJW 39 (1986), S. 2348-2350

Kluth, Winfried
"Das Grundrecht auf Leben und die 'ratio' des Gesetzgebers", GA (1988), S. 547-565

Knörr, Karl
"Die pränatale Diagnostik genetisch bedingter Defekte und ihre Probleme", in: Kindliche Indikation zum Schwangerschaftsabbruch - Bamberger Symposion v. 12.-14. Juni 1981, hrsg. von P. Boland, H.A. Krone, R.A. Pfeiffer (Wissenschaftliche Information 7 - 1981 -, Heft 7), S. 49-52. Milupa AG, Friedrichsdorf/Taunus 1982
(zit.: Knörr in Bamb. Symp.)

Knörr, Karl
"Die pränatale Diagnostik : Rückblick - Standortbestimmung - Konsequenzen - Ausblick", in: Pränatale Diagnostik und Therapie, hrsg. von Jan Murken, S. 2-5. Enke-Verlag, Stuttgart 1987
(zit.: Knörr in Murken)

Koch, Hans-Georg
"Landesbericht Bundesrepublik Deutschland", in Schwangerschaftsabbruch im internationalen Vergleich, hrsg. von Albin Eser und Hans-Georg Koch, Teil 1: Europa, S. 17-324. Nomos-Verlagsgesellschaft, Baden-Baden 1988
(zit.: Koch in Eser/Koch)

Köbsell, Swantje
"Pränatale Diagnostik", DNÄ v. 26./27.02.1988, S. 6

Köhler, Michael
"Personensorge und Abtreibungsverbot", GA (1988), S. 435-470

Köpcke, Ulf
"§ 218 StGB: Ein alter Streit auf neuen Bahnen?", ZRP 18 (1985), S. 161-164

Köttgen, Ulrich
"Selection: Tötung der Unerwünschten", Der Kinderarzt 9 (1978), S. 1125-1129

Krauß, Detlef
"Rechtliche Überlegungen zum Schwangerschaftsabbruch aus kindlicher Indikation", in: Pränatale Diagnostik und Therapie, hrsg. von Jan Murken, S. 268-282. Enke-Verlag, Stuttgart 1987
(zit.: Krauß in Murken)

Krone, H.A.
"Einführung", in: Kindliche Indikation zum Schwangerschaftsabbruch - Bamberger Symposion v. 12.-14. Juni 1981, hrsg. von P. Boland, H.A. Krone, R.A. Pfeiffer (Wissenschaftliche Information 7 - 1981 -, Heft 7), S. 7-8. Milupa AG, Friedrichsdorf/Taunus 1982
(zit.: Krone in Bamb. Symp.)

Lackner, Karl
"Die Neuregelung des Schwangerschaftsabbruchs", NJW 29 (1976), S. 1233-1244

Lackner, Karl
StGB-Kommentar, 18. Auflage, C.H. Beck-Verlag, München 1989

Larenz, Karl
Allgemeiner Teil des deutschen Bürgerlichen Rechts, 5. Auflage, C.H. Beck-Verlag, München 1980

Lau, Hans
Diskussionsteilnehmer, in: Indikationen zum Schwangerschaftsabbruch, hrsg. von Hans Lau, S. 99. Demeter-Verlag, Gräfelfing 1976
(zit.: Lau in Lau)

Laufhütte, Heinrich/ Wilkitzki, Peter
"Zur Reform der Strafvorschriften über den Schwangerschaftsabbruch", JZ 31 (1976), S. 329-338

Laufs, Adolf
"Recht und Gewissen des Arztes", in: Heidelberger Jahrbücher, Band 24, S. 1-15. Berlin, Heidelberg, New York 1980

Laufs, Adolf
"Standesregeln und Berufsrecht der Ärzte", Festschrift für Weißauer, hrsg. von Georg Heberer, Hans-Wolfgang Opderbecke und Wolfgang Spann, S. 88-95. Springer-Verlag, Berlin, Heidelberg usw., 1986
(zit.: Laufs in Weißauer-FS)

Lay, Hans Werner
"Zum Begriff der Leibesfrucht in § 218 StGB", JZ 25 (1970), S. 465-470

Leipziger Kommentar zum Strafgesetzbuch
5. Band, §§ 185-262, 10. Auflage, hrsg. von Hans-Heinrich Jescheck, Wolfgang Ruß und Günther Willms, de Gruyter, Berlin, New York 1989

Lenard, H.G.
"Anästhesie bei Früh- und Neugeborenen", DMW 111 (1986), S. 1747-1749

Lenckner, Theodor
"Einwilligung in Schwangerschaftsabbruch und Sterilisation", in Sterilisation und Schwangerschaftsabbruch, hrsg. von Albin Eser und Hans A. Hirsch, S. 173-197. Enke-Verlag, Stuttgart 1980
(zit.: Lenckner in Eser/Hirsch)

Lenz, W.
"Die sogenannte genetische Indikation zum Schwangerschaftsabbruch", in: Kindliche Indikation zum Schwangerschaftsabbruch - Bamberger Symposion v. 12.-14. Juni 1981, hrsg. von P. Boland, H.A. Krone, R.A. Pfeiffer (Wissenschaftliche Information 7 - 1981 -, Heft 7), S. 11-15, sowie als Diskussionsteilnehmer S. 29 und 57. Milupa AG, Friedrichsdorf/Taunus 1982
(zit.: Lenz in Bamb. Symp.)

Loch, E.G.
"Pränatale Diagnostik - in bestimmten Fällen ein interdisziplinäres Problem", in: Grenzen ärztlicher Behandlungspflicht bei schwerstgeschädigten Neugeborenen/1.Einbecker Workshop der Deutschen Gesellschaft für Medizinrecht, 27.-29. Juni 1986. Hrsg. von H.-D. Hiersche, G. Hirsch, T. Graf-Baumann, S. 7-16, sowie als Diskussionsteilnehmer S. 26. Springer-Verlag, Berlin, Heidelberg, New York, London, Paris, Tokyo 1987
(zit.: Loch in Einbecker Workshop)

v. Loewenich, Volker
"Kommentar zu dem Referat von K. Betke: Intensivmedizin: Indikation und Grenzen", MSchr. Kheilk. 130 (1982), S. 357-358

v. Loewenich, Volker
"Grenzen der Therapie bei Kindern", in: Ethische Probleme in der Pädiatrie und ihren Grenzgebieten, hrsg. von Helmuth Müller und Hermann Olbing, S. 194-204. Urban und Schwarzenberg-Verlag, München, Wien, Baltimore 1982
(zit.: v. Loewenich in Müller/Olbing)

v. Loewenich, Volker
"Grenzen der ärztlichen Behandlungspflicht bei schwerstgeschädigten Neugeborenen aus ärztlicher Sicht", MedR 3 (1985), S. 30-33

v. Loewenich, Volker
"Therapiemöglichkeiten und ihre Bewertung bei schwerstgeschädigten Neugeborenen aus ärztlicher Sicht", in: Grenzen ärztlicher Behandlungspflicht bei schwerstgeschädigten Neugeborenen/1.Einbecker Workshop der Deutschen Gesellschaft für Medizinrecht, 27.-29. Juni 1986. Hrsg. von H.-D. Hiersche, G. Hirsch, T. Graf-Baumann, S. 41-51, sowie als Diskussionsteilnehmer S. 35,130 und 150. Springer-Verlag, Berlin, Heidelberg, New York, London, Paris, Tokyo 1987
(zit.: v. Loewenich in Einbecker Workshop)

v. Loewenich, Volker
"Darwinismus in der Reproduktionsmedizin imitiert", DNÄ v. 8./9.12.1989, S. 7

Lüttger, Hans
"Der Beginn des Lebens und das Strafrecht", JR (1969), S. 445-453

Lüttger, Hans
"Der Beginn des Lebens und das Strafrecht", Beitr. gerichtl. Med. 26 (1969), S. 23-41
(zit.: Lüttger in Beiträge)

Lüttger, Hans
"Der Beginn der Geburt und das Strafrecht - Probleme an der Grenze zwischen Leibesfruchtcharakter und Menschqualität, JR (1971), S. 133-142

Lüttger, Hans
"Geburtsbeginn und pränatale Einwirkungen mit postnatalen Folgen", NStZ 3 (1983), S. 481-485

Maurach, Reinhart/ Schroeder, Friedr.-Chr./ Maiwald, Manfred
Strafrecht Besonderer Teil, Teilband 1, Ein Lehrbuch, 7. Auflage, C.F.Müller-Verlag, Heidelberg 1988

Mildenberger, Hermann
"Grenzen chirurgischer Therapie beim multipel geschädigten Kind", in: Ethische Probleme in der Pädiatrie und ihren Grenzgebieten, hrsg. von Helmuth Müller und Hermann Olbing, S. 205-210. Urban und Schwarzenberg-Verlag, München, Wien, Baltimore 1982
(zit.: Mildenberger in Müller/Olbing)

Olbing, Hermann
"Diskussion", in: Ethische Probleme in der Pädiatrie und ihren Grenzgebieten, hrsg. von Helmuth Müller und Hermann Olbing, S. 220-224. Urban und Schwarzenberg-Verlag, München, Wien, Baltimore 1982
(zit.: Olbing in Müller/Olbing)

Olbing, Hermann/ Schreiber, Hans-Ludwig
"Diskussion", in: Ethische Probleme in der Pädiatrie und ihren Grenzgebieten, hrsg. von Helmuth Müller und Hermann Olbing, S. 193. Urban und Schwarzenberg-Verlag, München, Wien, Baltimore 1982

(zit.: Olbing/Schreiber in Müller/Olbing)

Opderbecke, H.W.
"Grenzen der Intensivmedizin", MedR 3 (1985), S. 23-29

Ostendorf, H.
"Die Leibesfrucht zwischen Abtreibungs- und Lebensschutz", Beitr. gerichtl. Med. 39 (1982), S. 29-33
(zit.: Ostendorf in Beiträge)

Popovic, Michael
"Schwangerschaftsabbruch und ungeborenes Leben - Was ist in der Diskussion neu?", Der Kinderarzt 17 (1986), S. 1713-1715

Prill, Hans-Joachim
"Qualifiziertere Beratung bei ungewollter Gravidität gefordert", DNÄ v. 27.02.1989, S. 6

Ramm, Thilo
"Die Fortpflanzung - ein Freiheitsrecht?", JZ 44 (1989), S. 861-874

Rauskolb, Rüdiger
"Fetoskopie mit Entnahme von fetalem Gewebe", in: Pränatale Diagnostik und Therapie, hrsg. von Jan Murken, S. 65-73. Enke-Verlag, Stuttgart 1987
(zit.: Rauskolb in in Murken)

Regenbrecht, J.
"Zum Problem der 'Sterbehilfe'. Gedanken zur Operationsindikation bei schwersten Fehlbildungen Neugeborener", Münch. med. Wschr. 115 (1973), S. 601-603

Reis, Hans
Der Lebensschutz des ungeborenen Kindes als Verfassungsproblem, Mohr Verlag,Tübingen 1984

Rett, Andreas
"Der Schwangerschaftsabbruch oder die Quadratur des Kreises", in: Kindliche Indikation zum Schwangerschaftsabbruch - Bamberger Symposion v. 12.-14. Juni 1981, hrsg. von P. Boland, H.A. Krone, R.A. Pfeiffer (Wissenschaftliche Information 7 - 1981 -, Heft 7), S. 135-140. Milupa AG, Friedrichsdorf/Taunus 1982
(zit.: Rett in Bamb. Symp.)

Rett, Andreas
"Schwangerschaftsabbruch aus kinderärztlicher Sicht", Geburtshilfe und Frauenheilkunde 43 (1983), S. 259-262

Roxin, Claus
"Notstandsähnliche Lage - Ein Strafunrechtsausschliessungsgrund?", in: Festschrift für Dietrich Oehler, hrsg. von Rolf Dietrich Herzberg, S. 181-196. Heymann Verlag, Köln, Berlin, Bonn, München 1985

Rüpke, Giselher
Schwangerschaftsabbruch und Grundgesetz, Suhrkamp Verlag, Frankfurt am Main 1975

Schmidt, Eberhard
"Das Reichsgericht und der "übergesetzliche Notstand", ZStW 49 (1929), S. 350-401

Schmidt, W./ Leucht, W./ Boos, R./ Tariverdian, S./ Rabe, D./ Walter, Ch./ Heberling, D.
"Sonographische Diagnostik schwerer fetaler Fehlbildungen", Geburtshilfe und Frauenheilkunde 45 (1985), S. 511-524
(zit.: Schmidt et al.)

Schmitt, Rudolf
"Überlegungen zur Reform des Abtreibungsstrafrechts", JZ 30 (1975), S. 356-360

Schmitt, Rudolf
"Euthanasie aus der Sicht des Juristen", JZ 34 (1979), S. 462-467

Schmitt, Rudolf
"Eugenische Indikation vor und nach der Geburt", Festschrift für Ulrich Klug zum 70. Geburtstag, Band II, S. 329-336. Köln 1983
(zit.: Schmitt in Klug-FS.)

Schmitt, Rudolf
"Das Recht auf den eigenen Tod", MDR 40 (1986), S. 617-621

Schönke/Schröder
Strafgesetzbuch Kommentar, 23. Auflage C.H. Beck Verlag, München 1988

Schramm, Thomas/ Gloning, Karl-Philipp/ Brusis, Ernst
"Pränatale Ultraschalldiagnostik", in: Pränatale Diagnostik und Therapie, hrsg. von Jan Murken, S. 20-51. Enke-Verlag, Stuttgart 1987
(zit.: Schramm/Gloning/Brusis in Murken)

Schreiber, Hans-Ludwig
"Der Spielraum des Gesetzgebers bei der Neuregelung des Schwangerschaftsabbruches", FamRZ 22 (1975), S. 669-675

Schroeder-Kurth, Traute M.
"Ethische Probleme bei genetischer Beratung in der Schwangerschaft", MSchr. Kheilk. 130 (1982), S. 71-74

Schroeder-Kurth, Traute M.
"Schwangerschaftsabbruch aus genetischer Indikation", in: Ethische Probleme in der Pädiatrie und ihren Grenzgebieten, hrsg. von Helmuth Müller und Hermann Olbing, S. 87-94. Urban und Schwarzenberg Verlag, München, Wien, Baltimore 1982
(zit.: Schroeder-Kurth in Müller/Olbing)

Schroeder-Kurth, Traute M.
"Die Bedeutung von Methoden, Risikoabwägung und Indikationsstellung für die pränatale Diagnostik", in: Genetik und Moral: Beiträge zu einer Ethik des Ungeborenen, hrsg. von Johannes Reiter und Ursel Theile, S. 86-108. Grünewald-Verlag, Mainz 1985
(zit.: Schroeder-Kurth in Reiter/Theile)

Schrömbgens, Gerhard E.
Fruchtschadensindikation, Inaugural-Dissertation, Heidelberg 1976

Schuster, Antje
"Das ungeborene Kind als Patient", FAZ v. 26.04.1989, S. N 1

Schuster, Antje
"Vernachlässigter Schmerz bei Neugeborenen", FAZ v.16.08.1989, S. N 2

Seidler, Eduard
"Historische Elemente des Indikationenproblems", in: Kindliche Indikation zum Schwangerschaftsabbruch - Bamberger Symposion v. 12.-14. Juni 1981, hrsg. von P. Boland, H.A. Krone, R.A. Pfeiffer (Wissenschaftliche Information 7 - 1981 -, Heft 7), S. 65-76, sowie als Diskussionsteilnehmer S.144. Milupa AG, Friedrichsdorf/Taunus 1982
(zit.: Seidlert in Bamb. Symp.)

Seidler, Eduard
"Anthropologische und ethische Probleme der Medizin am Ungeborenen", ZStW 97 (1985), S. 68-80

Seidler, Eduard
Diskussionsteilnehmer in: Grenzen ärztlicher Behandlungspflicht bei schwerstgeschädigten Neugeborenen/1.Einbecker Workshop der Deutschen Gesellschaft für Medizinrecht, 27.-29. Juni 1986. Hrsg. von H.-D. Hiersche, G. Hirsch, T. Graf-Baumann, S. 88. Springer-Verlag, Berlin, Heidelberg, New York, London, Paris, Tokyo 1987
(zit.: Seidler in Einbecker Workshop)

Sermer, M./ Benzie, R.J./ Pitson, L.
"Omphalozele (Nabelschnurbruch) und Gastroschisis", Die Hebamme 1 (1988), S. 48-50

Spann, W.
Diskussionsteilnehmer in: Grenzen ärztlicher Behandlungspflicht bei schwerstgeschädigten Neugeborenen/1.Einbecker Workshop der Deutschen Gesellschaft für Medizinrecht, 27.-29. Juni 1986. Hrsg. von H.-D. Hiersche, G. Hirsch, T. Graf-Baumann, S. 70, 130. Springer-Verlag, Berlin, Heidelberg, New York, London, Paris, Tokyo 1987
(zit.: Spann in Einbecker Workshop)

Staudach, A.
"Wie stehen wir zum ungeborenen "Kind mit kleinen Fehlern" ", FAZ v. 6.07.1988, S. 9

Stein, Rosemarie
"Das makabre Privileg der Deutschen", DNÄ v. 20.06.1989, S. 3

Stürner, Rolf
"Schadensersatz für mißglückte Abtreibung - ein Problem der Schadenszurechnung", JZ 41 (1986), S. 122-126

Stürner, Rolf
"Der Schutz des ungeborenen Kindes im Zivilrecht", Jura 9 (1987), S. 75-81

Systematischer Kommentar zum StGB
Band II, BT §§ 80-358, hrsg. von Hans-Joachim Rudolphi, Eckhard Horn und Erich Samson, 4. Auflage, Oktober 1989, Alfred Metzner-Verlag, Neuwied, Frankfurt am Main

Tepperwien, Ingeborg
Praenatale Einwirkungen als Tötung oder Körperverletzung, Inaugural-Dissertation, Tübingen 1973

Tröndle, Herbert
" 'Soziale Indikation' - Rechtfertigungsgrund?", Jura 9 (1987), S. 66-74

Tröndle, Herbert
"Gibt die Rechtsprechung den Schutz des ungeborenen menschlichen Lebens vollends preis?", MedR 4 (1986), S. 31-36

Ulsenheimer, Klaus
"Kompetenzprobleme bei der Entscheidung über die Behandlung oder Nichtbehandlung schwerstgeschädigter Neugeborener", in: Grenzen ärztlicher Behandlungspflicht bei schwerstgeschädigten Neugeborenen/1.Einbecker Workshop der Deutschen Gesellschaft für Medizinrecht, 27.-29. Juni 1986. Hrsg. von H.-D. Hiersche, G. Hirsch, T. Graf-Baumann, S. 111-121. Springer-Verlag, Berlin, Heidelberg, New York, London, Paris, Tokyo 1987
(zit.: Ulsenheimer in Einbecker Workshop)

Vogel, F.
"Genetische Indikation zum Schwangerschaftsabbruch", in: Indikation zum Schwangerschaftsabbruch, herausgegeben von Hans Lau, S. 97-99. Demeter Verlag, Gräfelfing 1976
(zit.: Vogel in Lau)

Vogel, F.
"Probleme der genetischen Beratung einschließlich pränataler Diagnostik", unveröffentlichtes Manuskript eines im Oktober 1988 in München gehaltenen Vortrags

Vogel, F.
"Darwinismus in der Reproduktionsmedizin imitiert", DNÄ v. 8./9.12.1989, S. 7

v. Voss, Hubertus
"Kinderheilkunde und Humangenetik: Der Kinderarzt im Spannungsfeld von Frühgeborenen bei der Praxis des Schwangerschaftsabbruchs nach § 218 (StGB)", Der Kinderarzt 17 (1986), S. 424-431

v. Voss, Hubertus
"Abtreibung nach Paragraph 218ff. (StGB) und Lebenserhaltung von Frühgeborenen aus der Sicht des Kinderarztes", MSchr. Kheilk. 134 (1986), S. 232-238

Walther, Joachim-Ulrich
"Pränatale Prävention der Lippen-Kiefer-Gaumenspalten", in: Pränatale Diagnostik und Therapie, hrsg. von Jan Murken, S. 216-220. Enke-Verlag, Stuttgart 1987
(zit: Walther in Murken)

Weißauer, W.
"Kindliche Indikation zum Schwangerschaftsabbruch aus rechtlicher Sicht", Geburtshilfe und Frauenheilkunde 43 (1983), S. 193-196

Wendt, G. G.
"Die Notwendigkeit der genetischen Beratung", Der Internist 19 (1978), S. 441-444

Wessels, Johannes
Strafrecht, Besonderer Teil - 1, 13. Auflage, C.F. Müller Verlag, Heidelberg 1989

Wilkitzki, Peter/Lauritzen, Christian
Schwangerschaftsabbruch in der Bundesrepublik Deutschland, Kriminalistik Verlag, Heidelberg 1981

Winter, Georg/ Naujoks, Hans
Der künstliche Abort, Urban und Schwarzenberg, München, Berlin 1951

Wuermeling, B.
Diskussionsteilnehmer, in: Kindliche Indikation zum Schwangerschaftsabbruch - Bamberger Symposion v. 12.-14. Juni 1981, hrsg. von P. Boland, H.A. Krone, R.A. Pfeiffer (Wissenschaftliche Information 7 - 1981 -, Heft 7), S. 60. Milupa AG, Friedrichsdorf/Taunus 1982
(zit.: Wuermeling in Bamb. Symp.)

Wuemeling, B.
"Die ethische Herausforderung. Darf der Arzt was er muß?", MMW 126 (1984), S. 132-136

Wulf, K. H.
Diskussionsteilnehmer, in: Kindliche Indikation zum Schwangerschaftsabbruch - Bamberger Symposion v. 12.-14. Juni 1981, hrsg. von P. Boland, H.A. Krone, R.A. Pfeiffer (Wissenschaftliche Information 7 - 1981 -, Heft 7), S. 54. Milupa AG, Friedrichsdorf/Taunus 1982
(zit.: Wulf in Bamb. Symp.)

Zander, J.
Diskussionsteilnehmer in: Grenzen ärztlicher Behandlungspflicht bei schwerstgeschädigten Neugeborenen/1.Einbecker Workshop der Deutschen Gesellschaft für Medizinrecht, 27.-29. Juni 1986. Hrsg. von H.-D. Hiersche, G. Hirsch, T. Graf-Baumann, S. 25, 30, 39, 86. Springer-Verlag, Berlin, Heidelberg, New York, London, Paris, Tokyo
(zit.: Zander in Einbecker Workshop)

Zierler, Hannelore/ Rosenkranz, W./Winter, R./ Becker, H.
"Fünf Jahre pränatale Diagnose in Graz", Wiener klinische Wochenschrift 93 (1981), S. 75-80
(zit.: Zierler et al., WkW.)

Glossar

Exemplarische Auflistung von diagnostizierbaren kindlichen Schädigungen, die im Text genannt sind, sowie von sonstigen medizinischen Ausdrücken, die im Text gebraucht werden.

adrenogenitales Syndrom
: Entsteht durch vermehrte Androgenbildung in der Nebenniere infolge Enzymdefekts. Verbunden mit Minderwuchs.

Ahornsirupkrankheit
: Erbliche Stoffwechselanomalie (Enzymmangel); hierdurch entstehen toxische Nebenprodukte beim Abbau bestimmter Aminosäuren, die meist einen tödlichen Verlauf verursachen. Beginn der Erkrankung im frühen Säuglingsalter.

Albino
: Mensch mit fehlender Farbstoffbildung (Melanin). Infolge der optischen Unvollkommenheit findet sich regelmäßig Lichtscheu, Schwachsichtigkeit und ähnliches.

Aminosäuren
: Bausteine der Proteine. In den Proteinen sind die Aminosäuren zu langen "Ketten" verknüpft.

Amniozentese (AC)
: Fruchtwasserentnahme durch Punktion mittels einer Hohlnadel durch die Bauchdecke der Schwangeren.

Amnionzellen
: Zellen im Fruchtwasser, die aus dem kindlichen Harn, der Haut oder der Eihaut stammen. Zu ihrer Gewinnung bedient man sich der Amniozentese.

Analatresie
: Verschluß des Afters.

Anenzephalus
: Unter 10000 Neugeborenen werden etwa 5 anenzephale Kinder beobachtet (*Bachmann* in Grenzen, S.95); schwerste Form der Fehlbildung der Gehirnentwicklung, bei der durch einen Defekt des Neuralrohrverschlusses das Groß-, Zwischen- und Mittelhirn fehlt bzw. gar nicht angelegt ist, während Rückenmark und Stammhirn entwickelt sind; vom Hirnschädel sind nur noch angedeutete Fragmente vorhanden. Da der Hirnstamm funktionstüchtig ist, kommen solche Kinder zwar "lebend" mit Atmungs-, Herz- und Kreislauffunktion zur Welt, vermögen aber außerhalb des Mutterleibs nicht zu existieren. Bei schweren Begleitmißbildungen "sterben" sie bereits sehr früh nach der Geburt. Bei kombinierten Mißbildungen, insbesondere bei gleichzeitigem Vorliegen einer Meningomyelozele, stirbt das Kind meist an den Folgen einer erworbenen Infektion.
: Der Anenzephalus kann über einen Zeitraum von Stunden über Tage bis Wochen außerhalb des Mutterleibs existieren, wobei als extreme Überlebenszeit 3 1/2 Jahre nachgewiesen worden sind (Vgl. *Isemer/Lilie*, MedR 6 (1988), S. 66 ff.).

Atresie
: Verschluß eines Hohlorgans oder natürlicher Körperöffnungen.

Autosomen
Die Chromosomen mit Ausnahme der Geschlechtschromosomen X und Y.

Biometrie
Vermessung von kindlichen Teilen, wie etwa Kopf, Brustkorb, Oberschenkel, zum Zweck der Wachstumskontrolle anhand von Statistiken.

Blasenmole
Umwandlung einiger oder auch aller Zotten der Plazenta in flüssigkeitsgefüllte Bläschen. Der Embryo stirbt stets ab und wird aufgelöst.

Chorea Huntington
Siehe Huntington-Chorea.

Chorion(zotten)biopsie (engl. "chorionvillisampling", CVS)
Entnahme von Gewebeproben aus Anteilen des Mutterkuchens (Plazenta).

Chromosomen
Elemente der Zelle, die Erbmaterial enthalten; bestehen aus DNS.

Chromosomenaberration
Oberbegriff für sämtliche Arten von krankhaften Chromosomenveränderungen. Unterschieden wird zwischen numerischen und strukturellen Chromosomenaberrationen; die Chromosomenaberrationen sind zu unterscheiden von jenen nichtkrankhaften Varianten der Chromosomenstruktur, die auch in der "Normalbevölkerung" auftreten.

Desoxyribonukleinsäure (DNS, engl. DNA)
Trägermolekül der genetischen Information.

DNS-Restriktionsanalysen
Zerschneiden der DNS an bestimmten Stellen mittels Bakterienenzymen.

Down-Syndrom
Mit einer Häufigkeit von 1:700 Lebendgeborene häufigste numerische autosomale Chromosomenstörung (47, XY+21 oder 47, XX+21). Führt zu geistiger Behinderung, körperlichen Auffälligkeiten und verkürzter Lebenserwartung. Ohne zusätzliche Herzfehler liegt die mittlere Lebensdauer der Betroffenen bei 26 Jahren (*Ewerbeck*, Bamb. Symp., S. 129).

Duchenne Muskeldystrophie
Erbliche Muskelkrankheit, die nur bei Jungen auftritt. Besonders die Becken- und Oberschenkelmuskulatur wird zunehmend schwächer. Innerhalb weniger Jahre werden diese Patienten bettlägerig. Fortschreitender schwerer Verlauf, nicht behandelbar. Die Patienten sterben im 2.-3. Lebensjahrzehnt.

Duodenalatresie
Verengung im Bereich des Zwöffingerdarms; typische Begleitmißbildung bei Down-Syndrom (Mongolismus).
Edwards-Syndrom (Trisomie 18)
Autosomale Chromosomenaberration mit einer Häufigkeit von 1:3000; die Kinder sterben infolge ihrer erheblichen multiplen Mißbildungen kurz nach der Geburt oder spätestens innerhalb des 1. Lebensjahres (*Ewerbeck*, Einbecker Workshop, S. 19).

Embryo
Bildet sich aus dem befruchteten Ei. Zeit der Organentwicklung, abgeschlossen bis zum 3. Monat.

Embryopathie
Pränatale Erkrankung mit der Folge einer intrauterinen Entwicklungsstörung der Leibesfrucht während der ersten 3 Monate.

Exanthem
Auf größeren Hautpartien ausgebreitete Hautveränderung verschiedener Ursachen.

Exenzephalie
Entwicklungsstörung des Schädels und des Gehirns. Aus Defekten der Schädelkapsel ragen Hirnabschnitte frei oder mit Haut bedeckt hervor.

Expression/Expressivität
Ausprägungsgrad eines Gens. Von unterschiedlicher Expressivität wird dann gesprochen, wenn eine große Variationsbreite erkennbar wird. Rezessive Erbleiden zeigen im allgemeinen eine weniger stark wechselnde Expressivität als dominante.

Extrauteringravidität
Schwangerschaft außerhalb der Gebärmutter.

Fanconi-Anämie
Führt meistens zwischen dem 5. und 10. Lebensjahr zum Tod (*Hepp* in Jung/Müller-Dietz, S. 10) durch inneres Verbluten.

Fetalblutentnahme (engl.:"fetal blood sampling", FBS)
Blutentnahme aus der Nabelvene des Fetus mittels Punktion durch die mütterliche Bauchdecke.

Fetus
Die Leibesfrucht (Leibesfrüchte) nach Abschluß der Organentwicklung, d.h. ab dem 3. Monat.

Galaktosämie
Störung des Galaktosestoffwechsels. Galaktosefreie Ernährung möglich.

Gastroschisis
Sogenannte Bauchwandspalte. Häufigkeit von 1-4 Fällen pro 6000 Geburten. Darmkonvolut, das durch die Bauchwandlücke prolabiert und sich außerhalb des Bauchraums entwickelt. Nur in 6-10% der Fälle in Kombination mit anderen Mißbildungen (*Holschneider*, Einbecker Workshop, S. 60).

Gonosomen
Geschlechtschromosomen, s. auch Autosomen.

Hämophilie (Bluterkrankheit) A
Fehlen bestimmter Gerinnungsfaktoren, die aber heutzutage ersetzt werden können (*Köttgen*, Der Kinderarzt 9 (1978), S. 1126).

Hepatitis A, B
Durch Viren ausgelöste Leberentzündung.

heterozygot
Sind 2 Gene für ein bestimmtes Erbmerkmal eines Lebewesens verschieden, so ist das Lebewesen hinsichtlich dieses Merkmals heterozygot (mischerbig). Sind sie gleich, so ist das Lebewesen homozygot (reinerbig).

homozygot
Siehe heterozygot.

Hüft(gelenk)luxation
Gestörte Hüftgelenkanlage, wodurch der Kopf des Oberschenkels aus der sog. Hüftgelenkpfanne tritt. Spätfolgen der unbehandelten Hüftluxation sind Beinlängendifferenzen und Hüftkopfnekrosen.

Hufeisenniere
Zusammengewachsene Nieren. Gelegentlich mit Abdominalschmerzen, chronischen Infektionen und Steinbildung einhergehend.

Huntington-Chorea
Degenerative Krankheit, die zu einem schweren, nichtbehebbaren Nervenleiden führt, das im mittleren Lebensalter (ca. 45 Jahre) ausbricht und rasch zu Persönlichkeitszerfall und zur völligen geistigen Verwirrung führt (*Holschneider*, Einbecker Workshop, S. 38). Die Kinder entwickeln sich zunächst völlig normal. Durch den langsam fortschreitenden körperlichen und geistigen Verfall können sich die Patienten später nicht mehr selbst versorgen und werden vollständig pflegebedürftig. Autosomal-dominante Krankheit mit voller Penetranz, d.h. daß alle Anlageträger im Laufe ihres Lebens erkranken.

Hydrozephalus
sog. Wasserkopf. Häufigkeit 1:1000; führt zur Kompression der Hirnsubstanz. Der sich sehr frühzeitig in der Schwangerschaft entwickelnde Hydrozephalus hat eine schlechtere Prognose als der sich erst später bildende, bei dem die Hirnsubstanz zumindest in ihrer Grundlage angelegt ist (*Loch*, Einbecker Workshop, S. 9, sowie *Holschneider*, Einbecker Workshop, S. 53).

Hydronephrose
Harnstauungsniere. Erweiterung des Nierenbeckens mit Parenchymschwund.

Hydrops fetalis
Hydrops = vermehrte Flüssigkeitsansammlung im Gewebe ("Ödem").

Hypercholesterinämie
Fettstoffwechselstörung, die durch erhöhte Lipoprotein- und Cholesterinkonzentration im Serum charakterisiert ist.

hypoplastisches Linksherz
Hier fehlt die linke Herzkammer mit dem Anfangsteil der Aorta entweder gänzlich, oder es findet sich ein Rudiment der linken Herzkammer in der Wand der rechten Herzkammer. Kein operativer Eingriff kann das Fehlen korrigieren (v. *Loewenich*, Einbecker Workshop, S. 42).

Ichthyosis vulgaris
Verhornungsstörung, sog. Fischschuppenkrankheit, mit sehr trockener, schuppender Haut. Es existieren verschiedene Formen.

infaust
Aussichtslose Prognose einer Erkrankung, die nach ärztlicher Einschätzung zum Tode führt.

Karyotypisierung
Darstellung der Chromosomen nach ihrer Größe und Struktur aufgrund internationaler Festlegungen.

Keratin
Hornstoff in der obersten Hautschicht.

Klinefelter-Syndrom
Numerische Chromosomenaberration der Geschlechtschromosomen (47, XXY); Häufigkeit 1:500 (*Hepp* in Jung/Müller-Dietz, S. 10). Diese Patienten sollen laut *Vogel* (*Vogel* in Lau, S.97) "zweifellos" unter ihrer sexuellen Unterentwicklung leiden. Die Symptome lassen sich durch Gabe von Geschlechtshormonen günstig beeinflußen. Trotz ihrer teilweise reduzierten Intelligenz können sie soweit integriert werden, um für ihren Lebensunterhalt später selbst aufkommen zu können (*Ewerbeck*, Bamb. Symp., S. 131).

Klumpfuß
Spitzfußstellung des gesamten Fußes, die unbehandelt zu abnormen Muskelwirkungen und Banderschlaffungen führt, wonach mit der Zeit Knochenveränderungen entstehen.

Lipoproteine
Lipid-Protein-Komplex mit unterschiedlichen physikalischen Eigenschaften. Hauptbestandteile sind Cholesterin, Triglyzeride und Proteine.

Lippen-Kiefer-Gaumen-Spalte
Sogenannte Hasenscharte; s. auch Wolfsrachen. Kann isoliert oder in Verbindung mit Chromosomenstörungen auftreten (wie Trisomie 18) (*Loch*, Einbecker Workshop, S. 15).

Lungenhypoplasie
Nicht- oder Minderentwicklung der Lungen wegen vielerlei Gründen. Sie ist durch moderne Beatmungsmethoden nicht kompensierbar und führt immer innerhalb der ersten Lebensstunden zum Tode (*v. Loewenich*, Einbecker Workshop, S. 42).

Meningomyelozele
Ausstülpungen des Rückenmarks und der Rückenmarkhäute. Häufigkeit von 0,6-14% der Neugeborenen. Technisch lassen sich alle diese Spaltbildungen (ob hoch- oder tiefsitzend) operativ verschließen. Sitzen sie sehr tief, ist die Funktion von Beinen, Mastdarm und Blase nicht oder nur wenig beeinträchtigt (*Ewerbeck*, Einbecker Workshop, S. 18, sowie *Holschneider*, Einbecker Workshop, S. 55). Sitzen sie hingegen hoch am Rückenmark, ist mit vollständigen Lähmungen unterhalb der Gürtellinie zu rechnen, einschliesslich nichtkontrollierbarer Stuhl- und Urinkontrolle (Quellenangaben wie beim vorhergehenden Satz). Häufig in Kombination mit einem Hydrozephalus. Nicht operiert beträgt die Mortalität im 1. Lebensjahr 90,3%.

Mikrozephalus
Häufigkeit 1:3500; der Kopf wächst im Verhältnis zum Thoraxdurchmesser nicht ausreichend heran (*Loch*, Einbecker Workshop, S. 9). Bei sonst unauffälligen Organen und Entwicklungen kommt es im Laufe der Entwicklung zur Ausbildung einer Idiotie.

Mongolismus
Siehe Down-Syndrom.

Mukoviszidose (zystische Fibrose)
Autosomal-rezessive Stoffwechselstörung. Bedingt durch eine hohe Viskosität des Sekrets bestimmter Drüsen in Bronchien, Pankreas und Verdauungstrakt kommt es zu schweren Komplikationen im Bereich der Atemwege und des Verdauungstrakts. Nach zunächst völlig normaler geistiger Entwicklung führen die Störungen letztlich zum Tod etwa im Schulkindalter.

Muskeldystrophie Duchenne
Siehe Duchenne-Muskeldystrophie.

myotonische Dystrophie
Autosomal-dominante Erbkrankheit, die sich in einer Störung des Muskeltonus äußert und schwere Bewegungsstörungen nach sich zieht.

Neurodermitis
Erblich prädisponierte Erkrankung. Beginnt meist in früher Kindheit mit Juckreiz, Rötung, Schuppung, Nässen und Krustenbildung, besonders an den Wangen.

Neuroleptika
Zentral wirksame Substanzen, die v. a. zur Behandlung psychotischer Symptome, insbesondere bei der Schizophrenie, eingesetzt werden und auf Angstzustände, Erregung, Halluzinationen und Wahnbildung wirken.

Nierenagenesie
Vollständiges Fehlen einer Niere.

Ösophagusatresie
Angeborene Verengung oder auch Verschluß der Speiseröhre in ihren verschiedenen anatomischen Varianten; Häufigkeit von etwa 1:5000 der Neugeborenen. Führte bis zum Jahre 1939 ausnahmslos zum Tod (durch Verhungern, Aspiration von Speise in die Luftröhre oder Begleitmißbildungen). Die vielfältigen Fortschritte der letzten Jahre haben bewirkt, daß nun bis zu 80% der Neugeborenen überleben (*v.Loewenich*, Einbecker Workshop, S.41), falls frühzeitig operiert wird.

Omphalozele
Sogenannter Nabelschnurbruch. Hier sind die Baucheingeweide durch einen Bruch des Nabelrings in die Nabelschnur vorgedrungen und entwickeln sich außerhalb des Bauchraums (*Loch*, Einbecker Workshop, S.11, sowie *v. Loewenich*, Einbecker Workshop, S. 35). Mögliche Probleme stellen sich bei der operativen Rückverlagerung durch die bestehenden Größenunterschiede zwischen Bauchdecke und zu reponierendem Bauchinhalt. Begleitfehlbildungen in 50-60% der Fälle massiver Art, wie Blasenspalte, Brustspalte mit Vorverlagerung des Herzens, Herzmißbildungen (*Sermer, Benzie, Pitson*, Die Hebamme 1 (1988), S.48).

Osteogenesis imperfecta congenitalis
sog. Glasknochenkrankheit. Häufigkeit 1:10000. Bereits während der frühen Fetalzeit kommt es bei Kindsbewegungen gegen die Gebärmutterwand zu Knochenbrüchen. Daraus resultiert der Zwergwuchs (*Loch*, Einbecker Workshop, S. 13).

Patau-Syndrom (Trisomie 13)
Autosomale Chromosomenaberration mit einer Häufigkeit von 1:5000; die Kinder sterben infolge des Mikrozephalus und vielfältiger anderer Mißbildungen nach der Geburt oder spätestens im 1. Lebensjahr (*Ewerbeck*, Einbecker Workshop, S. 19).

Penetranz
Zeigt sich bei jedem Träger eines (krankhaften) Gens dessen Merkmal, so spricht man von einer 100%igen Penetranz des Gens. Als verminderte Penetranz wird die Beobachtung beschrieben, daß eine Person Überträger einer Störung ist, damit also Genträger sein muß, selbst aber von dem Merkmal nicht betroffen ist.

Phenylalanin
Essentielle Aminosäure. Bei der Phenylketonurie kommt es durch einen Enzymmangel zur Störung des Umbaus zu Tyrosin.

Phenylketonurie (PKU)
Autosomal-rezessive erbliche Stoffwechselanomalie (Enzymdefekt), die unbehandelt, d.h. ohne Diät in den ersten Lebensjahren, zu schwerer geistiger Behinderung führt. Durch phenylalaninfreie Kost entwickeln sich die Kinder normal.

Phokomelie
Sogenannte Robbengliedrigkeit, wie sie z.B. nach Conterganeinnahme der Mutter bei den Kindern auftrat.

Plazenta
Sogenannter Mutterkuchen.

Plexuszysten
Zystische Veränderungen im Bereich der den Liquor produzierenden Plexus innerhalb der Ventrikel.

Pneumozyten
Bestimmte Zellen in der Lungenwand.

Polydaktylie
Vielfingerigkeit, Verdopplung eines Fingerstrahls.

Porphyrie
Erbliche Stoffwechselstörung mit Manifestation an Leber, Magen-Darm-Trakt und, in einem Teil der Fälle, an der Haut.

Potter-Syndrom (renale Agenesie)
Häufigkeit 1:2000; bei diesen Kindern fehlen die Nieren entweder vollständig, oder sie sind grob fehlgebildet und funktionsunfähig (*v. Loewenich*, Einbecker Workshop, S. 42). Führt innerhalb kurzer Zeit zum Tod des Kindes.

pränatale Diagnostik (PD)
Vorgeburtliche Untersuchung des Fetus mittels zytogenetischer, biochemischer und ultrasonographischer Methoden, auch mittels Fetoskopie.

Prostaglandine
Prostaglandine werden wegen ihrer u.a. kontraktionsfördernder und zudem den Uterushals (Zervix) "erweichender" Wirkung seit ungefähr 15 Jahren zur Fruchtausstoßung unmittelbar vaginal eingesetzt. Die durchschnittliche Ausstoßungszeit beträgt 6,3 +/- 2,1 Stunden. Sie haben eine erheblich geringere Nebenwirkungsrate als die früher übliche Instillation einer hypertonen Kochsalzlösung oder die Instillation von Rivanol.

Protozoen
Tierische Einzeller.

Prune-belly-Syndrom
Aufgetriebenes Abdomen mit Verdrängung der Leber und Lungenorgane; Bauchdecken sind kaum angelegt. Die Kinder werden nicht älter als 1 Jahr. Meist endet aber die Schwangerschaft mit einer Totgeburt (*Loch*, Einbecker Workshop, S. 14).

Radiusaplasie
Angeborenes Fehlen des Radius (Speiche).

Retinitis pigmentosa
Degenerativer Prozeß, der zum Untergang u.a. des Sehnerven durch Pigmentablagerung führt. Manifestiert sich ungefähr im mittleren Lebensalter. Neben der Erblindung u.U. mit anderen Mißbildungen verbunden, daher infauste Prognose.

Rhachischisis
Schwerste Form der Spina bifida; nicht mit dem Leben vereinbar, da durch die totale Verschlußstörung der Wirbelkörper u.a. die für die Atmung erforderlichen Muskeln nicht innerviert werden.

Rhesusinkompatibilität
Blutgruppenunverträglichkeit zwischen Mutter und Kind. Führt durch Übertritt mütterlicher Antikörper zum Untergang der den Sauerstoff transportierenden kindlichen roten Blutkörperchen. Damit kann es zum lebensbedrohlichen Sauerstoffmangel beim Kind kommen.

Röteln
Virusinfektion. Bei Rötelninfektion der Schwangeren im 1. Schwangerschaftsmonat ist in 61% der Fälle mit einer Infektion auch der Leibesfrucht zu rechnen, im 2. Schwangerschaftsmonat in 26% und im 3. Schwangerschaftsmonat in 8 %. Im Falle einer intrauterinen Infektion des Embryos kann es zu Herzfehlern, Innenohrschwerhörigkeit, Erblindung und Mikrozephalus kommen.

Screening
Suchtest zur Erfassung bestimmter Erkrankungen an umschriebenen Gruppen aus der Bevölkerung.

Sectio
Kaiserschnitt.

Sichelfuß
Angeborene, häufig doppelseitige Fußfehlform mit Adduktion des Vorfußes.

Spina bifida ("offener Rücken")
Häufigkeit 1:1800; umschriebene Mißbildung des Rückenmarks infolge der unterbrochenen Kontinuität der (schützenden) Wirbelkörper mit der möglichen Folge schwerster Lähmungen im Bereich der Muskulatur, meist verbunden mit Gehstörungen, außerdem Inkontinenz, also eine Störung der Schließmuskelfunktion an Harnblase und Enddarm. Bei der offenen Spina bifida liegt das Rückenmark frei. Die leichteste Form ist die Spina bifida occulta, die allenfalls mit minimalen Einschränkungen der Entwicklung einhergeht, die schwerste Form ist die Rhachischisis (*Loch*, Einbecker Workshop, S. 12), die nicht mit dem Leben vereinbar ist.

Spontanpartus
Geburt auf "natürlichem Weg".

Steißbeinteratom
Tumoren und zystische Veränderungen, die sich in das kleine Becken vorwölben und damit eine atypische Reifung der Organe in diesem Bereich nach sich ziehen. Funktionelle Zusammenhänge spielen hier die prognostisch entscheidende Rolle (*Loch*, Einbecker Workshop, S. 12).

Syndaktylie
Verwachsungen bzw. Nichttrennung von Zehen- oder Fingeranlagen.

teratogen
Fehlbildungen hervorrufend.

Thalidomid
Handelsname Contergan, führt in der 4.-6. Embryonalwoche zur Keimschädigung mit Fehlbildungen der Extremitäten und inneren Organen sowie des Darm- und Urogenitaltrakts.

thanatophorer Zwerg
Störungen der Knochenbildung, die u.a. die Anlage eines regelrechten Brustkorbs ausschließen und wegen der nicht ausreichenden Lungenfunktion rasch zum Tode des Kindes führen.

Tokolyse
Einsatz wehenhemmender Mittel.

Toxoplasmose
Durch Protozoen (Toxoplasma gondii) hervorgerufene Infektion, übertragbar auf den Menschen durch Genuß infizierten rohen Fleisches oder Umgang mit Katzen (Kot). Symptome der konnatalen Toxoplasmose sind u.a. ein Hydrozephalus, Verkalkungen im Gehirn, Vergrößerung von Leber und Milz, Krampfneigung, retardierte geistige Entwicklung.

Trisomie
Dreifaches Vorkommen eines Chromosoms in einem üblicherweise diploiden Chromosomensatz.

Trisomie 13
Siehe Patau-Syndrom.

Trisomie 18
Siehe Edwards-Syndrom.

Trisomie 21
Siehe Down-Syndrom.

Turner-Syndrom
Numerische Chromosomenaberration der Geschlechtschromosomen (45, XO). Die Patientinnen bleiben oft kleinwüchsig. Ihre geistige Entwicklung ist durchweg normal. Wegen Fehlens u.a. des Uterus können diese Patientinnen keine Kinder bekommen und haben auch keine Monatsblutungen. Unter Hormontherapie zeigen sie eine normale weibliche Entwicklung (*Lauritzen* in Wilkitzki/Lauritzen, S. 135).

Urämie
Sogenannte Harnvergiftung, terminale Niereninsuffizienz.

Uterus
Gebärmutter.

Ventrikulomegalie
Exzessive Erweiterung der Hirnkammern (Ventrikel).

Wolfsrachen
Doppelseitige Lippen-Kiefer-Gaumen-Spalte.

x-chromosomal
Siehe Autosomen.

Zwerchfellhernie
Angeborene Lücke des Zwerchfells, durch die Organe des Bauchraums in den Brustraum dringen. Häufigkeit von 1:2000. Gefahr der Entstehung einer Lungenhypoplasie (*Holschneider*, Einbecker Workshop, S. 61).

Zyklopenauge
Form der Exenzephalozele, bei der es zu Gehirnausstülpungen kommt. Häufigkeit der Exenzephalozele 1.10000. Mit dem späteren Leben ist diese Kopfmißbildung nicht vereinbar (*Loch*, Einbecker Workshop, S. 10).

Zystinose
Rezessiv erbliche Aminosäurestoffwechselstörung infolge eines Enzymblocks. Führt zu rachitischen Knochenveränderungen bereits im 1. Lebensjahr und Ablagerung der mangelhaft abgebauten Aminosäure in verschiedenen Organen, u.a. den Nieren.

zystische Fibrose
Siehe Mukoviszidose.

Zytogenetik, synonym zytogenetische Diagnostik
Technik zur Darstellung und Beurteilung der Chromosomen aus Zellen.

Zytomegalie
Virusinfektion, die im Erwachsenenalter fast immer stumm verläuft und nur durch pränantale Infektion im Neugeborenenalter Krankheitserscheinungen verursacht, mit Mikrozephalus, Neigung zu Hirnblutungen, intrazerebralen Verkalkungen, Leber- und Milzvergrößerung, Pneumonie usw.

GPSR Compliance

The European Union's (EU) General Product Safety Regulation (GPSR) is a set of rules that requires consumer products to be safe and our obligations to ensure this.

If you have any concerns about our products, you can contact us on ProductSafety@springernature.com

In case Publisher is established outside the EU, the EU authorized representative is:

Springer Nature Customer Service Center GmbH
Europaplatz 3
69115 Heidelberg, Germany

Batch number: 10844675

Printed by Printforce, the Netherlands